野外生存训练

主编 朱静 陈雷 侍晓明
副主编 张雷 苏杭 王合霞

中国石化出版社
HTTP://WWW.SINOPEC-PRESS.COM

图书在版编目（CIP）数据

野外生存训练 / 朱静，陈雷，侍晓明主编；张雷，苏杭，王合霞副主编．-- 北京：中国石化出版社，2025. 8. -- ISBN 978-7-5114-7419-3

Ⅰ. G895

中国国家版本馆 CIP 数据核字第 20259R3H08 号

中国石化出版社出版发行

地址:北京市东城区安定门外大街58号

邮编:100011　电话:(010) 57512500

发行部电话:(010) 57512575

http://www.sinopec-press.com

E-mail : press@sinopec.com

河北宝昌佳彩印刷有限公司印刷

全国各地新华书店经销

*

787毫米×1092毫米16开本17.5印张333千字

2025年8月第1版　2025年8月第1次印刷

定价: 78.00元

《野外生存训练》
编委会

主　编：朱　静　陈　雷　侍晓明

副主编：张　雷　苏　杭　王合霞

编　委：徐丽军　李运佳　唐英标　宋雯森

前言

PREFACE

在现代社会的快节奏与都市化的浪潮中，人们常常被繁忙的生活节奏和钢筋水泥的包围所困扰，内心深处始终渴望回归自然，拥抱旷达与自由。“与天浮游，幕天席地”，将天地视为一体，将自我融入万物之中，这种对自然的亲近与融合，正是现代人所向往的生活境界。而户外运动，作为连接现代生活与自然世界的重要桥梁，成为人们锻炼身体、亲近自然、回归自我、娱悦身心的重要方式。

野外生存，这门新兴的体育学科，正以其独特的魅力与价值，逐渐走进大众的视野。随着我国经济社会的飞速发展，人们对健康生活方式的追求越发强烈，野外生存这种既能娱悦身心、锻炼自我，又能亲近自然的运动和生活方式，受到了越来越多的青睐。它并非简单的户外探险，而是在专业人士的指导下，通过一系列系统的教育过程，全面提升读者在野外环境下的身体素质、心理素质和社会适应性，着重培养其野外生存技能。虽然野外生存在我国起步较晚，但其发展势头迅猛，已经成为全民健身运动的重要组成部分，更是推动经济社会协调发展的重要力量。它传递着积极健康的生活方式和文明行为理念，为促进人与自然的和谐共生、社会的和谐发展开辟了广阔的空间。

本书内容涵盖了野外生存的概念与分类、起源与发展、价值与意义等基础理论知识，以及野外生存的基本知识和原则，包括基本装备的选择与准备、身体素质的训练与准备等。同时，书中详细阐述了野外生存的基本技能和常识，如简易工具的制作、基本装备的正确使用，以及野外露营所需的关键技能。此外，野外生存的安全与急救知识也是本书的重点内容，包括损伤的急救、自救与求救方法，以及对各种潜在伤害的预防与处理措施。书中还涉及了野外生存活动的策划与组织，如何在活动前期做好充分的准备与策划，如何有效地组织实施，以及如何在野外生存训练中进行科学合理的组织安排。最后，本书特别强调野外生存活动与环境保护的关系，倡导在亲近自然的同时，尊重自然、保护自然，实现人与自然的和谐共生。

无论你是野外生存的入门者，还是有一定经验的爱好者，都希望本书能够成为你探索自然、提升自我、追求健康生活的良师益友。让我们一起翻开这本书，开启一场关于野外生存的精彩旅程，去感受大自然的魅力，去体验生命的活力，去追求一种更加自由、健康、和谐的生活方式。

目录

CONTENTS

第一章

野外生存概述

第一节　野外生存的概念与起源

一、野外生存的概念

野外是指与人类居住区及生产活动环境相对应的其它地域，强调环境的原始性与自然性，泛指那些人迹罕至的自然生态环境，包括山区、丛林、荒漠、高原、孤岛等。

生存是指行为主体为维持生命所进行的一系列行为活动，表现为旨在延续生命的行为组合。

因此，野外生存可理解为：人类在远离日常居住与生产活动的自然环境中，为最大限度维持生命而采取的一系列生存行为。

野外生存，不仅是一系列的实践行为和生存技能，更代表了一种直面困境、坚韧不拔的意志与精神。

二、野外生存活动的性质

野外生存根据发生的性质不同，可以分为主动性和被动性野外生存活动。被动性的野外生存，如自然灾害、战争、交通事故等情况下的生存活动。这些情况虽然不常见，但也不能完全避免。例如，2023年京津冀地区百年不遇的洪水灾害与2008年汶川大地震，这些地区的受灾群众就进行了被动性野外生存活动。

主动性野外生存活动是指有准备、有计划地开展野外生存训练与活动。现在所有组织的野外活动都属于主动性野外生存活动。野外生存活动可以达到锻炼身体、磨炼意志、陶冶情操、放松自己、充实生活的目的。一旦身陷绝境，平时练就的坚强的意志和过硬的本领将会使你成为一个伟大的幸存者。

在主动性野外生存活动过程中，意外的发生有可能将主动性野外生存演变成被动性野外生存活动。例如2023年7月22日，一群年轻人，共9辆越野车组成的车队，从敦煌周边的阿克塞县进入，绕过自然保护区的卡子和罗布泊雅丹景区公安检查站，擅自穿越罗布泊无人区。由于车辆故障，1车4人遭遇了一场致命的灾难，被救援人员找到时4人均无生命体征。罗布泊国家级野骆驼自然保护区在夏季高温下，地表温度可达70℃，环境极为恶劣。在这样可怕的自然环境下，他们仍然没有敬畏之心，选择冒险前行，白白葬送了自己宝贵的生命。

“工欲善其事，必先利其器。”因此，学习并掌握一些相关野外生存的知识和技能是非常必要的。尤其是那些参与野外活动相关的行业，如生物、地质、气象、石油、考古、摄影、旅游、探险、登山等。

三、野外生存活动的起源与发展

人类的生存与发展其实就是一部野外生存史。为了能够在当时恶劣的自然环境中生存下来，早期的人类逐步创造了各种野外生存方式，如采集食物、寻找水源、筑木为巢、钻木取火等。

我们现在所开展的野外生存训练课程，就有许多训练课目是我们祖先早已用过的生存手段和求生方法，如从野生动植物中选择食物，钻木取火，保暖用的蓑衣、兽皮衣，野外宿营中利用的山洞、雪屋、草帐等。

从某种意义上讲，我们现在的一些野外生存活动训练课目是对祖先生活方式的重演，是人类原始生活技能的一种回归，只是我们在许多方面利用了现代技术和现代工具罢了，如在太阳下用凸透镜取火、利用信号向飞机求救等。

在没有现代运输工具的时期，人类的商业活动和生存活动基本上是依靠人力与畜力来完成的。“马帮”“骆驼队”是当时的主要商务运输队，它们翻山越岭、风餐露宿、长途跋涉完成运输任务。长期的马帮生活使赶脚人总结了一整套野外生存的技能。他们懂得如何通过云彩、风向、动物行为来预测天气；怎样为自己和商队找到安全的庇护所；怎样在野外寻找水源；在遇到意外而耽误了行程的时候，怎样在野外补充给养。他们懂得什么样的草药可以为自己和牲畜治病。野外生存能力往往是一个商队能否成功的关键。

战争与野外生存这个主题更是密不可分。在长期的野外作战中，地质、气候、食物、水源等野外环境因素既可以成为一支部队的取胜之道，也有可能让一支部队彻底落败。

中国工农红军二万五千里长征也是一部很好的野外生存教科书。长征期间，红军几乎尝遍了所有的植物，并总结出一套判断、采集、烹饪可食用植物的方法。在找不到可食用植物的情况下，红军也能用皮革、棉花来充饥。在野外用具的制作上，红军更有一套拿手好戏，其中最著名的就是红军的蓑衣和草鞋。尤其是草鞋，几乎所有红军官兵都能熟练编结。

现代野外生存训练起源于“二战”时期的英国。1941年，库尔特·汉恩在威尔士创办了“阿伯德威海上学校”，训练年轻海员在海上的生存能力和轮船触礁后的生存能力。后来，野外生存训练陆续在许多国家的特种部队开展，这些训练不仅能够训练士兵在野战或困境中的生存能力，更能有效地在体力、毅力、智慧、沟通、协作等方面提升士兵的素质和能力，从而全面提高军队的战斗力。

近代的探险与科学考察活动是人类主动重返野外进行工作，这是一项危险性极高的工作。探险者和科学考察人员经常遇到意外情况，有时甚至献出了宝贵的生命。为了在发生意外时能够尽量减少伤害，他们配备了专业化的野外生存工具，并专门进行野外生存技能的训练。

综上所述，早期商务活动、探险活动、科学考察、战争以及应对自然灾害都对野外生存的发展起到积极的推动作用。

第二节　野外生存在国内外的发展状况

生活不止眼前的苟且，还有诗和远方。世界那么大，没有看过的风景那么多，每个人都想出去看一看，都向往去远行，都有一个背包梦。每去一个陌生的地方，都对这个世界多了一些参与感。

随着经济及社会文明的发展，尤其是一些大城市里，在快节奏、高压力的社会形态中，学习、工作、生活等各方面的压力直接影响人们的身心健康和生活质量。他们每天都面对着钢筋混凝土的建筑，呼吸着质量较差的空气，他们渴望走出城市，置身于大自然的怀抱，放松身心，享受自然之美。人们通过个人、家庭或组队的形式，借鉴野外生存实践活动的方式，携带野外生存装备，去一些远离城市喧嚣的、原始的、人迹罕至的地方，如原始森林、高山、海岛、沙漠、丛林，进行野外生存活动体验。

由于野外生存活动既能够锻炼身体、缓解压力，又可以扩展自己的圈子，结识更多志同道合的朋友，还可以培养团队合作精神，因此得到了个人、白领阶层甚至旅游部门的欢迎，很快就发展起来，并陆续出现了专门用于开展此类活动的书籍资料、器材装备和专门的服务公司，同时在世界各地的大学中推广开来。

野外生存活动的很多训练课目和内容对青少年的身心健康、健全人格、团结合作精神以及社会适应能力都有非常显著的价值，因此被很多国家引入学校体育课程体系中，从而使更多学生得到了培养教育，野外生存课程也得到了飞速的发展与普及。

一、国外野外生存的发展状况

在国外一些发达国家，野外生存活动已非常普及，已成为年轻人追求的一种时尚。他们通过野外生存活动来化解生活与工作中的压力，磨炼自己的意志，强健自己的体魄。野外生存活动内容丰富，形式多样，休闲类的有野炊、露营、爬山、游泳等；尝试类的有穿越沙漠、穿越丛林等；挑战类的有穿越极地、征服高山以及带有竞赛性质的比赛，如美国电视台主办的“生存者系列”活动等。同时有大量关于野外生存方面的专业工具书出版，如《美军野外生存手册》等，以及很多野外生存题材的电影、纪录片如《荒岛求生》《原始生活21天》等，还诞生了众多世界顶级的野外生存装备品牌。目前，许多国外公司或企业已将野外生存拓展训练作为人力资源的培训科目。

野外生存作为青少年必备的一种生活技能，已经逐渐被纳入大学、中学甚至小学的必修课程中。参与野外生存活动，能够增强学生的体能，养成健康的心态，培养学生的团结合作精神和敢于挑战困难、勇于竞争的体育精神；掌握生存生活技能，提高学生的社会适应能力，为学生的全面发展打下良好的基础。

美国、日本、新西兰和澳大利亚等国家的体育课程中，都强调开展野外生存教育的重要性，它们重视挑战、冒险意识对个人成长的作用，以及处理好冒险和安全关系方面的作用，并且都建立了专门的训练基地，保障了课程的顺利进行。野外生存活动能够提高学生整体健康水平和生存生活技能，让学生学会在不同的环境中（如海岛、沙漠、高山、丛林等）预防危险、降低伤害的安全措施，明确在户外安全活动中的个人责任和集体作用，提高野外实践活动的知识和技能。目前，野外生存课程在国外深受欢迎，学生的参与度很高，内容形式丰富多样，得到了飞速的发展。

二、国内野外生存的发展状况

国内开展野外生存活动的时间比较晚，早期只限登山运动员以及从事地质、勘探、林业等方向的机构和工作人员，民间很少有专门的群体开展这项活动。随着改革开放的逐步推进与社会经济的快速发展，西方的休闲观、体育观开始进入我国。20世纪80年代，登山、攀岩、冲浪、穿越、野营、溯溪、定向、越野等野外生存活动进入了人们的视野。这些活动在经济比较发达的城市首先开展起来，并逐步在全国范围内兴起，演变成一种潮流，成为一种新的生活、休闲和体育活动方式。

伴随着生活水平的提高，野外生存活动这种集旅游、休闲、运动、探险于一身的活动成为现代人的一种时尚，能够达到拥抱自然、挑战自我的目的，能够培养个人的毅力以及团队之间的合作精神，从而达到提高野外生存能力的效果，因而深受青年人的欢迎。现在，野外生存活动在我国已有庞大的参与人群，但由于热情高于理智和技巧，野外生存活动事故频发，包括登山遭遇雪崩、穿越沙漠中暑离世、溯溪暴发山洪、探险失联迷路等。这里固然有野外生存活动本身具有高风险的原因，也有野外生存活动过程中忽视安全因素的问题，组织者缺乏必要的野外安全意识和野外生存基本知识也是事故频发的主要原因。

如今，户外运动的产业链已经形成，许多专业的户外活动机构、中介和运营组织已经成立，专门开发一些户外徒步、登山、溯溪、露营等活动，在保证安全的情况下，让普通人也能参与其中并感受野外生存活动的魅力。另外，我国幅员辽阔，自然环境复杂，拥有良好的适合开展野外生存活动的地理条件和自然环境资源，例如“世界屋脊”珠穆朗玛峰、“死亡之域”塔克拉玛干大沙漠、“神秘古城”楼兰、“人间仙境”张家界等，为野外生存活动提供了必要的环境条件。随着野外生存活动的不断普及、深入，在国家、集体、个人的共同努力下，我们有理由相信，我国的野外生存活动即将步入健康科学的良性轨道。

三、野外生存课程在我国高校的发展状况

野外生存课程作为一门新型的体育课程，融合了体育学、地质学、旅游学、运动医学、生物学等多种学科知识技能。野外实践的场地设置在大自然中，主要包含野外定向、登山、徒步、露营等内容，以人与自然和谐发展为本，聚焦青少年的生活实践与身心健康，在寓教于乐的施教模式下培养学生相互合作，团结进取、突破自我的综合素质。

在我国，随着经济的发展，人民生活水平的提高，同时受到西方现代体育观念的影响，教育思想和教育观念完全转变，野外生存与学校教育的逐步融合，开设野外生存课程已被视为给予青年学子拥抱自然返璞归真的重要契机。中国地质大学是我国开展野外生存课程教学与科研较早的学校，1998年，该校率先开设了“野外生存体验”公选课。2002年7月，来自华东师范大学、上海交通大学、清华大学、中国地质大学（武汉）、中国地质大学（北京）、东北林业大学和浙江林学院七所高校的140名学生，在黑龙江帽儿山、湖北神农架和浙江大明山三个实验基地，进行了为期一周的野外生存生活综合训练。作为高校体育课程的改革措施，这次训练引起了社会的广泛关注，其实践与探索为野外生存生活课程进入高校奠定了良好的基础。

目前，在教育部相关素质培养计划的倡导下，国内多所高校陆续开设了野外生存课程，均受到了大学生的普遍欢迎。野外生存课程在我国高校的开展还处于发展阶段，专业师资力量不足、缺乏课程经费、缺少野外实践基地以及安全问题，无不阻碍野外生存课程在高校的广泛开展；但它有着广阔的前景，具有其独特的价值，主要表现在促进心理健康、增强身体健康、提高安全教育、掌握野外生存技能、加强环保意识、培养团队精神、挖掘创造能力，同时使学生在学习中享受快乐、在快乐中得到感悟、在感悟中得到知识。更为重要的是，野外生存课程这种教育方式符合当前教育改革和素质教育的指导思想，这门课程进入校园将有利于推动传统教育模式的改变，对当代大学生整体素质

的提高具有重要意义。

第三节　野外生存的价值与意义

一、科技的发展与生存能力的下降

21世纪，随着科学技术的突飞猛进，自动化、智能化机器的不断出现，传统的人力劳动不断被智能化的机器替代，生产力得到了大幅度提升，人类文明程度达到了空前水平。

然而，随着人类文明程度的不断提高，劳动强度直线下降。以前十分复杂、繁重的工作或体力劳动，现在全部被现代化的机器取代，同时造成了人类大部分能力的缺失，其生存能力也在不断下降。舒适的城市生活让人类远离了自然环境，也使得人类适应自然环境的能力逐渐退化了，离开了现代先进的科技几乎无法生存。年青一代更为脆弱，中小学生的肥胖率成倍增加，身体素质逐年下降。因此，提高身体素质、提升生存能力显得非常重要。

二、面对自然灾害，需要提升生存能力

现代科技的进步建立在利用大量的能源与资源的基础上，这就需要开采能源与资源。人类赖以生存的自然环境如果遭到无节制开发或破坏，就会使自然灾害、极端天气多发，严重威胁地球和人类本身。在地震、火山爆发、森林大火、雪灾、洪水、山体滑坡、泥石流等自然灾害面前，人类遭到现代科技的发展所带来的反噬。2008年的汶川地震发生后，道路被毁，通信被阻。当时幸存的人们面临非常险恶的生存环境，需要在有限的条件下及很短的时间内展开自救与互救行动，还需要选择正确的途径逃离余震险境。

现代科学技术的进步，还远远没有达到让人类高枕无忧的状态，人类尚无能力完全认识自然，更不能彻底改造自然。因此，学习野外生存技能，挖掘和发挥现代人的生存能力受到了广泛重视。

三、野外工作者需要野外生存能力

社会的发展、科技的进步，离不开大量的野外工作者。从事地质、勘探、生物、动物、生态、气象、考古、水力、旅游等工作的人员，他们需要远离城市，在复杂的自然环境中开展工作。

2021年11月13日，中国地质调查局昆明自然资源综合调查中心的4名队员进入哀牢山野外作业，但他们没有在预定的计划时间下山。直到11月15日，警方接到报警，有关部门开展搜救。2021年11月22日，4名队员被全部找到，均已遇难。

公开资料显示，4人均为“80后”“90后”，都当过兵，最小者仅25岁。他们仅携带了1天的食物：2包蛋黄派、4瓶八宝粥、1包巧克力、1包瓜子、4包鸡翅、4瓶饮料。作业工具包括RTK测量仪、森林罗盘、2把工兵铲、3把砍刀、油漆、排笔、树牌、卷尺、钉子、一次性雨衣、一个2万毫安充电宝、一矿泉水瓶汽油（供生火取暖、防范野兽、稀释油漆等用），他们没有携带卫星电话。

事后判断造成这4人失联的原因：

（1）受恶劣气候影响，2021年11月14日到16日持续降雨，气温下降，且大雾弥漫，能见度非常低，可能导致失联人员方位判断失误；

（2）这一片区属于哀牢山地形地貌最为复杂的区域，山壁坡度较大，多悬崖峭壁，就算是巡护人员在平时走得少的地方也可能迷路，失联人员在迷失方向的情况下很难走出去。

经法医检验：4人系低温所致心源性休克死亡，排除中毒、机械性损伤死亡。

因此，学习和掌握一定的野外生存知识与实践能力，可以减少和避免伤害事故的发生。

四、野外生存训练提高部队战斗力

现代部队的野外生存训练主要模拟在实际战场环境中，特殊情况导致的部队与后方基地失去联系的情况。在这种情况下，士兵们必须依靠周围的环境资源，独立生存下来。这种训练不仅包括基本的生存技能，例如，依靠太阳、恒星、森林植物来进行方向的辨别、道路的选择，通信设备失灵时怎样与外界取得联系，适应陌生的环境，预防野生动物的袭击，寻找食物和水源，生火和建造临时庇护所，骨折、皮裂、烧伤、冷冻等不良事件发生时，他们还要进行救护与自救，以及避免被敌人发现的技术；还涉及更复杂的战术和策略应用，如敌对行动和营救人质的实战模拟。此外，野外生存训练还包括在酷暑及严寒等极端气候和海岛、高原、森林、沼泽等极端地形条件下的实战训练，以确保士兵能够在各种复杂环境下维持生命并能够执行任务。从战争的角度来看，野外生存能力是衡量特种作战部队战斗力的重要标准之一。

五、促进身心健康

人们的生活水平伴随社会的发展不断提高，而我国青少年学生体质持续下降，同时肥胖、近视、三高“富贵病”的学生比例日益增多，大学生的身体素质已经为越来越多的人所关注。我国对大学生体质状况进行定期调研，数据显示，我国大学生的身体素质总体呈下降趋势。大学作为广大青年学子接受系统体育教学的高级阶段，也是健身习惯养成、身体机能塑造的关键阶段。

大学生的心理健康问题也已成为社会各界关注的焦点。心理健康可以提高学生的心理素质，培养学生坚韧不拔的意志和品质，增强青少年适应社会的能力。部分生活自理、抗挫折能力较差的学生，在学校的课堂、宿舍等环境中各种矛盾纠纷引起的心理问题，是难以自行解决的。野外生存训练就像一个安全的、充满真诚并富有挑战性的心理实验场，可以在很大程度上缓解学生的身心压力，提高学生的情绪调节和自我调控能力，让他们在逆境中不断突破自己、挑战自己。

野外生存训练是一个拥抱自然、回归自然的过程，这一过程既是生理的需要，也是心理平衡的需要。

六、加强环保意识

在学校环境中，环保主要是理论知识和科普宣传；而在野外，学生们能够感受到自然资源的重要性，从而增强环境保护的责任感。通过野外生存实践活动，学生可以在陶冶情操的同时培养审美情趣和环保意识，对学生社会道德行为的形成将起到一定的促进作用。

野外生存是指在野外环境中生存和生活的能力。它不仅是一种技能，更是一种与自然和谐相处的能力，让我们重新连接大自然，感受大自然的力量和美丽。野外环境是我们生存的基础，强烈的责任感可以转化为一种自发的行为习惯，能够让我们慢慢地学会不倾倒有害物质污染水源与土壤，不乱扔垃圾；学会如何在野外处理生活垃圾，对不同属性的垃圾进行分类，采用不同的处理方法，将环境污染降到最低限度。保护野生动植物，维持生态平衡，也是野外生存课程中需要强调和做到的。环境保护不仅对我们个人有益，也对整个地球有益，我们需要保护它，以确保我们能够继续享受它的恩赐。

七、提高安全教育

在我国，每年因意外事故，如车祸、溺水等造成的人身伤害事故令人触目惊心。我国学生的文化学习能力名列前茅，但在动手能力、创新能力、冒险精神、生存本领等方面比较薄弱。在学校，每年意外伤害事故层出不穷，我们也有安全教育，但大部分仅停留在口头上、书本中和宣传片上，安全技能训练很少，在突发事件来临时缺乏处乱不惊的心理素质和实践操作的能力。

虽然每一次野外实践训练都会提前制订一份详细的涉及安全的计划，起到预先防范的效果；但野外实践是在一个变化多端的复杂环境中进行的活动，会有很多事先预料不到的意外情况发生，此时可遵循“STOP原则”进行下一步行动。“STOP原则”即Stay（待在原地)、Think(冷静思考)、Observe(观察情况，寻找办法)、Plan(综合分析，计划行动)。锻炼学生良好的心理素质和实践操作能力，这是对学生真正的生存安全教育。每遇到一次意外情况，学生的心理素质与思维能力都会得到锻炼和考验，有利于提高突发事故应对能力。野外生存训练不仅要求学生学会自我保护和保护他人的方法，也要求学生了解和掌握一些意外伤害事故的处置技能。

八、培养团队合作精神

列夫·托尔斯泰曾说过："个人离开社会不可能得到幸福，正如植物离开土地而被扔到荒漠不可能生存一样。"一滴水只有融入大海才能生存，才能掀起滔天大浪；同样，一个人只有融入团队，才能更好地生存成长。这充分说明了团结协作的重要性。大学生作为未来社会的中坚力量，其团结合作和互助精神对个人的成长和社会的进步都具有重要意义。

野外生存训练以"团队合作学习"的方式打破了传统教育中的以"自我独善"为主的教育模式，让学生在集体交流、沟通、合作、解决问题的过程中提高能力，通过亲身体验培养自己的集体精神和团队意识。

野外实践活动需要团队确立共同的目标，每一位成员通过合理分工，明确职责和任务，建立良好的沟通渠道，注重倾听和理解对方的观点，使信息能够快速、准确地传递。在活动过程中，团队成员之间需要建立相互信任的关系，相信对方的能力和价值，一起体验成功与失败，享受快乐与心酸。这种特有的氛围使得每个人都能够敞开自己的心扉，建立起信任、理解、关爱的关系，懂得帮助别人就是在帮助自己，还可以在协同解决问题的过程中增强社会适应能力。参加过野外实践活动的学生加强了团队间的合作与沟通，增进了团队成员之间的信任和凝聚力，提高了学生解决问题的能力，培养了学生的领导能力，提高了学生的团队协作能力，增强了学生的集体荣誉感，使学生更加能够体会到团队精神的重要性。

第四节　野外生存活动与相关法律法规

一、野外活动与环境保护

野外生存活动主要是在相对原始的环境里进行的，一般是在偏远的地区，而这些地区的环境都是保护得比较好的自然生态环境。在这些区域活动一定要特别注意那里的环境保护问题。

目前，我国少数的几个自然保护区已经遭到了人为破坏，有的是游客的行为，有的是经营者受利益的驱使而进行的过度开发所致。

截至2024年，中国自然保护区的数量和面积有了显著增长。全国共有自然保护地6736处，总面积达18523.61万公顷。其中，自然保护区1527处，面积为12030.13万公顷。国家级自然保护区数量已达到476个。在国际合作方面，截至2023年5月，中国已有34个自然保护地被联合国教科文组织评定为世界生物圈保护区。

没有保护区主管部门的许可，任何擅自进入保护区的行为都应该受到不同程度的处罚。

二、野外给养与动植物保护法

在野外给养中，食物的补充主要依靠的是野生动植物资源。生物资源是大自然赋予人类的巨大财富，人类既不用拒绝接受，也不能过度采集。

从生物学的角度出发，人类位于生物链的最高点，是最高级别的捕食者，因此，人类可以利用一切生物资源为自己服务。从生态学和环境学的角度出发，人类又应该保护所有的野生动植物资源，因为那是人类赖以生存的物质基础。

对于整个社会来说，人类对野生动植物资源的利用原则应该是妥善保护、积极培育、合理开发。

究竟什么样的开发程度算是合理，应该看这个生物物种本身的消长状态和种群密度。在一般情况下，人类对一个生物物种的开发、利用应该不影响这个物种的种群数量和质量，保证整个物种始终处于一个良性的生长循环状态中。具体来说，对于越来越少的生物，应该禁止捕捉、采集；对于捕捉、采集没有影响种群数量和质量的生物，人类可以持续利用；对于濒危的物种，应该积极保护，同时还要保护或创造适合它们生长、繁衍的环境。

对于野外给养来说，由于采集的目的是作为食物（而且是极少数人的食物，并不是人类的大面积开采活动），采集的生物量一般都不大；对整个自然界来说，不会对野生动植物资源造成威胁。之所以不提倡在野外活动中采集野生动植物，更重要的意义是建立人类的环保意识。

然后，对于濒危物种来说，情况可就不一样了。处于濒危状态的物种，哪怕是采集一只（棵），也会对它们造成致命的打击，因为有的濒危物种已经为数不多或者数量正在急剧下降。因此，世界各国都对濒危物种进行了有效的保护，甚至使用了法律手段。

我国是世界上拥有野生动物种类最多的国家之一。脊椎动物种类占世界脊椎动物种类总数的10%以上。

我国颁布了《中华人民共和国野生动物保护法》《中华人民共和国陆生野生动物保护实施条例》和《森林和野生动物类型自然保护区管理办法》等一系列法律法规，使野生动植物的保护工作走上了有法可依、有章可循的法治轨道。

对于从事野外活动的人来说，保护野生动植物是不可推卸的责任。我们不仅应以身作则，还应做保护野生动植物资源的积极倡导者和志愿者。

提醒读者注意：在你的生命没有受到饥饿的威胁时，不要采集任何野生动植物作为你的食物。在被动性进行野外生存时，也不要以濒危野生动植物作为给养，因为在野外，可以吃的非保护类野生动植物完全可以保证一个人不会饿死。

三、行业规范亟待解决

在我国野外生存、探险活动刚刚开始的这几年里，已经有许多人在野外受伤甚至死亡。这里固然有探险活动本身具有高风险的原因，但是外出活动中不注意安全，组织者缺乏必要的野外安全意识和野外生存基本知识，也是事故频发的主要原因。

眼下，个别俱乐部以营利为目的，很少或根本不考虑顾客的安全问题。某家俱乐部居然以天气太热为借口，向组织者提出不穿救生衣的请求。

有的装备店商品的价格低得让人不敢相信，例如某个品牌的冲锋衣，正品进价就在50美元左右，而市场上同样“品牌”的“冲锋衣”却只卖到60元。如果登山绳索、安全带、罗盘等重要装备出现了这种情况，后果将不堪设想。

仅在2002年一年，全国就有40多人死于探险活动中，而且死难者中大部分是国家建设的栋梁之材。

就像不能因为有了交通事故就不让汽车上路一样，因噎废食并不是解决问题的方法。可喜的是，国家有关部门已经开始动作：国家登山队已经于2003年春季组织召开了全国野外活动俱乐部大会，就如何开展户外运动展开了讨论。会议的中心思想可以归纳为八个字：健康、规范、科学、普及。

大学生一向是新生事物的先锋力量，野外活动照例受到大学生的青睐。在这种大趋势下，如何正确引导大学生高效、安全地开展野外活动，怎样把野外生存课程纳入大学教育体系，从而促进大学生的身心发展，实现素质教育，成为现阶段高等教育工作者的重要课题。为此，“在高校中开展野外生存训练的实验研究”作为国家级科研课题，已由全国教育科学规划办公室批准，于2002年5月20日在华东师范大学开题。

在发达国家，各种野外环境下的生存能力被视为青少年的基本生活技能之一。野外生存已逐渐被纳入大学、中学甚至小学的必修课程中。

自从北京大学5名大学生高山遇难后，全国各高校相继展开了大学生是否应该涉及野外生存活动的讨论。结果，专家、学者以及有关部门的意见都是非常积极的：合理规范、正确引导已经成为普遍认可的解决问题的积极思路。

目前，我国已有少数高校（浙江大学、中国地质大学、沈阳师范大学、广州大学等）尝试性地开设了野外生存课程，均受到了大学生的普遍欢迎。当沈阳师范大学开设野外生存课程的信息刚刚在校园网发出时，就有971名学生要求选修，说明学生对课程的开设有着极大的需求。

随着野外活动的不断普及、深入，在国家、集体、个人的共同努力下，我们有理由相信，我国的野外活动即将步入健康科学的良性轨道。

第二章

野外宿营的基本知识

第一节　野外生存的常用装备

一、野外着装

野外着装是专为户外活动和自然环境而设计的服装，其主要目的是确保穿着者在各种户外条件下都能保持舒适和安全。这种服装通常融合了多种功能性和时尚元素，以满足不同户外活动的需求。野外着装通常强调保暖、防风、防雨、柔软、透气、宽松、静电少等特点，同时还需考虑耐磨、色彩艳丽、口袋较多等实用因素。例如，在寒冷的气候中，需要穿着保暖性能好的衣物；在潮湿的环境中，需要选择具有防水性能的服装；在丛林旅行时，衣服色彩的识别性应强烈，以便相互关照、识别、寻找等。

野外的气候条件更加多变，因此，野外着装需要具备出色的透气性和保暖性，以保持穿着者的身体温度稳定。同时，为了应对各种户外活动中的挑战，这些服装还需具备

耐磨、耐撕裂、快干等特点，以确保穿着者在户外环境中能够长时间保持干爽和舒适。此外，野外着装需要考虑轻便、易携带、易清洗等因素，以便在旅行或探险过程中能够及时更换和清洗。

除了功能性，野外着装还注重时尚元素的融合。设计师通过运用鲜艳的色彩、独特的图案和创新的剪裁，使这些服装在户外活动中不仅实用，而且时尚抢眼。

总的来说，野外着装是一种兼具功能性和时尚感的服装，旨在为户外活动爱好者提供最佳的穿着体验。无论是在徒步旅行、露营、攀岩还是其他户外活动中，这些精心设计的服装都能为穿着者提供保护和舒适感。

（一）野外服装分类

（1）排汗速干内衣。排汗速干内衣是一种专门设计用于运动或其他高强度活动的内衣，这种内衣通常使用特殊的速干面料制成，如涤纶、尼龙等合成纤维。这些面料具有

良好的吸湿性和透气性，能够有效地将汗水从皮肤上吸收并快速蒸发，防止汗水滞留在皮肤表面，从而减少不适感和细菌滋生的可能性。此外，排汗速干内衣的设计也考虑了运动时的舒适性和自由度。它们通常具有紧身或合身的设计，以减少摩擦和阻力，同时保持身体的灵活性。一些内衣还加入了弹性材料，以适应不同身体部位的需求，提供更好的贴合度和支撑力。

（2）抓绒衣。抓绒衣作为冬季户外活动的理想选择，凭借其独特的材质和设计，为穿着者提供了出色的保暖效果。抓绒衣采用聚酯纤维制成，也被称为抓毛绒或抓绒。通过高科技的处理工艺，使面料既轻便又具备出色的保暖性能。抓绒衣的特点在于其内部密集的绒毛结构，这些绒毛能够有效地锁住空气，形成保温层，抵御外界寒冷天气的侵袭。同时，其表面经过特殊处理，具有良好的抗风性能，能够有效防止寒风穿透，保持身体温暖。

根据其用途和穿着方式，抓绒衣可以分为内穿和外穿两种。内穿的抓绒衣一般比较轻薄，重量在200克以下，适合在较为温和的环境下穿着；外穿的抓绒衣则相对较厚，密度大，保暖性能优异，一般在400克以上。一般来说，密度越大，保暖性越强。

此外，抓绒衣还具备良好的透气性和排湿性。即使在严寒的环境中活动，身体产生的汗水和湿气也能够迅速排出，避免内部潮湿，保持穿着者干爽舒适。值得一提的是，抓绒衣还具有优良的抗酸碱性和抗紫外线能力。无论是在户外探险、徒步旅行还是其他

冬季活动中，都能为穿着者提供额外的保护，减少外界环境对身体的伤害。

总的来说，抓绒衣凭借其轻便、保暖、抗风、透气、排湿等多重优点，成为冬季户外运动的理想装备。无论是攀登雪山、穿越森林还是进行其他户外活动，抓绒衣都能为穿着者提供温暖的保护。

（3）冲锋衣。冲锋衣是一种专为户外运动者设计的防风防水外套，近年来在户外爱好者中备受欢迎。冲锋衣不仅具有出色的保暖和防护功能，还具有时尚和实用的特点，成为户外运动不可或缺的一部分。冲锋衣之所以得名，是因为它能够在户外活动中为穿着者提供强大的保护。在恶劣的天气条件下，如狂风、暴雨、大雪等，冲锋衣能够有效地阻挡外部恶劣环境的侵袭，保持穿着者的身体干燥和温暖。同时，冲锋衣还具备轻便、灵活、耐用等特点，方便户外运动者在进行各种活动时自由行动。同时，冲锋衣的透气性能十分出色，能够有效地排出体内湿气，保持身体干爽舒适。

（4）羽绒服。羽绒服是一种内充羽绒填料的上衣，外形庞大圆润。羽绒服的填充物主要是鸭绒，占一半以上，同时也可以混杂一些细小的羽毛，如鹅毛片和鸭毛片。这些填充物经过清洗、高温消毒后填充在衣服中，具有保暖性好、轻柔蓬松、洗涤方便、物美价廉、绿色纯天然等优点。羽绒服多为寒冷地区的人们穿着，也是极地考察人员所常用的服装。

（5）雨衣。现在质量好的冲锋衣在防雨效果方面有了明显提高，但是再好也无法抵御倾盆暴雨。因此，在背包里准备一件塑胶雨衣还是有必要的。

雨衣分单件式和两件式。如果你只是在遇到雨天时用它来遮挡，单件式的比较好用，因为它不仅可以用来避雨，还可以保护背包等其他物品，必要时还可用来搭建庇护所。如果你需要在雨中工作或完成穿越任务，两件式的雨衣要比单件式的有用，配上雨靴，

你就可以在雨中前进了。

雨衣虽然有很好的防水性能，却不能像冲锋衣那样具有透气性。出汗时，身体蒸发出的热气，遇到冰冷的雨衣会马上凝结成水滴，并弄湿衣服。因此，在雨季外出时，有必要多准备几件衣服。其实，雨衣除了具有防雨功能，还有其他用途。在野外宿营时，雨衣可以用来防潮；缺水时，雨衣还可以用来收集水源。

（6）帽子。在野外活动中，帽子也是必不可少的穿戴装备之一。相关研究表明，人的头部对热度非常敏感，人体40%~50%的热量都是从头部和颈部散失的，所以佩戴帽子能有效调节体温。帽子分为两类：一类是以保暖为主要功能的帽子；另一类是以遮阳作用为主的帽子。前者厚实，保温性好，有些还有防冻耳、防风沙和防雨雪的作用，并且有一定的透气性；后者轻便、宽边，防晒性好，有一定的防雨作用。

（7）头套、头巾和脖套。头套是为了头部保暖而改装的帽子，保温防冻是其主要功能，并具有防风沙的作用。头套的形式多种多样，一般来说分为有檐的和无檐的。头巾和脖套的作用主要是防风、保暖和防晒。

（8）手套。手套在野外活动中的主要作用是保护手。厚手套主要起保暖作用。薄手套有些用于厚手套的内套，可以吸汗，增强保暖效果，有些用于手部防晒和防蚊虫叮咬。优质手套不仅具有良好的保暖、吸汗、透气和防水性能，而且具有耐磨、手指能灵活运动、手感好等特点。根据手指类型，手套分为连指型和分指型：连指型的保暖效果好，但不够灵活，适合寒冷地区和攀登雪山时使用；分指型的比较灵活，但不容易做成保暖性太强的加厚款式。一般的极地探险和攀登雪山人员，都选择在分指型手套上再戴上连指型手套，做细微工作时，把手从连指型手套里拿出来。

（9）袜子。袜子是保护脚部的重要物件，由羊毛或者纯棉制成的厚袜子是野外活动必备的。袜子有减震的作用，可以防止因靴子磨脚而起水泡。另外，袜子可以排汗，保持脚部温暖干燥。一双轻便的吸湿排汗的袜子可以有效排汗，减少摩擦。袜子就像给双脚安上了垫子一样，能够避免靴子摩擦皮肤，能够给双脚保暖，还能够通过吸掉水分（把汗从皮肤上转移到纤维外层）而使双脚保持干爽。在非常寒冷的天气下，最好穿两双袜子。

（10）护目镜。护目镜是专为户外活动者设计的眼睛保护装备，它们能够有效阻挡紫外线、风沙、飞溅物等外界因素的侵害，确保眼睛在户外环境中的安全。在户外活动中，眼睛常常面临各种威胁，如强烈的阳光、沙尘暴、飞溅的尘土等。这些不良环境因素可能导致眼睛疲劳、刺痛、红肿等问题，甚至引发严重的眼疾。因此，佩戴护目镜是保护眼睛免受伤害的重要措施。

护目镜的设计注重舒适性、轻便性和耐用性。它们通常采用轻质材料制成，如塑料或金属框架，搭配透明且具备特殊功能的防护镜片。这些镜片经过特殊处理，能够抵御紫外线的伤害，防止风沙侵入，以及防止飞溅物对眼睛造成伤害。除了基本的防护功能，护目镜还具备一些额外的特性，以提高视觉舒适度和保护效果。例如，一些镜片采用特殊的光学设计，能够减少眼部疲劳和不适感。此外，护目镜的鼻托和耳杯也可以调节，以适应不同人的面部形状和佩戴需求。

总之，护目镜是户外活动者必备的保护装备之一，特别是在需要保护眼睛免受不良环境侵害的场景下。选择适合自己需求和活动环境的护目镜是非常重要的，它们能够提供额外的保护，确保眼睛在户外活动中的安全和舒适。

（11）鞋。在野外生存活动中，有一双舒适、实用、耐磨的鞋是十分重要的。舒适就是所选穿的鞋大小合适，透气性好，脚感松软舒适。实用是指所选用的鞋与所爬的山

（道）、走的“路”能够很好地适应。除了鞋与“路”的匹配，鞋底防滑纹的类型也是野外活动者选择出行鞋时应当考虑的方面。鞋的经磨耐用可保证在野外恶劣的环境条件下能够顺利完成野外活动。野外活动专用鞋多种多样，功能也不尽相同。下面就介绍几种可能会经常用到的野外专用鞋。

①登山鞋。登山鞋是专为登山和徒步旅行设计的鞋款，它们不仅外观时尚，而且功能强大，是户外探险者的理想选择。登山鞋的防水性能是其最重要的特点之一，这得益于先进的防水技术和透气材料的应用，旅行者在湿滑或雪地环境中也能保持双脚的干爽和舒适。

一双优秀的登山鞋需要具备足够的空间，即便在潮湿或寒冷的环境中也能轻松完成穿脱。鞋舌应设计得足够厚实，可以有效阻挡水分的侵入。同时缝合线也需精心制作，以防水分通过细微的缝隙渗入鞋内。脚趾和脚后跟部分通常采用多层皮革或织物进行保护，以增强耐磨性和稳定性。脚趾前端的设计较为坚硬，能够防止在穿冰爪或扣带时受伤，脚后跟的加固则提供了行进时的稳定性。

综上所述，登山鞋是登山和徒步旅行中不可或缺的重要装备。选择一双合适的登山鞋，不仅能够提供足够的保护和舒适度，还能让户外探险之旅更加愉快和顺利。

②徒步鞋。徒步鞋是专为徒步旅行和户外活动设计的鞋子。它们通常具有坚固的鞋底和鞋面，以提供足够的支撑和保护，方便旅行者行走在各种地形上。徒步鞋的设计特点包括防水、防滑、耐磨、透气和舒适等，以应对户外环境的不同挑战。徒步鞋的鞋底通常采用橡胶或合成材料制成，具有良好的抓地力和耐磨性，可以在崎岖的山路上提供稳定的抓地性能。鞋面则采用防水和透气材料，以保持脚部干爽舒适。此外，徒步鞋还配备了舒适的鞋垫和鞋带，以提供个性化的贴合度和支撑力。徒步鞋适合进行长时间的户外徒步旅行、登山、穿越、露营等活动。它们不仅能提供足够的保护和支持，还能帮助减少脚部疲劳和受伤的风险。选择适合自己的徒步鞋非常重要，应该考虑鞋子的尺码、宽度、鞋底硬度、鞋面材质等因素，以确保穿着舒适、安全。总之，徒步鞋是户外活动中不可或缺的装备之一，它们能够为徒步旅行者提供足够的保护和支持，让旅行更加愉快和安全。

③沙漠鞋。沙漠鞋的鞋面采用优质山羊皮制作，这种材质不仅柔软舒适，而且耐磨耐用，能够在恶劣的沙漠环境中为脚部提供充分保护。鞋型设计独特，高帮设计能够防止沙子进入鞋内，同时保持脚部的通风透气。沙漠鞋的鞋底采用高弹性橡胶材质，这种材质不仅耐磨损，而且具有良好的抓地力，能够在沙漠中提供稳定的支撑和防滑功能。

此外，鞋底的纹理设计也充分考虑了沙漠地形的特点，确保在各种地形中都能保持稳定行走。沙漠鞋的鞋带采用可调节设计，方便用户根据自己的需求调整松紧度。鞋舌处的设计独特，能够有效防止沙子进入鞋内，保持脚部的舒适。沙漠鞋的颜色丰富多彩，不仅有经典的蜜蜡色、黑色、沙色等，还有更多时尚色彩可供选择。这些颜色不仅符合沙漠环境的特点，还能为用户增添时尚感。

④雪地鞋。雪地鞋是一种专为寒冷雪地环境设计的冬季鞋类。它们通常采用耐寒和防水的材料制成，以确保在雪地中行走时保持脚部干燥和温暖。雪地鞋的设计考虑了在不平坦的地面上行走的需求，因此通常具有防滑的鞋底和较高的鞋帮，以提供额外的支撑和保护。

除了保暖和防滑功能，雪地鞋还注重舒适性和便利性。它们通常采用柔软的内衬和鞋垫，以减少长时间行走时的疲劳感。此外，雪地鞋也考虑了易于穿脱的设计，以便在需要时快速进行更换。雪地鞋不仅适用于户外活动，如滑雪、徒步旅行和雪地探险，也适用于冬季日常穿着。

（二）野外着装方法

（1）分层穿着衣裤。相关研究表明，在野外活动中，分层着装是最合理的穿衣方式，原因如下：分层着装是一种根据气温和天气条件来选择和穿着衣物的策略。这种着装方式的主要目的是，通过添加或减少衣物层数来保持身体舒适，以适应不同的温度和气候条件。

分层着装的基本原理是，将衣物分为几个层次，每个层次都有其特定的功能。这样，人们可以根据天气情况和个人感觉来灵活调整衣物的组合和厚度。

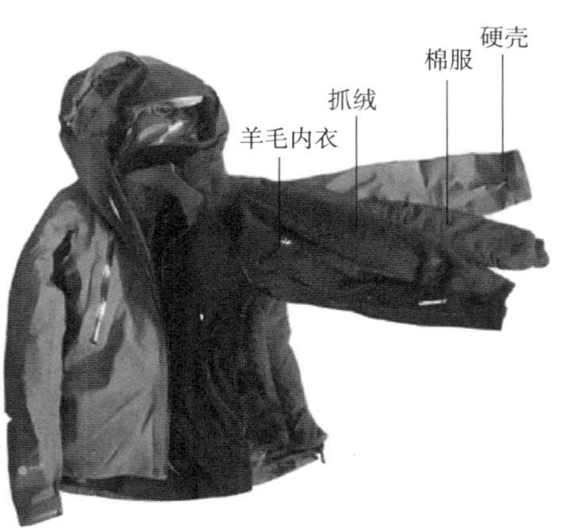

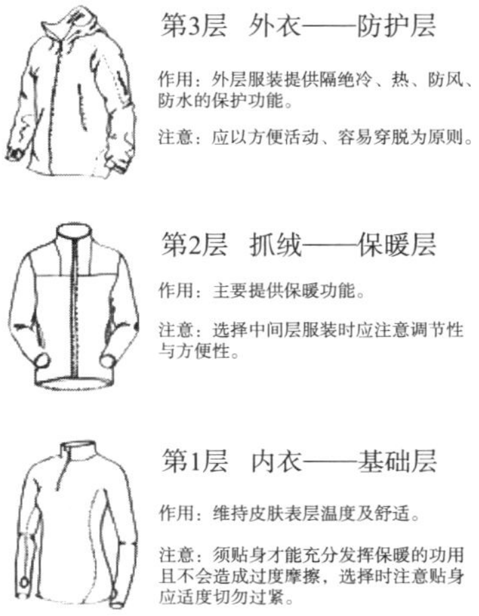

以下是分层着装的基本层次和它们的功能。

内层：直接与皮肤接触，主要功能是排汗和保暖。内层衣物通常由吸湿排汗的材料制成，如排汗速干内衣。它们能够吸收身体产生的汗水并将其排出，保持身体干爽。

中层：位于内层和外层之间，主要功能是保暖。中层衣物通常由保暖材料制成，如抓绒、羽绒、羊毛或合成纤维。它们能够捕获和保留空气，形成保温层，帮助保持身体温暖。

外层：最外层的衣物，主要功能是防风、防水和透气。外层衣物通常由耐用的防水材料制成，如冲锋衣。它们能够阻挡风雨和寒冷天气的侵袭，同时保持内部衣物的干燥和舒适。

通过合理搭配这些层次的衣物，人们可以根据气温和天气条件来进行保暖和保持舒适度。例如，在寒冷的天气中，人们可以通过增加中层衣物的厚度增强保暖效果；在温暖的天气中，人们可以通过减少衣物层数保持凉爽。分层着装不仅适用于户外运动和极端天气条件，也适用于日常穿着。它可以帮助人们更好地应对气温变化，保持舒适和时尚。

（2）野外行进忌穿新鞋。在野外行进时，选择不穿新鞋主要是基于实用性和安全性的考虑。首先，新鞋的鞋底和鞋面材料通常比较硬，没有经历长时间的磨损和适应，因此可能不够柔软和贴合脚部。在崎岖的野外地形中，这样的鞋子可能会导致脚部受到不必要的压力和摩擦，增加受伤的风险。其次，新鞋往往不具备足够的适应性和耐用性。在野外环境中，鞋子可能会遇到各种挑战，如湿滑、泥泞、锐利物体等。新鞋的鞋面和鞋底可能无法有效应对这些挑战，容易破损或变形，影响使用效果。最后，新鞋的透气性和保暖也可能不如经过长时间使用的鞋子。在野外行进时，脚部需要保持干燥和温暖，以免受到寒冷和湿气的影响。新鞋的材质和设计可能无法满足这些需求，导致脚部不适或受伤。

综上所述，为了确保野外行进的顺利和脚部的安全舒适，最好选择已经磨合过、适应性强、耐用性好的鞋子。另外，经过野外长时间的步行，脚会因运动而膨大一些，因此，野外活动用鞋应适当宽松一些，履行者可以选穿较自己脚大半码或一码的鞋。另外，野外活动宜选穿有鞋带的鞋，鞋带系的松紧程度应当适中。过紧影响脚的血液循环，过松会影响行进速度，磨伤足部。鞋带的松紧程度适中，可以在很大程度上减少脚部受伤的风险，提高行进效率和舒适度。

（3）精简轻便的着装技巧。当人们在野外活动或进行短途旅行时，轻便和精简的着装是非常重要的。以下是一些关于野外精简轻便着装的技巧。

选择多功能的服装：尽可能选择那些可以同时适应多种活动和环境的服装。例如，一件轻便的冲锋衣不仅可以用来保暖，还可以作为雨衣使用。

考虑服装的透气性：在野外活动中，身体容易出汗，所以选择透气性好的服装可以帮助人们保持干爽。

精简鞋履：一双轻便且抓地力好的徒步鞋或运动鞋是首选。避免携带过多不同种类的鞋子，而应选择一双能够适应多种地形和活动的鞋子。

使用压缩袋：使用压缩袋可以有效减小衣物和其他物品的体积，从而便于携带。

携带必要的防护装备：虽然要精简，但一些必要的防护装备还是不能省略的，如防晒霜、帽子、太阳镜等。

分层着装：根据天气和活动情况，采用分层着装的方式可以更好地适应温度变化。例如，在较冷的环境中，可以添加保暖内衣；在较热的环境中，则可以只穿轻便的外套。

选择轻便的技术装备：避免携带过重或体积过大的装备，如选择轻便的背包、多功能刀具等。

通过遵循这些技巧，人们可以确保在野外活动时，既轻便又能够应对各种挑战。

（4）根据拟前往的地区、季节和具体旅行路线的特点选择着装。由于地球表面自然环境和人为环境存在明显的地域差异，各种野外活动的性质和目的地环境条件各异，再加上经济因素，不存在通用的野外活动着装模式，各种着装模式具有强烈的地域针对性和时段性（季节性）。书本的建议和别人的经验值得重视，但绝不能代替野外旅游活动者亲身实践积累的经验和教训。对个人而言，在各种因素的制约下，真正比较合理实用的着装要靠自己去探索。

二、野营装备

野营套装是一种为野外露营活动设计的装备集合，它包含进行露营所需的基本工具和物品。这样的套装通常包括帐篷、睡袋、垫子、烹饪用具、餐具、照明设备、防身工具等。

帐篷作为野营套装的核心部分，能够为探险者提供遮风挡雨的庇护所。无论是单人探险还是团队出行，都有相应尺寸和款式的帐篷可供选择。从简单的单人帐篷到宽敞的家庭式帐篷，可以满足不同的露营需求。

除了帐篷，野营套装还包括其他重要的露营装备。睡袋为探险者提供了舒适的睡眠环境，确保人们在夜晚能够得到充分休息；防潮垫则有效隔离了地面的湿气与寒冷，让探险者在任何地形上都能享受舒适的睡眠。

此外，烹饪用具和餐具也是野营套装中不可或缺的部分。探险者可以在户外烹饪美食，享受与大自然融为一体的用餐体验。同时，照明设备和防身工具也为探险者提供了安全保障，确保他们在夜晚也能安心露营。

总的来说，野营套装为户外探险者提供了全方位的装备支持，让他们在享受大自然美景的同时，也能拥有舒适、安全的露营体验。在选择野营套装时，探险者可以根据自己的需求和露营目的地的特点，选择适合自己的装备组合，让露营之旅更加完美。

（一）帐篷的种类

野外帐篷的种类繁多，可以根据不同的标准进行分类。按照季节，帐篷可分为三季帐篷、四季帐篷、高山帐篷等。三季帐篷通常比较轻便，适合春夏秋三季使用；四季帐篷则更加厚重，可以应对冬季的严寒；高山帐篷则专为攀登高山而设计，能够抵御极端的天气条件。

按照款式，帐篷可分为三角形帐篷、圆顶形帐篷、六角形帐篷、船底形帐篷、屋脊形帐篷等。三角形帐篷抗风保暖性好，适合登山探险；圆顶形帐篷则轻便易携带，适合休闲旅行；六角形帐篷注重稳固性，适合高山露营；船底形帐篷防风流线好，也是常见的款式之一；屋脊形帐篷则比较高大笨重，适合驾车族或相对固定的野外作业露营使用。

按照人数，帐篷可分为单人帐、双人帐、3~4人帐、4~5人帐、5~8人帐、多人帐等，以适应不同人数的露营需求。

此外，帐篷还可以按照结构分为单层帐、双层帐、三层帐等。单层帐由单层面料制作，具有防风、防水等性能，但透气性较差。双层帐则内外帐分开，中间留有空间，增加了保暖性和透气性。而三层帐在内外帐之间增加了一层帐篷，更加适合极端天气条件下的露营。

总之，选择适合自己的野外帐篷需要考虑多种因素，包括季节、款式、人数、结构等。在选择帐篷时，人们需要根据自己的需求和实际情况进行综合考虑，以确保露营的安全和舒适。

（1）休闲帐。休闲帐篷是一种专为家庭露营和公园露营等休闲活动设计的帐篷。与专业帐篷相比，休闲帐篷更注重舒适性和便利性，同时价格也更加亲民。休闲帐篷通常具有较大的内部空间，可以容纳一家四口或更多的成员。它们的设计也相对简单，不需要太多的专业技能就能搭建起来。此外，休闲帐篷通常采用轻便的材料制成，方便携带和运输，非常适合短途旅行和露营活动。

（2）登山帐。登山帐篷是一种专为登山和徒步旅行设计的帐篷，具有轻量化、防风、防雨、防寒等特点。一般来说，登山帐篷采用尼龙、聚酯纤维等高强度、轻量化的材料制成，同时采用防水处理，以提高其耐用性和防水性能。在结构上，登山帐篷通常采用双层或三层设计，内层为睡袋或气垫，中层为保温层，外层为防水层，以达到良好的保温和防水效果。

此外，登山帐篷还配备了各种附件，如帐篷支架、地钉、防风绳等，以方便搭建和固定帐篷。在登山和徒步旅行中，选择合适的登山帐篷对于保证安全和舒适度至关重要。

需要注意的是，登山帐篷的价格因品牌、材质、功能等因素而异，因此消费者需要根据自己的需求和预算进行选择。同时，在使用登山帐篷时，用户需要注意保养和维护，以延长其使用寿命。

（3）高山帐。高山帐篷是专为登山者和户外爱好者设计的临时住所，它们被设计用于在5000米以上高山、雪峰或其他偏远地区提供安全、舒适的住宿环境。高山帐篷通常采用轻质、耐用且防水的材料制成，以便在恶劣的天气条件下提供保护。

高山帐篷具有多种特点，使其成为登山者和户外探险者的理想选择。首先，高山帐篷通常具有高度的便携性，可以轻松地携带和运输到高山地区。其次，高山帐篷具有良好的防风、防寒和防水性能，可以在恶劣的气候条件下提供安全的避难所。最后，高山帐篷通常配备舒适的睡袋、垫子和其他必要的装备，以确保用户在户外环境中的舒适度。

使用高山帐篷时，用户需要注意一些重要事项。首先，用户应确保在高山地区选择合适的营地位置，避免选择易受天气影响或存在潜在危险的地方。其次，用户应熟悉帐篷的搭建和拆卸过程，并确保帐篷的稳固性和安全性。最后，用户还应注意保持帐篷内部的整洁和干燥，以防止潮湿和霉菌的滋生。

总之，高山帐篷是登山者和户外爱好者在高山地区进行探险和活动的必备装备。它们能提供安全、舒适的住宿环境，帮助用户在恶劣的气候条件下保持温暖和干燥。当然，使用高山帐篷时需要注意一些重要事项，以确保帐篷的性能和用户的安全。

（二）睡袋

睡袋是露营装备中的重要组成部分，其主要功能是为露营者提供温暖和舒适的睡眠环境。根据材质的不同，野营睡袋主要分为羽绒睡袋和棉睡袋两大类。

羽绒睡袋的优点在于其出色的保温性能，而且容易收纳和携带。羽绒睡袋的保温性能主要得益于其填充物鸭绒或鹅绒。然而，羽绒睡袋的缺点在于其防潮性能较差，如果睡袋潮湿，其保温性能会大打折扣。

棉睡袋则主要使用纤维棉或中空棉作为填充物，其优点在于抗潮湿性能较好，即使潮湿了仍具有一定的保暖效果，且晒干的时间较短。此外，棉睡袋的松软度也较好。棉睡袋的缺点是体积较大，收纳和携带相对不便，且使用寿命可能较羽绒睡袋短。

从形状上看，常见的睡袋形状有信封式和木乃伊式。信封式睡袋较为宽敞，适合想在睡眠中随意移动的人；木乃伊式睡袋则更为保暖，适合在较寒冷的环境中使用。

在挑选野营睡袋时，除了考虑材质，还需要考虑其温标，即睡袋的舒适度范围。温标是睡袋的一个重要指标，它表示睡袋在不同环境温度下的保温能力。野营睡袋温标的选择主要取决于露营环境和季节。一般来说，温标越低，睡袋的保暖性能越好，但价格也会相应提高。

以下是一些常见的睡袋温标及其适用环境。

（1）舒适温标（-10~+10℃）：这种睡袋适合在春秋季节或温暖的夏季夜晚使用，能提供基本的保暖效果。

（2）极限温标（-30~-20℃）：这种睡袋适合在寒冷的冬季或高山环境中使用，能提供较好的保暖功能，但价格相对较高。

（3）极端温标（-30℃以下）：这种睡袋适合在极端寒冷的环境中使用，如极地探险或高山攀登，能提供极高的保暖性能。

在选择睡袋温标时，需要考虑以下几个因素。

（1）露营地的气温：了解计划露营地的气温情况，包括白天和夜晚的温度，以便选择合适的睡袋温标。

（2）个人感觉：不同的人对寒冷的感受不同，有些人可能觉得较冷，而有些人可能觉得较温暖。因此，在选择睡袋温标时，需要考虑自己的感觉。

（3）睡袋材质：睡袋的材质也会影响其保暖性能。一般来说，高质量的羽绒睡袋比合成纤维睡袋具有更好的保暖性能。

总的来说，野营睡袋是露营装备中的重要组成部分，选择合适的睡袋对于保证露营者的睡眠质量至关重要。睡袋的选择需要综合考虑材质、温标、形状以及防潮等因素。通过综合考虑这些因素，人们可以选择一款适合自己的睡袋，确保在露营中拥有舒适的睡眠体验。

（三）防潮垫

防潮垫是一种在户外活动中广泛使用的装备，主要用于防止地面潮湿、寒冷和不平整对身体的影响。防潮垫通常用于露营、徒步、登山等户外活动中，是户外爱好者必备的装备之一。

防潮垫的主要功能如下。

（1）防潮：防潮垫的表面一般采用防水材料，可以有效防止地面潮湿的渗透，保持身体的干燥和舒适。

（2）保暖：防潮垫的内部填充物通常采用保温材料，如羽绒、泡沫等，可以有效隔绝地面的寒冷，保持身体的温暖。

（3）缓冲：防潮垫的底部一般采用柔软的材料，可以有效缓冲地面的不平整，减少身体的不适感。

防潮垫的种类繁多，常见的有充气式防潮垫、自充气式防潮垫、折叠式防潮垫等。不同种类的防潮垫各有优缺点，消费者需要根据需求和活动环境进行选择。在选择防潮垫时，需要考虑以下几个因素：

首先，防潮垫的材质至关重要。常见的防潮垫材质包括PVC（聚氯乙烯）、尼龙、EVA（乙烯-醋酸乙烯共聚物）和气垫等。PVC防潮垫价格实惠，耐用性较好，但相对较重且不够柔软；尼龙防潮垫轻便且易于携带，但耐用性较差；EVA防潮垫具有良好的保温性和柔软度，适合各种户外活动；气垫防潮垫则具有较高的舒适度，但需要注意维护和保养。

其次，防潮垫的厚度也是一个需要考虑的因素。较厚的防潮垫能够更好地隔绝地面湿气，提供更舒适的休息环境，但同时增加了重量和体积。因此，在选择防潮垫时，我们需要根据需求和活动类型来平衡厚度、重量和舒适度之间的关系。

再次，防潮垫的尺寸和形状也是需要考虑的因素。一般来说，防潮垫的尺寸应略大于睡袋或睡垫的尺寸，以确保足够的休息空间。同时，防潮垫的形状选择需要考虑便携性和舒适性，如折叠式、卷筒式等。

最后，我们需要关注防潮垫的耐用性和易保养性。优质的防潮垫应该具有较高的耐用性，能够经受住户外环境的考验。同时，防潮垫的易保养性也是非常重要的，以方便我们在户外活动中随时保持其干净和干燥。

总之，在选择防潮垫时，我们需要综合考虑材质、厚度、尺寸和形状、耐用性和易保养性等因素。只有选择适合自己的防潮垫，才能在户外活动中享受到干燥舒适的休息环境。

（四）野营炊具

野营炊具是户外活动中的重要装备，它为野营者提供了在野外烹饪食物的基本工具。一套完备的野营炊具应当包括以下几个关键部分，确保烹饪过程的顺利进行。

首先，炉具是野营炊具的核心部分，它负责提供烹饪所需的热能。常见的炉具有燃气炉、煤油炉、酒精炉等。燃气炉使用燃气罐提供燃料，点火快速，加热效率高，但重量和体积较大。煤油炉火力强，输出热能高，便于携带，但排烟量大，使用时需加压，气味难闻，在20世纪90年代应用广泛，现在已逐渐被燃气炉取代。酒精炉则使用固体酒精作为燃料，重量轻，携带方便，但在寒冷天气中可能难以点燃。不管使用哪种炉具，都要在使用前仔细阅读使用说明书，了解其性能，确保使用安全。

其次，锅具是烹饪食物的关键工具。一套好的锅具应包括煮锅、炒锅和煎锅等。这些锅具通常采用轻便且耐热的材质制成，如不锈钢或铝合金。此外，锅具还应具备良好的保温性能和耐高温性能，以确保烹饪的食物口感鲜美。

再次，野营炊具还包括一些辅助工具，如餐具、烧烤架和烹饪用具等。餐具包括碗、盘、筷子和勺子等，用于盛装和享用烹饪好的食物。烧烤架则适用于喜欢烧烤的野营者，他们在户外也能享受到美味的烤肉。烹饪用具如刀具、砧板和搅拌器等，则帮助野营者在烹饪过程中更加得心应手。

最后，野营炊具的选择应根据个人需求和户外活动的实际情况来决定。选择野营炊具应考虑炊具的重量、体积、耐用性和使用便利性等因素。同时，使用野营炊具也要注意安全，遵循正确的操作方法，确保自己和他人的安全。

总之，野营炊具是户外活动中不可或缺的一部分。通过合理的选择和正确的使用，野营者可以在户外烹饪出美味的食物，为户外活动增添更多乐趣。

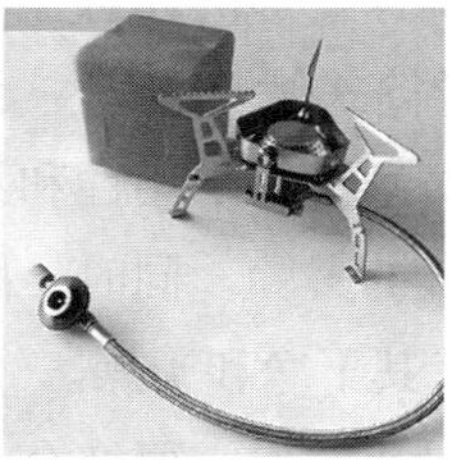
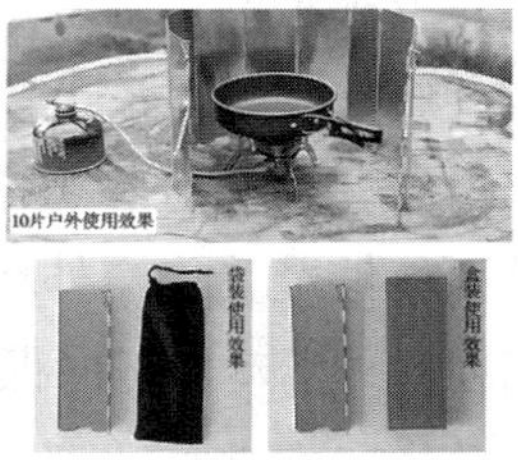

（1）安全使用野营炉。燃料的存储及使用必须谨慎小心，务必使用野营炉生产商推荐的燃料。每次使用前必须检查炉子的所有连接处及零件，同时确保：

①将地面的干燥树叶及植物清理干净，以防燃料漏洒或打翻炉子。

②将炉子放在平坦、稳固的地面上。

③燃料必须远离火苗和火星，尤其是给炉子填充燃料的时候。填充燃料之前务必确保火已熄灭、炉子已冷却。

④应在通风良好的位置做饭。尤其在使用时，液体燃料会产生一氧化碳等有毒气体，而且加热炊具需要燃烧氧气。

⑤切勿在帐篷内使用炉子，否则除了会产生有毒气体，还可能招致火灾。帐篷的入口和空间有限，火灾时，帐篷及帐内的一切会在数秒内化为灰烬，帐内人员往往没有足够的逃生时间。

⑥炉子在使用中必须时刻有人看管，万一翻了，可能引发火灾。如果炉内的火苗蹿出来，一丁点儿火星或火苗都可能点燃蒸发的燃气而引发爆炸。

（2）运输燃料。为确保运输安全，需要妥善考虑诸多事项：

①远足途中，应将燃料竖直放在背包的中间位置。为防止磕碰，周围应用衣服裹好，同时应确保抵达营地后可以轻易取出。若采用其他交通方式，需遵循上述原理。

②燃料瓶和水瓶要能区分，防止混淆。

③若计划探险的时间较长，需保证燃料来源，确保废弃气缸的安全处理。

（五）其他装备

（1）登山杖。登山杖是一种在户外登山、徒步穿越等活动中使用的辅助器械，主要功能是提供支撑，帮助行走者保持平衡，减轻腿部的负担。

使用登山杖的好处有很多。首先，它可以提高行走的稳定性。特别是在崎岖的山路上，登山杖可以作为额外的支撑点，帮助行走者保持平衡，减少摔倒的风险。其次，登山杖可以减轻腿部负担，降低肌肉和关节的压力，减少疲劳和受伤的风险。最后，登山杖还可以作为搭建临时帐篷或雨棚的支杆，提供额外的支撑和稳定性。

选择登山杖需要根据自己的身高、体重、行走习惯等因素进行。一般来说，登山杖的长度应该与行走者的身高相匹配，以确保最佳的支撑效果和稳定性。此外，手柄的形状和尺寸也应与手型相匹配，以提供舒适的握持体验。

总之，登山杖是户外登山、徒步穿越等活动中不可或缺的重要装备之一。它不仅可以提高行走的稳定性和安全性，还可以减轻腿部负担，让行走者更加轻松愉快地享受户外运动的乐趣。

登山杖的结构主要包括以下几个部分。

杖尖（含杖尖套）：登山杖的底部，通常由金属或橡胶制成。杖尖可以插入地面，提供稳定的支撑，帮助行走和保持平衡。

支杆：登山杖的主体部分，通常由轻质金属（如铝合金）或碳纤维制成。支杆的长度可以根据需要进行调整，以适应不同地形和身高。

调节锁：用于固定支杆的长度，确保登山杖在使用过程中的稳定性。常见的调节锁类型包括旋钮式和卡扣式。

杖托（泥托/雪托）：位于支杆的上方，用于防止杖尖在泥泞或雪地中陷入过深。杖托通常由塑料或橡胶制成，具有良好的防滑和耐磨性能。

腕带：连接登山杖和手腕的部分，通常由柔软的织物或橡胶制成。腕带可以减轻手臂的负担，提高行走的稳定性。

手柄：登山杖的顶部，通常由泡棉、橡胶或软木等材质制成。手柄应提供舒适的握感，适合不同手型和抓握习惯。

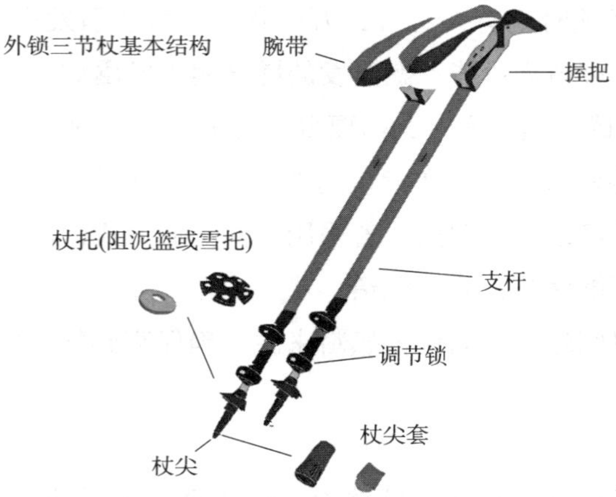

总的来说，登山杖的结构设计旨在提供稳定的支撑和舒适的握感，帮助登山者在行走过程中保持平衡和省力。不同品牌和型号的登山杖可能在结构设计和材质上有所差异，但基本组成部分大致相同。

①调整登山杖长度。调整长度时，先将登山杖全部旋松，手持登山杖直立，杖上面有刻度可供参考。调整方法有两种：一种是手臂自然垂下，以手肘为支点，将前臂抬起到跟上臂呈90°，再将登山杖的尖端向下调整到接触地面；另一种是将登山杖顶部置于腋下5~8cm，然后将其尖端向下调整到接触地面为止，最后将登山杖的支杆全部锁紧。调整长度不应超过登山杖上所显示的最大调整长度。

如何选择合适的手杖尺寸

方法一：

根据身高参考尺码表选择

方法二：

合适的手杖尺寸一般为身高的66%

方法三：

立正，握住手柄，杖尖触地，手肘呈90°
或略大于90° 即为合适的手杖长度

温馨提示：

固定长度不可伸缩型手杖需根据身高选定尺寸
可伸缩型手杖，可自由调节，基本不受身高限制，
不必要求太过精确，略有误差也无碍使用

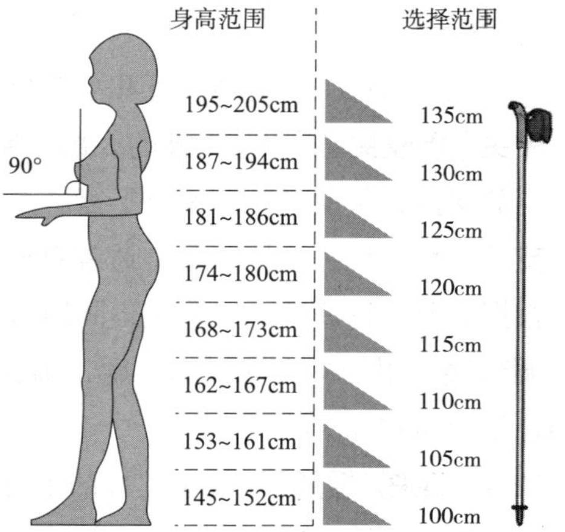

三节调整式的登山杖最强韧的状态是三节支杆长度相当，因此，使用时不要只延伸其中一节支杆而不用另一节支杆，或者超过支杆的警戒刻度，这样易造成登山杖弯曲变形而无法使用。最好的使用方法是同时将三节支杆调整成相同的长度，这样可以确保登山杖的支撑强度，也能增加登山杖的使用寿命。

②正确使用腕带。一般人使用登山杖时都是紧紧地抓着把手施力，以为腕带的作用只是让登山杖不会离开自己的手腕。如果你也是这样认为，那就错了。

下坡时登山杖所承受的冲击力应该借由腕带传导到我们的手臂，而在上坡时，手臂的推力应该借由腕带传到登山杖上，从而产生上坡的助力。因此，手腕穿过腕带时不应该直接从腕带上方伸进去抓住把手，而是应该把腕带拿起来，从腕带的下方穿入，将带子压在手掌之中，然后再轻轻地抓住把手，通过腕带支撑登山杖，而不是紧紧地抓着把手施力。如果有带扣，要注意稍微调整，不要影响登山杖的操作。

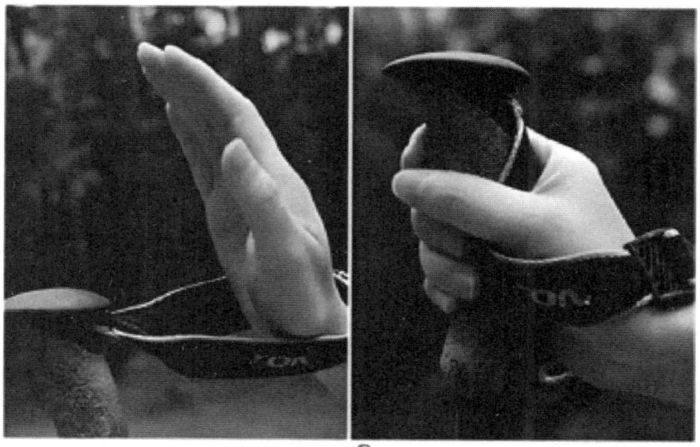

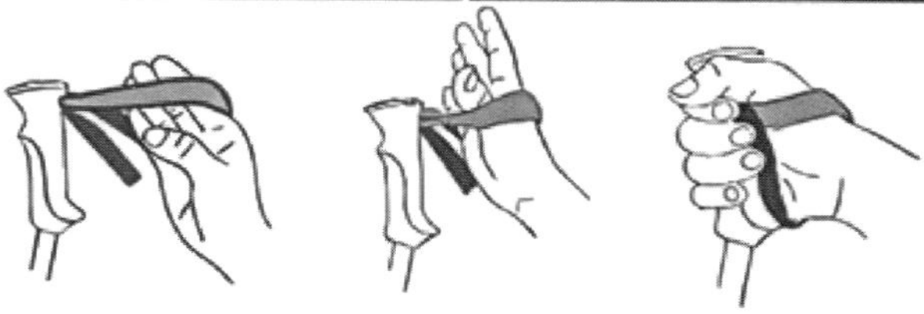

从腕带的下方穿入　　将腕带压在手掌之中　　调整好腕带握住手柄

③不同地形的操作方式。以下介绍的是使用登山杖时一般的正常操作方式，但并不是唯一的方式。我们可在实际操作中稍作调整，找出适合自己的方式，这样才能充分利用登山杖。

平地及平缓的上坡：跟平常走路一样采取相同的节奏，右手臂在左脚向前的同时顺势将登山杖往前带，但是杖尖不要超过身体前面，然后顶住地面向后推，左手跟右手交互做一样的动作。上坡时利用登山杖往后推，下坡时利用登山杖与腿部同时承受身体向下的冲击力量，此时需要避震系统来缓和冲击力。上坡时，避震系统会削弱向后的推力，也就是要用更大推力才能达到跟一般登山杖相同的效果，此时避震系统反而成了不必要

平地高效行走：
握把微倾，降低摆幅

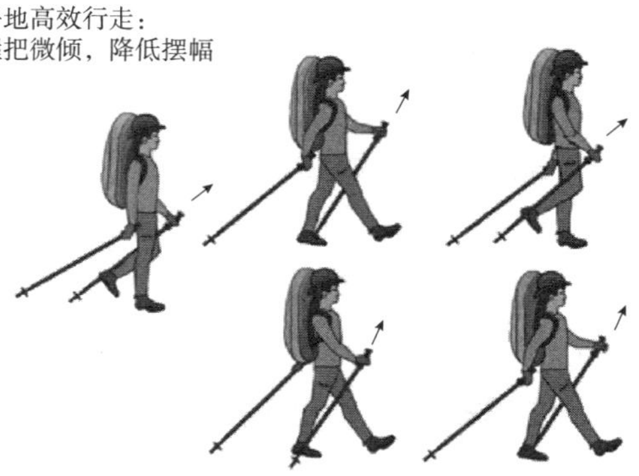

的装置。

较倾斜的陡坡：上坡时动作和平常走路一样，但是手臂要将登山杖放在身体的前面，利用登山杖支撑身体以减轻腿部的压力，必要时可同时使用两支登山杖来爬坡。下坡时，由于冲击力比较大，因此，要利用登山杖来减轻腿部的负荷，登山杖的位置一定要放在身体前面，而且要比前脚先着地，从而达到分担冲击力的效果。此时身体一定会向前倾斜，这个动作并不是我们下坡的自然动作，因此要经常练习，同时要合理确定登山杖的前置距离，以起到缓解腿部压力的作用，而且不会拖慢行进的速度和节奏。必要时，还可根据个人的感觉来加长登山杖的长度。

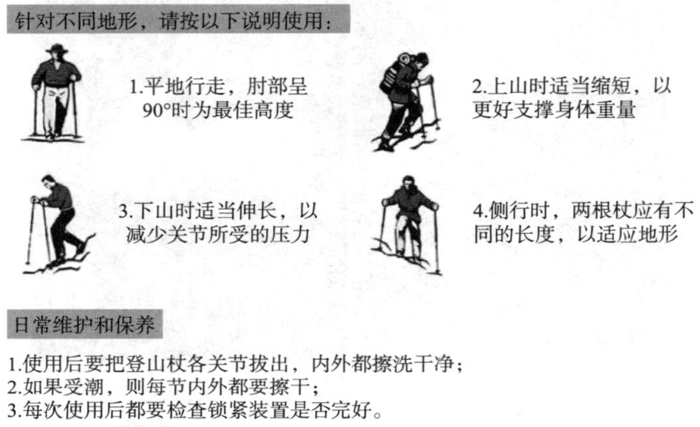

（2）绳索。绳索是户外活动中常用的装备之一，广泛应用于攀岩、登山、探险、救援等领域。正确使用和维护绳索对于保障户外活动的安全至关重要。

在户外活动中，绳索的种类和规格选择需要根据具体的活动类型和需求来确定。一般来说，绳索可以分为静力绳和动力绳两种。静力绳主要用于承重和搭建保护站，具有较好的延展性和耐磨性；动力绳则主要用于攀岩和速降等活动，具有较高的弹性和抗冲击力。

在使用绳索时，需要注意以下几点。

检查绳索的完好性：使用前需要检查绳索是否存在磨损、断裂、结节等情况，如果有这些情况应及时更换或处理。

选择合适的锚点：使用绳索时，需要选择合适的锚点进行固定，确保锚点能够承受所需的拉力，并且不会发生滑动或脱落等情况。

正确使用绳索：使用绳索时，需要遵循正确的使用方法，如避免在锐利的边缘或岩石上摩擦绳索、避免过度扭曲或打结等。

注意安全：使用绳索进行攀岩、速降等高风险活动时，需要佩戴安全装备，如头盔、安全带等，并且需要掌握正确的操作技巧。

（3）照明工具。

①头灯。头灯是一种专为户外活动设计的头戴式照明设备。它通常具有轻便、耐用、防水、防摔等特点，适合在户外探险、露营、徒步、骑行等活动中使用。

户外头灯的设计使得它可以直接戴在头上，从而解放双手，方便用户在行走或进行其他户外活动时照明。一些高级的头灯还具备调节亮度、闪烁、SOS求救信号等功能，满足不同场合的需求。

在选择户外头灯时，用户应该考虑一些关键因素，如电池寿命、光源类型（LED或卤素灯等）、重量和尺寸、防水和防摔性能等。此外，用户还可根据自己的预算和喜好来选择不同的品牌和型号。户外头灯是户外活动中不可或缺的装备之一，它能够为用户提供足够的照明，确保活动的安全和顺利进行。

②营地灯。营地灯是一种专为露营、野营等户外活动设计的照明设备。它通常具有轻便、耐用、防水、防摔等特点，能够适应户外复杂多变的环境。营地灯一般采用LED灯珠作为光源，具有高效、节能、环保等优点。同时，它还具有多种照明模式，如亮度调节、色温调节等，以满足不同场景下的照明需求。

在户外活动中，营地灯不仅可以提供足够的照明，还可以为露营者营造温馨、舒适的氛围。此外，一些高端营地灯还具有蓝牙音响、手机充电等功能，让露营者在享受大自然的同时，也能享受到科技带来的便利。需要注意的是，使用营地灯应遵守安全规范，确保使用环境的稳定性和安全性。同时，存储和运输营地灯也应注意防潮、防尘等措施，以延长其使用寿命。

（4）刀具。刀在野外生存中的地位是任何工具都无法替代的。资深的野外工作者都知道如何最大限度地发挥刀的作用，而且十分珍惜它们，并随时把它们带在身上。

不夸张地讲，刀在野外生存中几乎是万能的，在紧急求生时是无价之宝。在丛林中，刀可以用来开路；宿营时，刀可以用作斧、锯、锤子来搭建帐篷或者临时庇护所；登山时，刀可以用来挖脚窝；缺少给养时，刀可以用来挖野菜、狩猎；遇到野兽时，刀可以用来防御……

一把好的野外生存刀具应该刀刃锋利，不易崩卷，刀尖适合刺、挖、划；刀腹适合切、剁、砍；刀背多齿，适合锯、拉。在接近刀柄的地方也有讲究：背面有一小块方形凸起，可以用来钉钉子；腹面有一小段不易磨损，十分锋利，可以用来削东西。

折叠刀：中小型刀具，可以折叠，携带方便，也容易通过飞机以外的安检，乘坐飞机时可以在行李中托运，适合于切、削，不适于砍、剁，可以挖野菜。

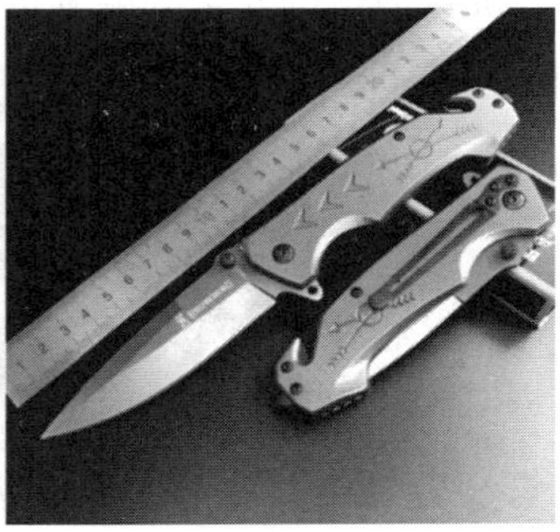

野战刀：大型刀具，特种部队用刀。刀背有锋利的锯齿状刀刃，可切割绳索、树木等；刀刃锋利，适合砍、剁、削、切；刀柄与刀体为连体设计，适合挖、别。

瑞士军刀：由瑞士士兵发明，功能较多，一般由12~16个工具组合而成，其中有大刀、小刀各一把。其他的工具包括螺丝起子、锯、锉、瓶起子、罐头开启器、剪子、锥

子、凿子、钩子、软木塞起子、放大镜等。

野外生存刀：其实是一种有刀的多功能组合工具，由于喜欢野外生存活动的人都习惯配备这种工具，又把它称为野外生存刀。

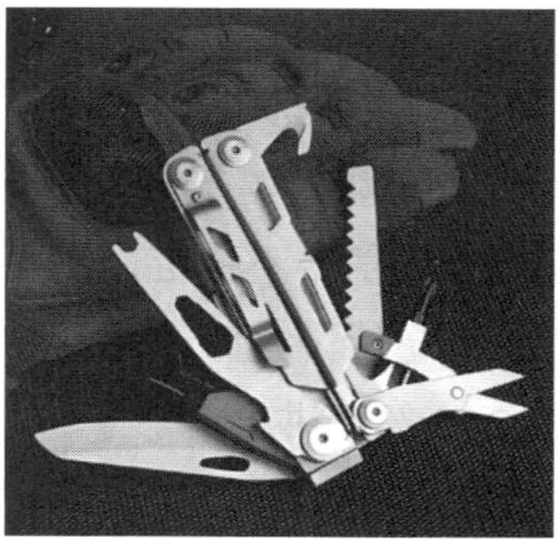

这种刀折叠起来非常小，只有10cm长，3~4cm宽，不到2cm厚，装在套里，拴在腰带上，非常方便携带。打开时，它首先是一把钳子，刀就隐藏在钳子把手上的凹槽里，全部展开时才能看清楚所有的工具。

瑞士军刀和野外生存刀都属于多功能组合刀具，以刀为主，功能较多，但是刀具本身的功能被削弱了。

刀具在使用过程中一定要小心，保证安全，避免造成伤害。使用完刀具后，要及时清洁并妥善保管，将刀具擦拭干净，去除污渍和残留物，以防止刀刃生锈或变钝。最好将刀具收纳在刀鞘或专用的收纳盒中，确保其不会意外刺伤他人或自己。

（5）通信、定位设备。

①手机。现代智能手机功能强大，不仅集合了通信、定位功能，还能获得实时信息、当地天气以及拥有娱乐功能，能够在孤身一人的时候减少无助感和缓解焦虑。虽然手机在野外活动中是不可或缺的物品，但是它也有明显的弱点，那就是在野外，手机的信号和电量对手机的使用造成了较大限制。对此，我们要提前做好准备，比如：随身携带太阳能充电器，以增加待机时间；可以提前下载好当地离线地图和一些生存指导的应用程序，以备不时之需。

②对讲机。对集体探险或穿越来说，使用对讲机是比较方便的。使用对讲机可以使

领队与大本营之间保持联系，团队组员之间也可以用对讲机联络。

使用对讲机应该注意它的功率大小、使用半径是多少千米、在探险地区是否可以正常使用等情况。专业对讲机功率一般为2W。在理想状态（无任何阻挡和干扰）下，通信距离在10km以上，而实际通信距离一般只能在3~5km，在有高大建筑物或高山阻挡的情况下，通信距离还会相对短些。当有系统基站支持时，对讲机的通信范围可达十几千米甚至几十千米。

民用对讲机功率一般为0.5W，通信距离理想状态下为3km，在有障碍物阻隔的环境中会缩短有效通信距离。

在使用中，通话者在分开前还要确定好使用频率，并建立约定，例如多长时间联系一次、多长时间联系不上就要停止什么样的活动、多久联系不上就视为意外、确定意外时如何援救等。

对讲机通话是单向工作的（不像电话是双向工作的），你要是一直按着按钮，占了频道说话，其他人就说不成了。因此，对讲机流行的是短信式对话，你一句，我一句。考虑到对讲机单向工作方式，加上野外的信号不稳定，使用者应尽量把复杂的语句简单化、规范化，而且要用普通话。另外，一句话讲完后，说一个“OVER”。

一般户外活动，十几个人配2~3部对讲机就够了，队长1个，探路1个，后卫1个，多了反而添乱。

对讲机的基本操作方法如下。

打开对讲机：顺时针方向转动电源开关音量旋钮，听到“咔嗒”声，即打开对讲机电源。

调节音量：转动电源开关音量旋钮即可。若设置了监听功能，在转动音量旋钮的同时，按下编程为监听的按键，可起辅助调节作用。

选择信道：转动信道选择旋钮，选择要使用的信道。

监听：接收状态下按下编程为监听的按键，可监听当前信道的活动，这对于调节音量或接收微弱信号有很大帮助。在监听状态下，绿色状态指示灯亮。

发射：按住PTT键，同时用平常的声调对着麦克风讲话，并保持麦克风距嘴部约5cm。

接收：松开PTT键，对讲机进入接收状态。

③卫星电话。卫星电话是目前所有通信工具中性能最稳定、最有保障的。信号通过卫星传播，不受高山等阻碍物的限制。不过，卫星电话的价格比较昂贵，通话费用也非常高，一般没有条件配备。如果临时需要，可以选择租借的方式。在攀登雪山和极地探险时，卫星电话还是非常管用的。

④指北针。指北针是野外辨别方向的重要工具，它的基本功

能是利用地球磁场作用，指示北方方位。只有配合地图寻求相对位置，才能明确自身所处的位置。一般的简易指北针只能判别大概的方向，大多数人比较熟悉。

⑤卫星定位系统。卫星定位系统具有定向、记录行动轨迹、测定海拔高度、预报天气等多项功能，是非常理想的野外活动装备。它不仅能够准确指示所在的位置，记录已经走过的线路，而且可以输入即将行进的路线，随时指示如何行进。卫星定位系统是通过卫星接收信号的，在卫星运行到地平线以下时，会有暂时的信号中断现象。好在现在的卫星定位系统不止利用一颗卫星，信号几乎不会中断。

卫星定位系统的器材价格相对较贵。目前，市场上也出现了专门出租卫星定位系统的经营者，租赁价格比较经济实惠。

第二节　野外实践食品的准备

在野外生存中，饮食扮演着不可或缺的角色，它的作用是多方面的，包括补充能量、维持健康、增强心理稳定性等。

首先，饮食为生存者提供了必要的能量。在野外环境中，人们需要更多的能量来应对各种挑战，如寻找食物、建造庇护所、探索未知地形等。食物中的碳水化合物、脂肪和蛋白质是主要的能量来源，它们通过消化过程转化为身体可以利用的能量。

其次，饮食有助于维持身体健康。在野外生存中，人们可能会遇到食物短缺的情况，因此需要选择营养丰富的食物来确保身体得到足够的营养。食物中的维生素、矿物质和抗氧化剂等营养物质有助于增强免疫系统，预防疾病，并促进伤口愈合。

最后，饮食还有助于增强心理稳定性。在野外环境中，人们可能面临各种困难和挑战，这时保持稳定的心理状态至关重要。摄入足够的食物可以让人们保持更好的心情，提高应对压力的能力。

综上所述，为了保持身体健康和心理稳定，生存者需要注重饮食的选择和摄入，确保获得足够的能量和营养。同时，生存者还需注意水源的清洁和安全，避免食物和水源受到污染。通过合理的饮食安排，生存者可以更好地应对野外环境的挑战，提高生存能力。

一、水

水是生命之源。在成人体内，60%左右的质量是水。儿童体内水的比重更大，可达近80%。人体里的每一个物理变化与化学变化都直接或间接地需要水的参与。如果体内失水10%，就会威胁健康；如失水20%，就有生命危险。由此可见，水对生命的重要意义。在求生的过程中，你需要稳定的供水以维持生存，否则会脱水；若置之不理，最终会导致死亡。为了生存，你必须维持体内水分平衡。

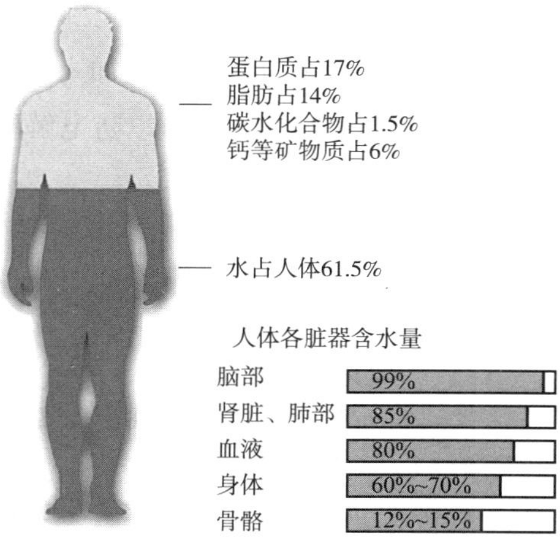

1. 人体每天需要多少水

人体每天需要的水分大约在2500mL，这包括从食物中摄入的水分。需要注意的是，这个数值并不是绝对的。人体需要多少水才能生存下来由一系列因素决定，例如身体状况、所处的环境及体能消耗情况等。即便在阴凉处休息，一个人平均一天也会流失超过1L的水分，而这包含的仅仅是呼吸和排尿，若将流汗考虑进去，这个数字还会增加。在求生过程中，若想保持健康，至少需要每天摄入3L水，而在高温环境下或重体力劳动过程中，这一需求则会更大。

一般成年人每日水平衡如表2-1所示。

表2-1　一般成年人每日水平衡　　mL

来源	摄入量	排出途径	排出量
饮水或者饮料	1200	肾脏（尿）	1500
食物	1000	皮肤（蒸发）	500
代谢水	300	肺（呼吸）	350
		肠道（粪便）	150
合计	2500	合计	2500

2. 科学的饮水方法

在野外生存活动中，水是非常宝贵的资源。合理科学地利用饮用水，不仅可以减轻出发时的负重，而且可以在饮水有限的时候，极大地延长寿命。口渴时千万不要一次大量狂饮。因为身体在迅速吸收水分后会通过肾脏把体内多余的水分排泄掉，多喝下去的水不但会给肾脏带来负担，而且会造成饮用水的浪费。正确的饮水方法是少量多次，每次以100~150mL为宜，水在口中含一会儿，然后分两次慢慢咽下。这样重复饮水，既可使身体将喝下去的水充分吸收，又可以解决口舌咽喉干燥的问题。

此外，适当地补充淡盐水也是非常重要的。在户外登山徒步运动中，尤其是在高温天气下，身体大量排汗会导致一些无机盐的流失，如钾、钠、镁等。因此，喝一些淡盐水可以帮助补充身体所需的无机盐。一般来说，每克盐加入500mL水是比较合适的比例；也可以购买固体电解质冲剂，按比例调配好后饮用，以防电解质紊乱。

二、食物

人类是杂食动物，需要多种营养素来维持身体的健康运转，对于户外探险来说更是如此。身体需要能量来维持体内的化学反应和生理反应，给肌肉提供动力。

人体所必需的营养如表2–2所示。

表2–2　人体所必需的营养

营养类型	食物举例	作用
碳水化合物	■ 米、面、各类谷物 ■ 新鲜水果和干果 ■ 根茎类蔬菜 ■ 巧克力和其他甜食	作为人体能量的主要来源，最容易转化为葡萄糖，而葡萄糖是人体首选的能量来源
蛋白质	■ 肉类和家禽 ■ 鱼类，比如金枪鱼和三文鱼 ■ 蛋类和奶制品 ■ 豆类和种子	人体生长和肌肉组织修复的必需品，能够增强体力和恢复精力，有助于对抗疲劳。摄入后会产生满足感
脂肪	■ 坚果和种子 ■ 奶制品，如黄油和奶酪 ■ 肉类，如熏肉和香肠 ■ 食用油	能量的另一大来源，摄入后会产生满足感

续表

营养类型	食物举例	作用
纤维	■ 新鲜水果和干果，尤其是果皮 ■ 蔬菜、豆类、种子 ■ 全谷类食品 ■ 全麦面食和糙米	有助于消化，有助于产生饱腹感
维生素和矿物质	■ 新鲜水果和干果 ■ 绿色蔬菜 ■ 肉类和鱼类 ■ 坚果和种子	人体生长和组织修复的必需品，有助于保持眼睛和牙齿健康，促进血液循环和产生能量

即便只是短途旅行，也要随身带些食物，比如水果和巧克力，用来补充消耗的能量。如果计划远途探险，应带上各种不同的食物（见表2-3），一来用于补充能量，二来确保食物的多样性。

表2-3　远途探险携带的食物类别

食物类别	食物举例	作用
早餐谷物和干果	什锦干果、果仁（葡萄干、坚果仁、巧克力） 牛奶什锦早餐或麦片 燕麦粥 干果	碳水化合物、维生素及矿物质的重要来源，开启一天的良好状态，含膳食纤维，有助于消化
零食	饼干 能量棒、谷物棒、麦片棒 水果，比如苹果、梨、橘子 坚果和种子	富含碳水化合物，有助于维持能量
高热量甜品	蛋糊粉、脱水冰激凌 巧克力 硬糖果 布丁预拌材料	需要时可迅速补充能量，尽管营养价值不高，但可以当作安慰性食品
主食	袋装加热的速食饭——可以买各种各样用箔袋密封好的熟食，加热5~7min即可食用 冻干和脱水食物——食用时加些沸水，搅拌后等待约5min即可。这种食品轻便，节省空间 罐装食物——可选品种繁多，不过体积大，较重	提供均衡的食物组合、维生素和矿物质，帮助身体在经历长时间跋涉后自我修复 准备起来快速简便，基本不需要用什么器具，只需较少的燃料便可煮熟，或者加水食用 可与豆类和谷物同食，小罐上有易拉环
肉类、鱼类和奶酪	罐头鱼，比如沙丁鱼或金枪鱼 腌肉，比如火腿、腊肠、牛肉干 硬奶酪，比如切达干酪和意大利干酪	蛋白质和脂肪的重要来源，尽管罐装食品相对较沉，但保质期长且方便携带
豆类和谷物	小扁豆、干豌豆 干豆、珍珠麦 大米和面食 蒸粗麦粉	可搭配主食，这样更易饱。碳水化合物的重要来源，提供膳食纤维和蛋白质
配料	面粉 盐 糖 板油	面粉和盐可做生面团，糖和盐让食物更美味，板油是脂肪的宝贵来源，可作为补充食物

续表

食物类别	食物举例	作用
调味品	汤粉 番茄酱 酱粉 肉冻	起到调味和提高饮食多样化的作用，烹制野生食物时尤为有用
饮料	茶 咖啡 巧克力粉 奶粉	营养价值有限，但喝了会让人感觉温暖舒服。巧克力粉中碳水化合物含量高，奶粉是钙的最佳来源之一

需要注意的是，在野外求生困境中，除非体内的能量消耗殆尽，前24小时尽量少吃东西。限量进食是因为消化食物会大量消耗体内储存的水。

从食物中获取的能量一般是以卡路里来衡量的。人类需要一定的能量来维持生命，即使整天躺在床上，也会消耗2000cal。每天所需能量与很多因素有关，比如年龄、气候、身体状况、工作强度。求生者必须平衡自己的能量的摄入和输出。

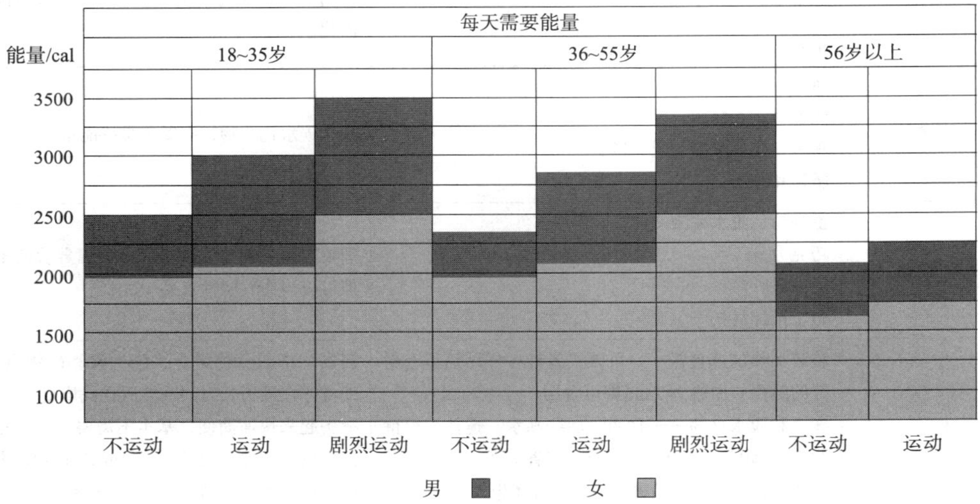

1. 能源需求

男性的新陈代谢没有女性的效率高，而且男性自然保温效率较低，因此他们消耗的能量更多。年轻人比老年人消耗的能量多，这在一定程度上是因为年轻人更活跃、更喜欢运动，同时也因为年长的人新陈代谢比较慢。

2. 野外生存活动食品准备指南

在野外生存活动中，精心策划和准备食品是至关重要的。你需要确保携带的食品既能为你提供足够的能量，又易于携带和储存，这是保障生存的关键。

3. 野外生存活动食品准备

（1）选择高能量食品。在野外，你的身体需要更多的能量来应对各种挑战。因此，选择富含蛋白质、脂肪和碳水化合物的食品至关重要。例如，坚果、干果、肉类、鱼类、谷物和即食食品，都是良好的能量来源。

（2）便于携带和储存。在选择食品时，考虑其体积、重量和保质期，确保它们能够方便地放入背包，并能在各种环境中长时间保存。真空包装、罐装或干粮是不错的选择，因为它们通常更轻便、易于储存，并且保质期长。

（3）多样化饮食。在野外，多样化的食品不仅可以提供不同的口味，还有助于你获取各种必需的营养素。携带一些蔬菜、水果、面包、奶酪等多样化食品，能够确保你的饮食均衡。

（4）烹饪设备和用品。在野外生存活动中，烹饪设备和用品是必不可少的。你要确保携带了炉具、锅具、餐具、火种和防水燃料等必要的烹饪工具和设备。选择轻便、耐用和易于使用的设备，以便在野外条件下进行烹饪。

（5）食品保存和卫生。在野外，食品的保存和卫生至关重要。你要确保食品不会受到污染或变质，同时要注意个人卫生，以避免食物中毒等问题。携带密封袋、保鲜膜和消毒剂等物品，以确保食品的卫生和储存安全。

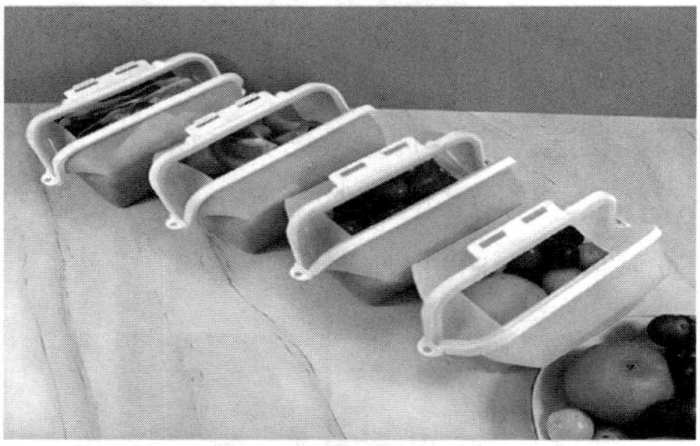

总之，在野外生存活动中，精心准备食品是有效生存的重要一环——选择高能量、易于携带和储存的食品，携带多样化的食品，准备必要的烹饪设备和用品，并注意食品的保存和卫生问题。通过合理的食品准备，你将能够更好地享受野外生存活动，并保障自己的健康和安全。

（6）路餐食品。在徒步、登山前行的过程中补充能量的食物，通常称为路餐。为了防止行动中身体出现疲劳反应，进而影响行动，可以在休息的过程中食用一些路餐，以补充身体所需的能量。运动营养学家推荐的数值是每小时及时补充100~300cal的易消化碳水化合物，如果汁、能量棒、运动饮料、消化饼之类；也可以把午餐分为3~4小份，在每次长休息时吃一份，这样进食是为了满足行动中及时的能量补充，同时能减轻一次进食太多对消化系统造成的不利影响。

路餐可以由巧克力、干果、水果、牛肉干等组成。所有食物拆开包装后（少产生垃圾）全部混装在一起，放置在行进中方便用手随时取出直接食用的位置（腰带包、侧包、顶包等）。大家在购买食品时务必仔细查看它的碳水化合物、蛋白质、脂肪的含量分别是多少，尽量选择标准参数下最适合营养要求的食物。

（7）紧急备用食品。紧急备用食品是应对突发状况或灾难性事件的关键物资，用于保障人们在无法获取常规食物来源时的基本生存需求。这些食品不仅易于储存和携带，而且能够提供人体所需的必要营养。紧急备用食品可以是压缩饼干、干果、维生素粉剂和能量棒等。

第三节　户外登山包的装包要求及原则

一、登山包

登山包是一种专为户外活动设计的背包，通常具有防水、耐磨、轻便等特点。它适合徒步旅行、登山、露营、野营、探险等户外活动，可以容纳各种必需品，如衣物、食品、水、睡袋、帐篷等。

登山包的设计通常考虑人体工学和舒适性，其所具有的背负系统和背负带等，能够减轻背负者的负担并提高舒适度。此外，登山包通常还有多个隔层和口袋，方便分类存放物品。

登山包需要根据活动类型、行程时间、人数和所需装备等因素来进行选择。一般来说，背包的容量和重量应与所需携带的物品相匹配，避免过大或过小，影响背负的舒适度和便利性。

此外，登山包的选择还要考虑防水和耐磨性能等方面。如果需要在恶劣的环境中使用，需要选择具有更高防水和耐磨性能的背包，以确保物品的安全和背包的耐用性。

总之，登山包是户外活动中不可或缺的重要装备之一，选择合适的背包可以提高活动的便利性和安全性。

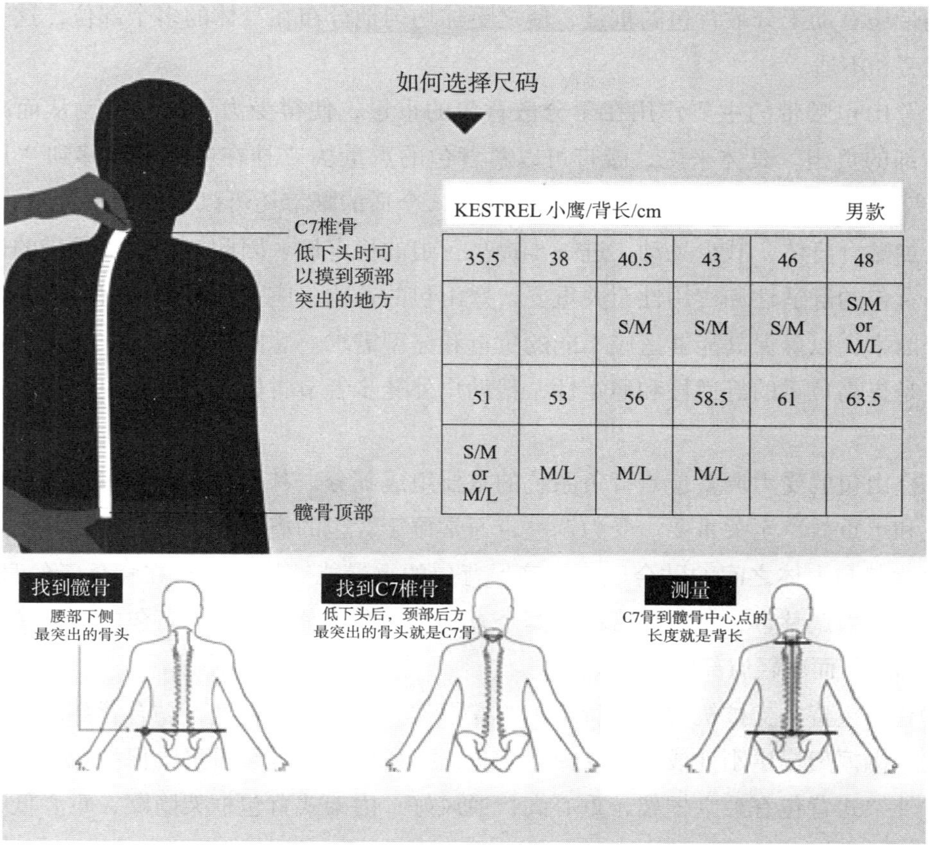

KESTREL 小鹰/背长/cm　男款

35.5	38	40.5	43	46	48
		S/M	S/M	S/M	S/M or M/L
51	53	56	58.5	61	63.5
S/M or M/L	M/L	M/L	M/L		

（一）登山包的结构

登山包的结构组成如下。

（1）背负系统：登山包的核心部分，负责将背包的重量有效地转移到用户的肩膀和臀部，以减轻背部的负担。背负系统通常包括双背肩带、胸带、腰带、受力调整带以及背负支撑机构和调整装置。

①登山包肩带的主要作用并不是承重，而是保证登山包能够被舒适地背负起来。设计良好的登山包肩带通常厚实且具有排气效果，以在一般负重不超过体重的1/3时提供舒适的背负体验。调节好的肩带应与肩胛骨紧密贴合，不留空隙。此外，高质量的登山包允许用户自行调节肩膀上的重量分配，以适应不同的体力状况和环境条件。这种调节性确保了无论是行走、攀登还是休息，登山包都能保持舒适和稳定。

②登山包胸带的主要作用是调节两条肩带之间的距离，防止肩带向两侧滑动，从而使背包能够稳定地贴合在身体上，减少肩部的负重感。在翻越陡峭地形时，系上胸带可以提供额外的稳定性，使用时应调节到让背包既能贴紧身体，又不会有压迫感为佳。另

外，胸带还有助于分散背包的重量，使之更加均匀地分布在身体的多个部位，这有助于减少疲劳和不适。

③登山包腰带的主要作用在于分散背包的重量，使得受力更加均衡，从而减轻肩部和背部的负担。具体来说，腰带可以将背包的重量从“挂在肩部”转移到“压在腰部”，使受力点下移，更符合人体工学。此外，合适的腰带还可以帮助调整背包的位置，使其更加贴合身体，减少晃动，进一步提高行走的稳定性。因此，登山包腰带的设计对于提高背包的舒适性和实用性至关重要。登山包的选购，应关注腰带的材质、厚度、调节性等因素，以确保其能够适应不同的负重和体型需求。总的来说，腰带在登山包中的作用就是提高负重的舒适性和稳定性，帮助户外徒步者节省体力，享受更加舒适的户外旅程。

④登山包的受力调整带是背负系统的重要组成部分，其设计和调整对于确保背包的舒适性和承重效率至关重要。受力调整带通常位于背包的肩带和腰带之间，其主要功能是调整背包与人体之间的贴合度，以确保背包的重量能够均匀分布在背负者的身体上。通过调整受力调整带，背负者可以根据个人的体型和背负习惯，将背包的重量转移到腰部和髋部，从而减轻肩部的负担。

⑤登山包背负支撑机构包括背板和支撑框架，背板通常透气，贴合背部曲线，分散重量，支撑框架提供刚性或柔性支撑。背负支撑机构可以分散重量，保持稳定，提升透气性。外架式背包有独立框架，重心高，通风好；内架式背包框架隐藏，重心低，稳定舒适。

⑥登山包的调整装置包括肩带、腰带、胸带和受力调整带，允许背负者根据个人体型和负重进行调整。肩带调整肩部距离，腰带挎在髋骨上提供支撑，胸带稳定肩带位置，受力调整带优化负重分布。调整步骤包括松开所有带子，调整腰带紧贴髋骨，调整肩带紧贴背部，扣上胸带并贴合身体，最后根据需要调整受力调整带。

（2）装载系统：背包装载物品的部分，一般由主袋、顶包和侧包构成。主袋设计多采用上下分层式，即上端和下端各设一个开口，中间装一个活动隔层，可连通可断开，这样可以根据需要分装物品。有的背包还设计了侧包，像两只耳朵设在背包两侧。

（3）外挂系统：对于专业的登山包来说，外挂系统是必不可少的。背包的外挂可分为顶挂、侧挂、背挂、底挂等，通常采用点挂式或条挂式。点挂式一般设两个或四个对应挂点，使用时采用两点或四点捆绑固定。条挂式通常是在背包正面装两排外挂条带，每条设若干固定点，其固定物品更具随意性，较少受形态的影响。此外，登山包还可能包括一些其他的小收纳包，用于存放一些零碎物品。总的来说，登山包的结构设计要兼顾实用性、舒适性和便携性，以适应登山过程中的各种需求。

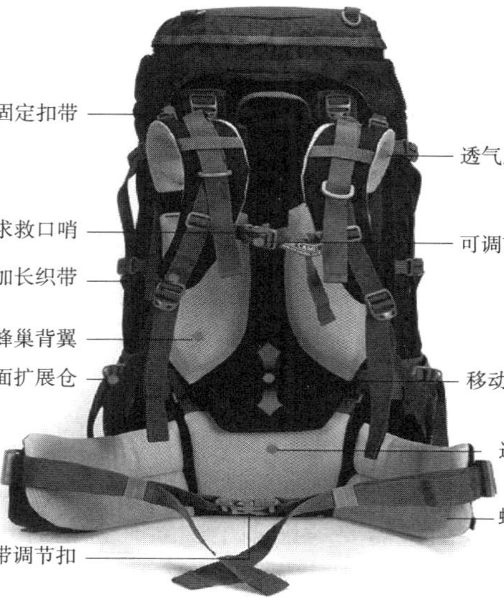

（二）登山包的选择

背包容量一般在45~100L，应根据路途的长短进行选择。选购时应关注其面料、结构、做工和背负系统，以及性价比。市面上可供选择的背包品牌及款式很多，但建议不要追求品牌，而以实际功能和实用性为选择依据。

（1）背包的容量：根据行程时间和需求选择合适的背包。如果行程时间较短（1~3天），且不准备在户外露营，不需要携带大量装备，那么选择中小容量的背包即可，一般25~45L就够了。这种背包通常结构比较简单，不设外挂或较少设外挂，除一个主袋外，通常设3~5个附袋，便于分类装载物品。如果行程时间较长（3天以上），需要携带的装备和其他物资较多，就需要选择大容量的背包，以50~70L为宜。若需装载物品繁多或体积较大，可选（80+20）L超大背包或外挂较多的包。

（2）背包的材质：应选择高品质的材料，以确保背包的耐用性和可靠性。从面料上看，常见的材料包括优质杜邦尼龙和普通耐磨织物。许多人在选择背包时，比较注重背包的颜色和外观。其实，背包是否结实耐用关键取决于材料。普通面料和高密度的优质面料在强度、耐磨度以及整体重量上都会有较大差异。从涂层上看，低档背包所用涂层面料，受冷会变硬；高档背包用的涂层面料，遇冷硬度没有明显变化。另外，高档背包涂层的防水效果要明显好于低档背包，但性能、材质较好的背包，其价格也相对较贵。

（3）背包的背负系统：良好的背负系统可以减轻背部的负担，并提高背包的稳定性。背负系统并不能解决背包的重量问题，它的主要功能是将重量合理分配到身体的各个部位，避免重量集中在肩部。另外，它还提供背负重心调整，以增加行动时的平衡和安全性。选择具有良好背负系统的背包，可以提供更好的舒适性和支撑力。在选择重装背包时，我们要选择带有腰臀带背负系统的。

（4）背包尺寸：就像是衣服尺寸一样，同样容量的背包还会细分尺寸。每个登山背包品牌都有尺寸表，依据身高、背长与腰围等分成多种尺寸，如S、M、L等。大多美系的中大型背包，还会加上性别条件（男、女款）。正确的背包尺寸可以让重量合理分摊在肩膀以及腰部，让背负更舒适。只有挑选适合自己背长度的背包，才能在登山健行时更省力。背部测量长度的方式：从髋骨（腰部两侧突出的骨头）一直到颈椎突出点。你可以试着将手叉腰，两手大拇指的连线就是背长的终点。量好背长后，对照各品牌背包尺寸对照表，你就可以找到适合自己的背包尺寸了。有的背包背长是可调整式的，能够依照使用者不同背长自行调整。

（5）背包的品牌和质量：选择知名品牌和质量有保障的背包，可以确保得到更好的服务和售后保障。同时，这些品牌的背包通常具有更好的设计和性能。

总之，选择一款合适的登山包需要考虑多个因素，包括容量、材质、背负系统、尺寸、品牌和质量等。购买前应货比三家，并参考其他用户的评价和意见。

（三）登山包的装包要求及原则

登山包是一种专门用于登山、徒步等户外运动的装备，具有重量轻、容量大、背负舒适等特点。选择和使用登山包需要注意一些原则和要求，以确保安全和舒适。以下是一些关于登山包的使用原则。

（1）重量分配：一些新手认为应把最重的物品放在包的最底部，把轻的物品放上面。其实正好相反。把重物品放在最下面，会导致重心下移，身体容易往后倒。徒步登山的时候，上肢就会前伸，这样会导致脚步沉重、身体下拉。底层应放置体积最大、重量轻的物品。原则就是重物放上面，轻物放下面。

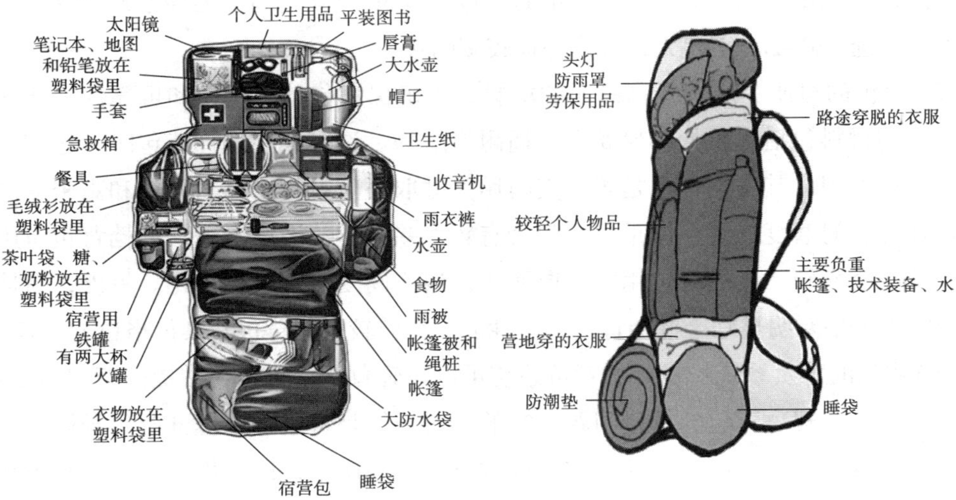

（2）放置物品原则：打包时，不仅要注意重量的分配，还要有条理地放置物品，以便取用。最常使用的物品应放在容易取用的位置，如顶袋或侧袋、外套口袋或随身腰包。

背包底部放上睡袋、睡垫是较好的选择，中层（靠近背部）宜放置御寒备用衣物。中层（靠近外部）可以放置一些其他行进中不需要的物品，如锅具、餐具、瓦斯炉等。经常用到的日用品可以放到中部外侧口袋或随手就能拿到的位置。帐篷用具等可以放到上部，上部还可放置一些备用的桶装水。雨具、行动粮、头灯等宜放到背包的最顶部。背包两侧放置物品的重量应相仿，避免重心偏向一侧。

（3）防水：打包时要注意物品的防水。即使背包的材质防水，也无法保证百分之百不会进水。接缝、拉链、口袋或防水涂料磨损的地方都有可能渗水，因此，应尽量避免将易湿物品放在背包内部，如御寒衣物、睡袋等。如果这些物品湿掉，就可能造成失温的风险。

（4）拉紧所有的压缩带，以限制物品在背包内滑动。滑动会令背包移动，容易使人失去平衡。扎在背包外的物品要尽可能少，否则会影响行进时的平衡；保护好挂在外部的装备，不要让它们摇晃和相互碰撞。

（5）要养成定点放置和使用物品分类袋的习惯。这样不但整理背包快，而且即便在视线不好的情况下也能迅速找出想要的东西。

（四）登山包的上肩方式

步骤一
放松后，抬腿使背包与身体呈90° 夹角。
此时腰带下部应该与大腿后端水平。

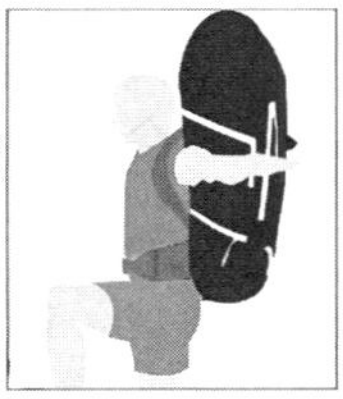

步骤二
装填背包时，重的物品应置于背包的上部靠近身体的一侧。这样有利于将重量分摊，背包者更轻松。如果是上下坡角度大时，重量应置于略下一些的位置。背包者重心低，行走更安全。

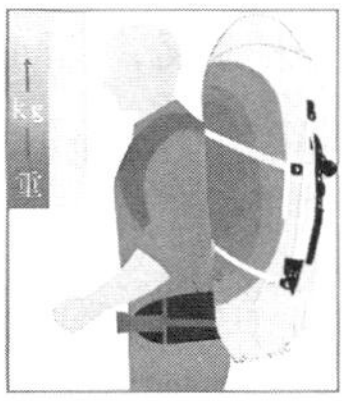

步骤三
把背包背起来，首先抓住背包的拎带，然后一肩膀滑入背带，再另一肩膀，如果背包拎不动，就先放在大腿上。

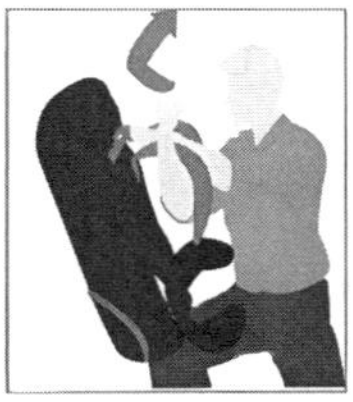

步骤四
收紧腰带围在髋骨上，调节背包时的顺序：腰带—肩带—重心调节带—腰部收紧带—胸部拉带。

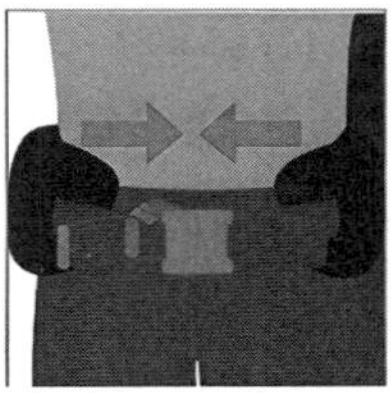

步骤五
拉紧肩带，使衬垫紧靠肩部，但要避免过紧，以防所有负重由臀部转移到肩部。

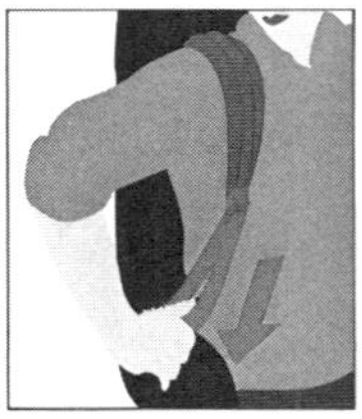

步骤六
调节肩带上部的重心调节带(锁骨位置)，变换背包在背部的重心位置，并使肩带顺畅紧贴你的肩膀。

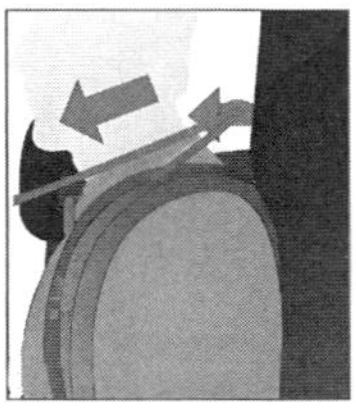

步骤七
拉紧腰部收紧带，可以使背包的重量有效转移至臂部承重。

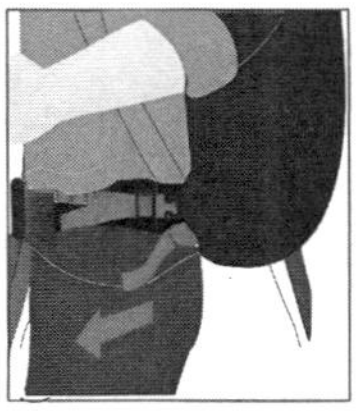

步骤八
两个肩带之间的胸部拉带可以有效缓解肩部负重，并防止户外背包滑落。

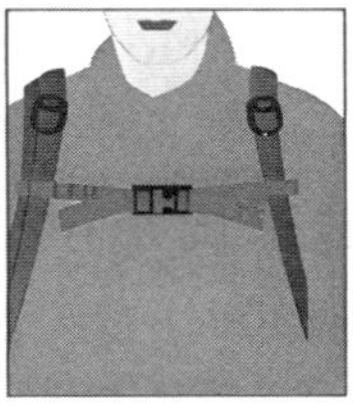

登山包的上肩方式有多种，以下是两种常用的方式。

方式一：

（1）双脚站成弓箭步，双手提住肩背带将背包提到前脚的大腿上。

（2）一只手先穿入肩背带上肩以单肩撑住背包，随后另一只手亦快速穿入另一边的肩带，完成背包上肩的动作。

方式二：

（1）将背包拖到较高的地方。

（2）人稍微蹲下，双手同时穿入肩背带。

（3）站起后即完成上肩动作。

请注意，完成上肩动作后，应对背包的各种调整带做适度调整，以最舒适的背负状况前进。同时，背包下肩时，应轻轻放下，重摔可能会损坏背包。

此外，背包填装时，重的物品应该放在背包的上部靠近身体的一侧，这样有利于将重量分摊，让背负更轻松。在上肩过程中，需要按照正确的顺序调节背包的腰带、肩带等，使背包适应自己的体型和背负需求。具体的上肩方式可能因背包的设计、个人的身体状况等因素而有所不同。建议在使用登山包前仔细阅读使用说明，并根据实际情况进行调整和适应。

二、腰包

腰包是一种专为户外活动设计的便携式储物装备。它集时尚、实用和耐用于一身，成为许多户外爱好者、徒步旅行者、登山者、骑行者等人群必备的物品。

户外腰包的特点如下。

（1）轻便与便携：户外腰包通常采用轻质材料制成，如尼龙、聚酯纤维等，具有轻便、易折叠和易携带的特点。它可以轻松挂在腰间，方便随时取用物品，不会给户外活动带来负担。

（2）大容量与多功能：户外腰包的设计注重实用性，通常具备较大的容量，可以容纳手机、钱包、水壶、能量棒等必需品。此外，它还可具有多个分隔口袋，帮助分类存放物品，提高取用效率。

（3）防水与耐用：户外腰包经过特殊处理，具有一定的防水性能，可以应对户外环境中的雨水、露水等。同时，它采用耐磨、抗撕裂的材料制作，具有良好的耐用性，可以承受户外活动中的摩擦和撞击。

（4）舒适与调整：户外腰包的设计考虑到人体工学，通常配备了可调节的腰带，可以根据腰围大小进行调整，确保佩带舒适。此外，腰包的背部和侧面还会采用透气材料，提高佩带时的舒适度。

（5）时尚与个性：户外腰包在外观上注重时尚元素的融合，如流行的图案、色彩等，让人们在享受户外活动的同时，也能展示自己的个性和品位。

总之，户外腰包是一种实用、轻便、防水、耐用且时尚的户外装备，为户外活动提供了极大的便利。在选择户外腰包时，宜根据自己的需求和喜好，关注其容量、防水性能、耐用性以及舒适度等方面，以便选择到最适合自己的产品。

第四节　营地选择及建设

一、野外露营

野外露营是指出于旅游度假、科学考察、军事需要等目的而临时在野外搭建的居住营所。

越来越多的人倾向在周末或者节假日带上帐篷等装备去野外露营。人们有机会与大自然亲密接触，感受自然的魅力。露营者可以选择在山林、湖畔、海滩等不同的环境中搭建帐篷，享受与家人、朋友共度美好时光的乐趣。

在野外宿营前，需要做好充分的准备工作。首先，选择合适的营地，确保营地平整、干燥、安全，并远离潜在的危险源，如崖边、洪水易发区等。其次，准备必要的装备和用品，如帐篷、睡袋、野餐用具、照明设备等。在搭建帐篷时，要选择平坦的地面，避免帐篷底部受潮或积水。在野外活动时，要注意防晒、防虫、防蛇等安全事项。同时，要保持营地整洁，不乱扔垃圾，保护环境。此外，还需带上足够的食物和水，以及急救药品等应急物品，以应对可能出现的意外情况。因此，为了确保活动的安全，我们必须掌握与露营相关的理论知识和技能。

（一）营地位置选择

选择露营地的参考因素有很多，但安全一定是最重要的。你也许没法选定一个地方来规避所有危险，但为了选出一个最恰当的地方，最好在黄昏到来之前留出足够的时间来寻找，花在勘察方面的时间一定不能省。以黄昏为线，往前倒推来安排你的行程。在天黑之前要把帐篷或遮蔽所建好，并且需要把饭做上，那么在这之前一个多小时的时间就要安顿下来，还得留一个小时勘察。因此，如果下午6点天黑，那么下午3点就需要考虑宿营地了，而下午4点就需要停止旅行并且积极寻找合适的地点，5点前可以安顿下来。

必须保护自己不受伤害与威胁，这是选择露营地的前提。因此，需要仔细观察营地四周，并评估潜在的危险物，如野兽、不够稳固的石头与树木，以及暴发洪水的可能性。

理想的情形是在树下搭建营地，但应远离枯树，否则可能会砸到帐篷；要靠近河流，但远离洪水可能会发生的地方以及动物出没的场所；要建在山谷的边上，但不要建在谷底；所选的地方要平坦且排水良好，还应避开盛行风。

一旦挑选好心仪的营地，排除潜在风险后，就可以根据自身需求，并本着便捷高效的原则布置营地。

不在山洪突发的低洼处扎营

不在悬崖边扎营

不在空旷盆地扎营

不在动物栖息地扎营

以下是一些关键因素。

（1）地面条件：选择一个地面平坦、坚硬且无尖锐物体的营地，这样可以避免帐篷被刺破或造成其他安全隐患。同时，也要确保营地地面不会过于湿滑，以防止意外跌倒。

（2）避风处：选择一个有避风屏障的地方，如树木、山丘或岩石等。帐篷门的朝向不要迎着风，这样可以避免营地受到强风的影响，保持温暖和舒适。选择避风处也是出于用火的安全与方便的考虑。

（3）远离危险区域：避免在靠近悬崖、洪水易发区、崩塌区或有毒植物的地方扎营。此外，要检查营地周围是否有野生动物出没，如蛇、狼等，并采取相应的防范措施。确保营地周围环境安全，远离潜在的危险因素。

（4）隐私和视野：选择一个能够提供足够隐私的地方，以避免被他人干扰。同时，也要确保营地有良好的视野，可以欣赏周围的景色，增加露营的乐趣。

（5）营地设施：可能的话，选择一个具备基本设施的地方，如厕所、垃圾处理设施或公共厨房等。这将为露营带来便利和舒适。如果营地周边没有相关设施，我们也要尽量将营地建在村庄附近，一旦有突发事件发生，就可以向附近村民求救。近村的同时也是近路，以方便露营队伍的行动和转移。

（6）水源：确保营地附近有可靠的水源，如河流、湖泊或溪流等。这将有助于满足日常用水需求，如烹饪、洗漱等。同时，要检查水源是否清洁，避免饮用不洁水导致健康问题。

（7）气候条件：在选择营地时，要充分考虑当地的气候状况。选择适合露营的季节和天气，避免遇到极端天气，如暴雨、暴风雪等。在雨季或多雷电区，应避免扎营在高地、高树下或比较孤立的平地上，以免招致雷击。

总之，选择营地位置需要综合考虑多个因素，确保安全、便利和舒适。在实际操作中，可以根据具体情况进行调整和选择。

（二）营地建设

确定好宿营地位置后，就要开始建设营地。尤其是集体出行搭建一定规模的宿营地时，整个营地规划、建设就显得非常重要。以下是营地建设步骤：

1. 平整场地

将已经选择好的帐篷区打扫干净，清除石块、矮灌木等各种不平整、带刺、带尖物的东西，不平的地方可用土或草等物填平。如果是一块坡地，只要坡度不大于10°，一般都可以作为露营地。

2. 场地分区

一个齐备的营地应分帐篷宿营区、用火区、就餐区、娱乐区、卫生区、用水区（盥洗）等区域。首先要落实宿营地，用火区应在下风处，距离帐篷宿营区10~15m，以防火星烧破帐篷。就餐区应就近用火区，以便烧饭、做菜及就餐。娱乐区应位于就餐区的下风处，以防活动的灰尘污染餐具等物，并距离帐篷宿营区15~20m，以减少对早睡同伴的影响。卫生区应在帐篷宿营区的下风处，与就餐区、娱乐区保持一定距离。用水区应在溪流及其河流上下两段，上段为食用饮水区，下段为生活用水区。

3. 建设帐篷宿营区

如有数顶帐篷组成的帐篷宿营区，在布置帐篷时，应注意：第一，所有帐篷应是一个朝向，即帐篷门都向一个方向开，并排布置。第二，帐篷之间应保持不少于1 m的距离，在没有必要的情况下尽量不系帐篷的抗风绳，以免绊倒人。第三，必要时应设警戒线（沟）。可以在帐篷宿营区外用石灰、焦油等刺激性物质围着帐篷宿营区画一道圈，这样可以防蛇蚁等侵入。

4. 建设用火就餐区

就餐同用火一般在一块儿或相近的地方，这个区域要与帐篷宿营区有一定的距离，以防火星烧着帐篷。烧饭的地方最好是有土坎、石坎的地方，以便挖土建灶，拾来的柴火应当堆放在就餐区外或上风处。就餐区最好有一块大家围坐的草地，“餐桌”可以用一块大平石或者就在地上。“餐椅”同样用石块最好，或者席地而坐。由于地气对人体有害，故可以用各睡垫或充气枕头垫在身下，至少要用雨衣或塑料布铺垫。多数晚餐时间已经天黑了，应当考虑照明的位置，无论是用汽灯还是其他方式照明，灯具均应放在可以照射较大范围的位置，如将灯具吊在树上、放在石台上或者做一个灯架将其吊起来。

5. 建设取水用水区

用水、取水一般都在水源处。盥洗用水应与食用水分开，如是流水，则食用水应在上游处，盥洗生活用水在下游处。如是湖水，同样要分开地方，两种用水处应当距离10 m以上。这种划分是出于卫生的需要。另外，取水要经过的河滩地带，乱石灌木等物较多，故应当在白天做好清理，以免晚上取水不便。

6. 建设卫生区

卫生区即宿营队伍方便的地方，如果只是住宿一晚，则不必专门挖建茅坑，只需指定一下男女方便处即可。如果队员人数多或者住宿天数在两天以上，即应挖建茅坑，临时厕所应建在树木较密的地方，或搭建临时卫生间。需要注意的是，不能建在行人常经过的地方。

7. 建设娱乐区

娱乐区可以在就餐区，待就餐以后打扫出来即可，如果场地大，也可单独划出一块地，只要场地平整即可。同时，场地里绊脚、碰头（矮树）的东西要少，因此要进行一般性的清理。玩游戏时，应在一个划定的圈子里拉上保护绳，以免发生意外事故。

二、帐篷搭建与拆卸

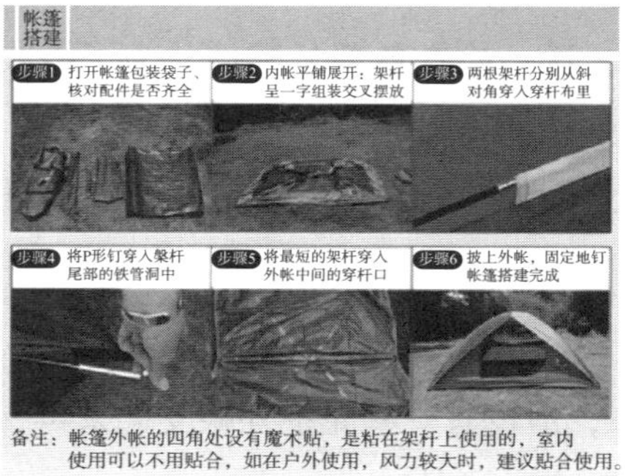

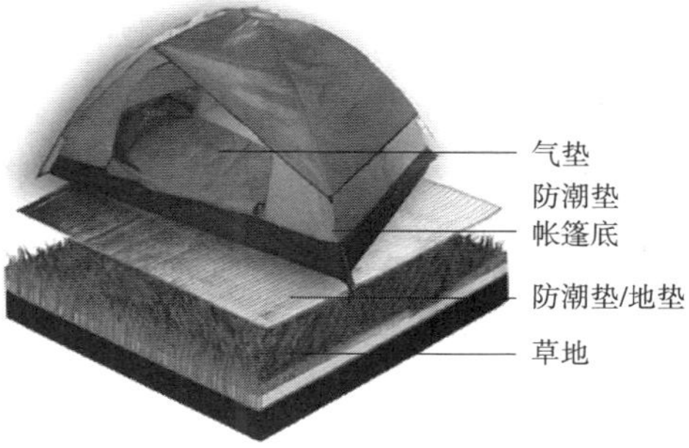

（一）搭建帐篷

每次出行前，要检查好帐篷有无破损、配件是否齐全，并反复演练帐篷组装方式。选择营地必须考虑搭建帐篷、安置帐篷以及安全性和掩蔽性等因素。在搭建之前要考虑帐篷的出入口朝向、营绳的固定位置以及可能存在的危险。必须清理地面，清除掉所有凸起物使之变得平坦。到达营地后，在做其他事情之前，最好先把帐篷搭起。试着每次都按一定的顺序来搭建帐篷，这样就会熟能生巧。即使在黑夜或者暴风雪、暴雨中也能很好地搭起帐篷。此外，搭建的时候要准确定位帐篷的每个部分，收拾的时候能够系统地将其打包好。

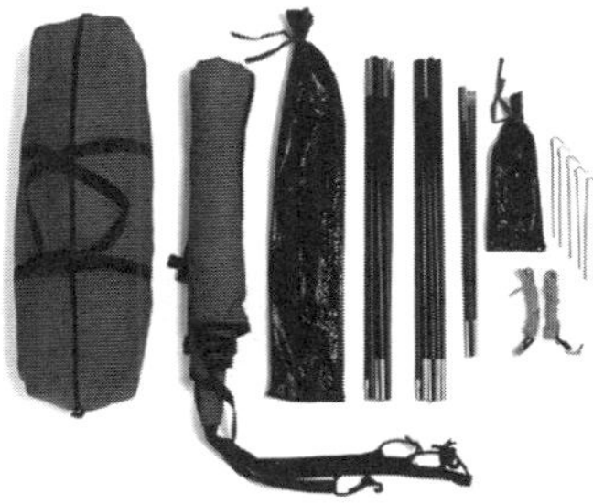

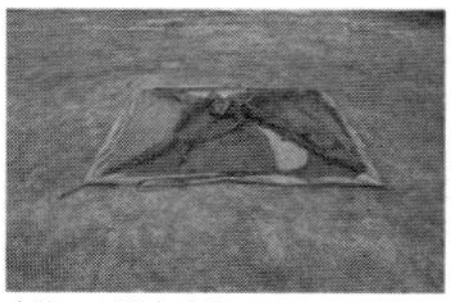
步骤1：平铺好内帐。

步骤2：调整到最佳面积，使用地钉把内帐固定好。

步骤3："X"形交叉，穿插帐杆。

步骤4：效果如上图所示。

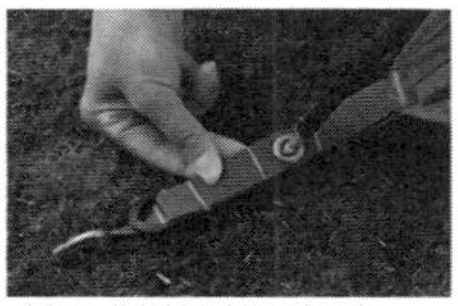
步骤5：帐杆插入内帐四角固定织带里的环扣中。

步骤6：支起内帐，效果如上图所示。

步骤7：使用灵活绑带，固定交叉帐杆。

步骤8：用内帐边缘的挂扣，连接帐杆，方便快捷。

步骤9：内帐搭建完毕后，效果如上所示。

步骤10：披上外帐。

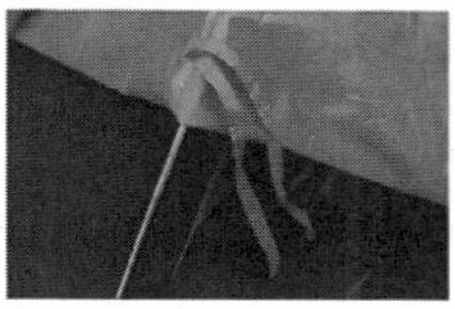
步骤11：上图所示外帐内部的连接绑带与防水贴胶。

步骤12：使用绑带把外帐与内帐进行固定。

1. 帐篷搭设的方法和技巧

（1）在考虑风向及地形后，选择一个平坦之地。

（2）帐篷用具检查：将袋中收藏的用品倒出，逐一检查各部分零件。为了撤收帐篷时的便利和不遗漏东西，应先予以记录。

（3）铺设地垫：地垫铺好后，用钉子将四个角固定。若在湿气多的地方，先铺上席子后，再于其上铺置垫子。

2. 普通帐篷的搭法

（1）把帐篷的内帐平铺在地垫上（一般是内帐，但也有一些先把外帐支起来再钻到里面挂内帐的），与帐篷裹在一起的钉袋、杆袋等配件先放一边。

（2）把折叠的帐杆取出，对接好，一节节拉直，接成一根长杆。

（3）将长条纤维杆穿入帐篷的营筒（也称管道）内，有的双层帐是内挂式的，就要将挂钩挂在纤维杆上。有几根杆要同时穿好。

（4）将纤维杆的一头插入帐篷底角的固定口里或针环上，再到另一头（对角），一手拿着杆，一手拿帐篷的底角，慢慢地将杆拱起，帐篷撑起后再将杆插入底角的固定口内或针环上。

（5）把外帐打开，照在内帐上。外帐上还有一些绳子，是用来加固帐篷的，没有大风一般可以不拉，不放心最好拉上，同时固定地钉，用绳子将外帐拉紧。

3. 注意事项

我们需要注意地钉的正确使用方法，一定是将地钉向外45°斜插进土里，以防露出来的部分绊倒人。同时尽量用力拉防风绳，让内帐和外帐分离开，以保证帐篷内部的空气流通，并防止雨水或者冷凝水滴落到帐篷内部。

（二）拆卸帐篷

拆卸帐篷时，要将帐篷的每个部分都打包整齐，以便下次使用。如果正在下雨，应尽快将帐篷各部分收起来（特别是内帐），免得潮湿发霉。如果天气晴朗，打包前最好先将帐篷的每个部分都放在空地上透气，让风和阳光把内外帐的湿气晾干，这样就能避免帐篷在打包后发霉。以下是拆卸帐篷的具体步骤：

（1）拔起固定外帐和内帐的所有营钉。风大时，要抓紧帐篷，以免被风吹跑。营钉要小心保管，不要直接用绳子拉扯，同时确定钉子的数量。从地上拔起营钉，切忌将营钉弄弯。

（2）拉开外帐的拉链，卸下前面的帐杆。擦干帐杆上的泥和水汽，将帐杆拔起，放进袋中。

（3）卸下并拆开另一个帐杆，擦干净后装进袋子。将帐篷铺在地上，以便抓住帐篷的两个顶端。

（4）内帐和外帐要分开打包，这样下次搭建帐篷时容易区分。打包外帐时，先抓住顶端的环，使之与内帐分开，千万不要将内外帐一并抓起。

（5）拉住环往上提起外帐，让它自然下垂，叠成长“V”字形。折叠之前，要确保外帐已经干透。

（6）在干燥的地面上把外帐卷起，卷得越紧越好，注意营绳不要卷在一起。

（7）甩动内帐，让营绳自然垂下。将内帐放在地上，尽量卷紧，同时用手按住两边。

（8）将营绳仔细塞入叠好的帐篷中，确认没有打结或缠住。如果发现有打结，需要先将其解开。

（9）将营钉放入结实的袋子中，以免弄破帐篷，然后再将其放入帐篷袋中。营钉上若有泥或水汽，可能会生锈或受损。

（10）擦干营杆，放入结实的袋子中，再收进帐篷袋中。

（11）将外帐和内帐分别放进帐篷袋中。为了保护每个部分，最好将它们分别装在塑胶质地的收纳袋中。

（12）拉紧帐篷袋束口绳之前，先检查一下所有部分是否都已经收好，不要漏掉任何钉子或营杆（在草地上拔营时，这些小零件很容易漏掉）。

三、帐篷的保养与修补

（一）帐篷的保养

（1）打包时，帐篷最好已经干透，这样携带起来比较轻松，而且布料也不会腐烂。

（2）避免将帐篷直接曝晒在太阳下，或者在温度较高时打包。防水的橡胶布在高温下可能会熔化，而与其他材质粘在一起。

（3）检查帐篷的各部位。如果需要，应立刻修补。

（4）打包帐篷之前，最好先用清水冲洗一下，等晾干后再收起来。

（二）修补用的布块

可以购买乙烯基材质的专用修补布。需要注意的是，拆卸帐篷时一定要确认所有钉子、绳子和营杆都收好了，同时注意不要损坏帐篷。若有损坏，则要及时修补。

四、搭建野外庇护所

野外庇护所是在野外生存或探险时提供临时住所的地方。当被困在野外孤立无援，又不能在短时间内走出险境，或者有人受伤、行动不便，只能在原地等待救援时，我们就不得不在野外过夜，并想办法搭建一个临时的野外庇护所。

庇护所可以保护人们免受恶劣天气、野生动物和其他潜在威胁的影响，有利于恢复体力，并能够在心理上给人以很大的安慰。在搭建野外庇护所时，需要考虑多个因素，包括地点选择、材料收集、结构设计和舒适度等。

本小节将向大家介绍，在没有帐篷的情况下如何利用周围有限的条件建立庇护所。

（一）天然庇护所

仔细观察周边环境，我们就能利用当地地理条件和丰富的自然资源改造一个临时的安身庇护所，既省时又省力。

1. 山洞庇护所

天然山洞作为临时庇护所有很多优点：一般都比较坚固，防风雨，防御性、保暖性较好，也有一定的活动空间。缺点是生活排烟困难，容易一氧化碳中毒。

如果你发现一个天然的洞穴，想利用它作为庇护所时，一定要当心，因为洞穴里有可能是一些动物的休息地。因此，靠近时，你要大喊或者把木棍和石头从远处扔到洞里，以免进入时受到攻击。进入山洞后，你可以点燃一堆火，这样可以驱赶蛇、鼠等小动物。

在进入山洞之前，一定要检查山洞顶上是否有落石，有些洞穴经常会掉大块的岩石。注意地上有没有破碎的岩石块，以及洞穴的天花板上有没有大片的裂缝迹象，有的话，别在这样的洞穴里居住。

在山洞生火，要注意防止一氧化碳中毒。要把火放在山洞里而不是靠近洞口，这样可以让洞穴内更温暖，烟雾也会飘到上方和出入口。如果你在山洞的入口处点火，火的热量就会散失一大部分，烟雾会从入口处吹进来，熏到你的眼睛。

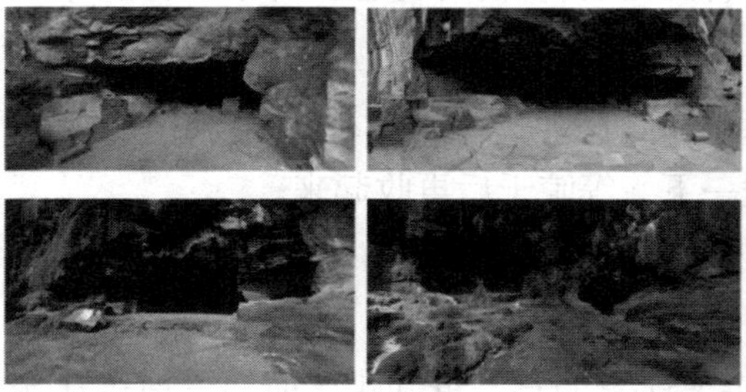

2. 树洞庇护所

利用天然形成的树洞作为基础，通过一些简易的改造和加固，就能搭建一个安全、舒适的临时住所。树洞本身具有一定的保温和防护功能，能够有效抵御风雨和寒冷。此外，树洞庇护所还具有一定的隐蔽性，可以在野外生存中提供一定程度的保护，减少被野生动物侵扰的风险。

利用树洞作为庇护所也需要注意一些问题。一方面，选择适合的树洞非常重要，需要确保树洞的大小和结构足够稳定，以支撑庇护所的建设。另一方面，树洞内部可能存在潮湿和虫蚁等问题，需要采取一些措施进行处理，以确保居住环境的舒适和安全。

需要注意选择合适的树洞，并采取适当的措施进行处理和加固，以确保其稳定性和安全性。为了防止动物攻击，可以临时制作一个结实的栅栏封堵在洞口。制作方法是：拿一个大于洞口高度的木棒靠紧树洞内壁，并把它和外面的栅栏紧紧地捆绑在一起。

3. 倒树、树根庇护所

利用倒下的树木及其树根构建庇护所是一种在野外生存、探险或紧急情况下的好方法。这种庇护所很好地运用了自然资源，倒下的树木和树根为庇护所奠定和提供了稳固的基础和支撑。通过巧妙地利用这些资源，人们可以在野外环境中建造一个相对安全、舒适的庇护所。

在建造过程中，选择合适的树木和树根至关重要。需要确保树木足够粗壮且树根稳固，以提供足够的支撑力。如果找到这样的倒树，可以将其枝干清理干净，然后在其下方挖一个浅坑，以容纳自己的身体。用倒下的树干和树枝做遮挡，可以防止风雨和野生动物的侵扰。除了树木和树根，还可以结合其他自然材料来增强庇护所的结构和功能。例如，可以使用树叶及树枝来覆盖和加固墙壁，提供额外的保护和保温功能。此外，还可以在庇护所内部铺设一些干燥的树叶或草木，以增加舒适度和保暖性。

在野外环境中，具备一定的生存技能和建筑知识的同时，需要保持警惕，随时关注周围环境的变化，以确保庇护所的稳固和安全。

通过巧妙地运用自然资源，人们可以在恶劣的环境中建造一个相对安全、舒适且功能齐全的庇护所，为自己提供保护和生存的希望。

（二）搭建庇护所

如果找不到现成的庇护所，那就只能改造或者搭建庇护所。搭建庇护所是在野外生存或应急情况下的重要技能。一个稳固的庇护所能够为你提供遮风挡雨、防止野生动物侵扰的保护。搭建庇护所的材料没有限制，可利用实际地形条件，并尽可能多地使用一切可用之物。

1. 倾斜坡棚庇护所

找到至少相距1.8 m的两棵树（取决于你的身高），找一个长而结实的树枝。使用绳索或藤蔓将树枝绑在两棵树之间，以搭建倾斜坡棚庇护所。

另外，可以将树枝支撑在两个树桩上、两个卡在地下的叉状树枝之间，甚至放在土丘上。搭建倾斜坡棚庇护所需要注意风向，最好背风建立。用树枝、树叶、茅草等覆盖在倾斜坡棚的顶部，以使其绝缘并防止被雨淋。如果刮风或下雨，要挡住倾斜坡棚的侧面，以提供额外的保护。也可以在倾斜坡棚的侧面开口处建一堵墙，这样可以挡风。

还可以把庇护所靠在天然墙面上建造，比如一个岩石面。你只需将长杆、树枝和其他材料倾斜约45° 即可搭成屋顶，然后在斜顶上覆盖树枝和树叶。

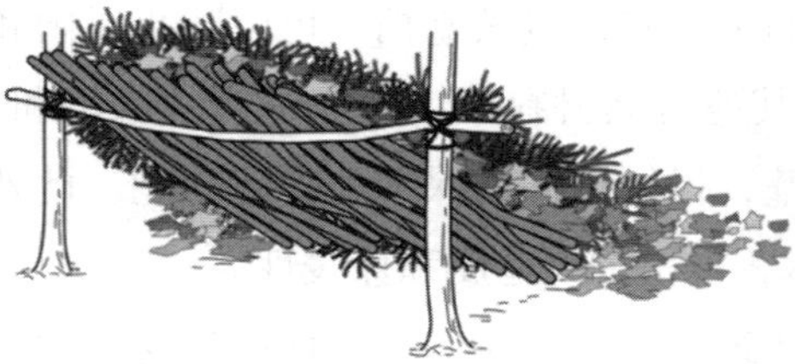

2. “A”字形庇护所

“A”字形庇护所是所有野外搭建庇护所中最基础、最简便的，通常是在两根支撑的树枝上架一根长木杆作为“主干”，主干另一端固定在地面上。然后，你只需把作为庇护所侧面的树枝和树叶铺放在主干上，“A”字形庇护所就建造完成了。

你也可以把支撑用的木棍的一端固定在地上，再把它们的另一端弯曲后固定到主干上，最后把这些木棍用绳子全部固定在一起，制造成一个抛物线形状，而不是固定成三角形，因为抛物线形状的庇护所可以在户外提供更多的居住空间。

还可以把主干放在树上的“Y”形交叉处，而不是架在自己搭建的支撑点上，这样庇护所会更加牢固，不容易被风吹倒。

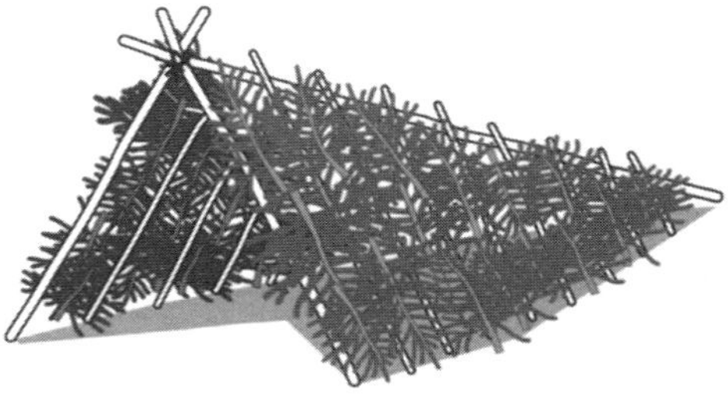

3. 茅草庇护所

茅草庇护所是在搭建好“A”字形架构的基础上，把打好的草苫固定在“A”字形架子上，起到防风、遮阳、避雨、保温的作用。搭建茅草庇护所，草苫可用干草、湿草或芦苇等制成，只要长度满足建造要求即可。为了使雨水顺利流下、不漏雨，草苫应该从上至下固定，并保证上面的茅草压紧下面的茅草。

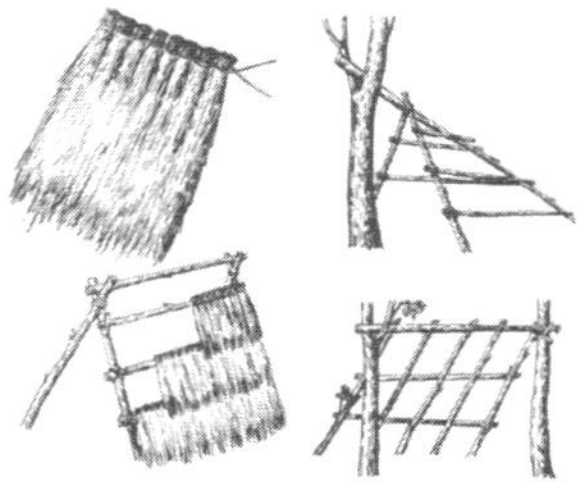

4. 树上庇护所

树上庇护所能防止一些动物的伤害，或者离开一些潮湿的地面。要搭建在树上的庇护所，需找到相邻的两棵树的分枝，尽量在同一个高度。找几根树枝，选取其中较长的平均锯成两根，并将其横放在两棵树的分枝上。然后把多余的树枝锯成长度较短的横放在较长的树枝上，或找几根藤蔓缠绕在较长的树枝上。树枝或藤蔓要先试一试，一定要能够承受人体的重量；铺垫在上面的树枝也要有足够的韧性，并且要用藤蔓或绳子固定好。

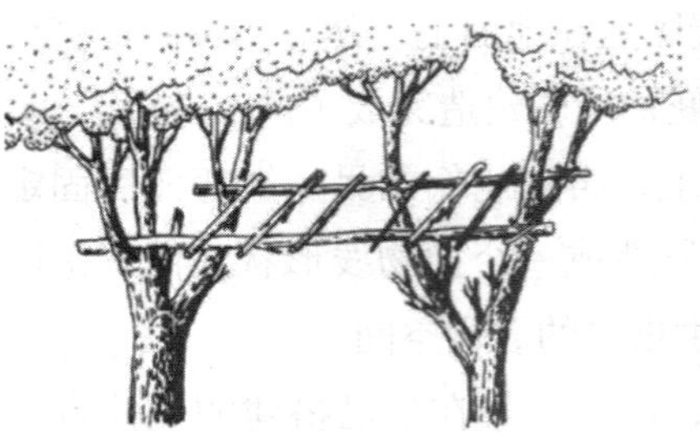

5. 掩体屋庇护所

用石头或土块砌成一个马蹄形矮墙，上面横上木梁或者长树枝，再盖上草或树叶，看上去就像一个掩体。在搭建中，我们应选用较大的石块或土块放在下面，把小石块放在上面，以保证掩体稳固。如果建造得结实，这样的庇护所可以住很长时间。

五、遵循LNT法则

LNT法则全称为Leave No Trace，是一种在户外活动中倡导的环境保护原则。这一法则鼓励人们在享受大自然的同时保持环境的原始状态，尽量减少对自然环境的破坏和干扰，以便其他生物也能在其中生存和繁衍。

遵循LNT法则，人们应当尊重自然，不留下垃圾，不破坏植被，不扰乱野生动物的生活。此外，还应尽量减少对自然资源的消耗，如节约水资源、减少能源消耗等。通过这样的方式，我们可以共同保护地球家园，为未来的子孙后代留下更加美好的自然环境。

要遵守 LNT 法则，可以按照以下建议进行。

（1）计划和准备：在户外活动前，做好充分的计划和准备，如了解目的地的环境、天气和地形，带上必要的装备和食品。这有助于减少浪费和物品的损坏。

（2）留下干净的地方：在离开户外活动地点之前，确保清理自己的营地和周围的垃圾，包括烟蒂、食品包装和其他废弃物。不要留下任何痕迹，让自然环境保持原样。

（3）熄灭篝火：如果在户外活动中使用篝火，务必在离开前确保火完全熄灭。还应遵循国家和当地关于篝火使用的规定，确保火源不会对周围环境造成威胁。

（4）不损坏地面和植被：在户外活动中，避免砍伐树木、挖掘或碾轧植被，尽量走在已经踏出的路线上，减少对地面的损害，尊重自然环境，保持其原貌。

（5）遵从当地规定：在户外活动中，要遵从当地的法律法规，了解并遵守当地的自然保护区、野生动物保护区和其他相关规定，尊重当地的风俗习惯和文化传统。

（6）最小化对野生动物的影响：尽量避免打扰、喂食或靠近野生动物；保持一定距离，观察它们在自然状态下的行为；尊重野生动物的生活习性和栖息地，不要对它们造成干扰或伤害。

（7）尊重其他游客和当地习俗：在户外活动中，遵守社区和其他游客的习俗；尊重当地社区的文化和习惯，不要干扰当地居民的正常生活。同时，也要尊重其他游客的体验，不要制造噪声或干扰他人的活动。

总之，要遵守 LNT 法则，我们需要从自身做起，从小事做起，用实际行动保护自然环境；在户外活动中，要尊重自然、尊重他人、尊重自己，共同营造和谐、美好的自然环境。

第三章

野外常见疾病防治及药品准备

野外活动虽然充满乐趣和享受，但其在特殊情况下仍会出现条件受限、恶劣环境、操作不当等因素，也会导致一些常见疾病，因此，坚持健康的生活习惯，秉承每天锻炼一小时、健康生活50年的理念，加强锻炼，提高身体素质，也是减少疾病发生的有效因素。同时，预防在野外活动中至关重要。在野外活动中，食品和药品的准备不容忽视，以备不时之需。因此，了解和掌握野外常见疾病的防治知识，对于保障自身安全和顺利完成野外活动起到至关重要的作用。

第一节　常见疾病的防治

意外和各种复杂情况在野外活动中时常发生，想要在野外活动中减少或者避免各种疾病的产生，我们就要对可能造成疾病的成因进行必要的学习、了解以及准备。

在野外活动中，我们有可能会被树枝划伤，也可能被尖利金属或岩石割伤，还可能会被动物咬伤等。这类损伤以后可能会形成皮肤、皮下和肌层破损的伤口，我们称为开放性损伤。开放性损伤是指受伤部位的内部组织（如肌肉、骨头、韧带等）与外界相通的损伤，主要特征是血液外流或肌肉、骨头等内部组织外露。还有一种损伤与开放性损伤相反，同样具有极强的伤害性，那就是闭合性损伤。闭合性损伤的特征是，受伤部位的皮肤仍保持完整，没有破裂或外出血。这种损伤通常是由钝力打击、挫压等造成的。闭合性损伤可以发生在身体的任何部位，并且可能导致内部组织结构的破坏。常见的闭合性损伤包括挫伤、挤压伤、扭伤、震荡伤、关节脱位和半脱位、闭合性骨折以及闭合性内脏伤。上述所言的损伤都会使身体功能受损，如果处理不及时或不当，易发生感染，影响愈合和功能恢复，严重者可造成残疾，甚至危及伤员的生命。

一、划伤、蹭伤、刀割伤

一般野外运动中，划伤、蹭伤比较常见，树枝划伤、岩石蹭伤时有发生。出现划伤、蹭伤时，可以采用清水冲洗，并涂抹酒精消毒或者涂抹液体创可贴（云南白药创可贴）。

如果不小心形成了刀割伤，首先进行止血，可以采用清水冲洗，并涂抹酒精消毒，然后进行无菌包扎。

预防：针对划伤、蹭伤、刀割伤，我们首先要选择安全的行进线路，穿长款衣裤，戴遮阳帽、安全手套等；尽量穿高帮户外鞋；使用刀具时，一定要注意刀锋的走向，切勿使身体与刀锋走向形成交集，使用后需安全存放。

二、挫伤、戳伤、扎刺伤

（一）挫伤

在野外，挫伤比较常见。由于不小心，手指或者脚趾瞬间撞击到坚硬物体，极可能出现挫伤现象。

挫伤现象：局部产生炎症反应，出现肿胀、疼痛，皮肤发红，继而转为青紫，少数有血肿出现。

挫伤后的处理：

（1）挫伤后，短时间内可局部冷敷和加压包扎，以减少组织出血和炎症反应；伤后12小时，应改冷敷为热敷（有条件可用红外线治疗），每次30min左右（不持续使用）；可服用七厘散或云南白药以镇痛消肿。

（2）有血肿者，暂时加压包扎，约3日后血肿液化，用针抽出陈旧性血液后加压包扎。

（二）戳伤

戳伤的情况在野外活动中十分常见，主要表现为手足被露出地面的树桩、树枝、竹桩、尖石刺伤，或突然滑倒时被地面上的凸硬物刺伤。从表面上看，被戳的伤口也许不大，其实伤口可能很深，并把污垢和细菌带到内部。伤口一旦发炎，就会扩散到身体其他部位，引发严重疾病，导致不良后果。

戳伤后，一般先止血，进行适当消炎，包扎好伤口。如果有较大的异物留在伤口内，不要自行拔出，因为刺入物堵住伤口，减少失血，拔出后反而会大量流血。为避免刺入物压进伤口，可用环形垫盖在伤口上，然后扎上绷带；如无环形垫，可用剪掉上半部的纸杯代替。

（三）扎刺伤

在野外活动时，手脚和裸露的身体都有可能被刺扎伤。细小的木刺、篾刺、藤刺扎入皮肤后，会令人感到疼痛和难受。

清除方法一般为，留在皮肤外的小刺，可用镊子或用指甲钳夹住拔出。如小刺已扎入皮肤，可用缝衣针、大头针挑出。先找到准确的部位，然后将针斜进边缘皮肤中，慢慢将其拨出。如果没有钢针，可用尖硬的藤刺替代，也可将竹棒削尖做针使用。

处理方法：小的扎刺伤口，压迫3~5min后可止血。止血后用70%乙醇或碘酊涂擦，包以无菌敷料，保持局部干燥24~48小时。有异物存留时，必须先取出异物再消毒包扎。需要注意的是，小刺扎伤时，因刺伤物不洁，可能造成感染（如指头炎），有时还可因异物留存而反复感染，所以不应忽视。

三、止血

在野外活动中，因大意或其他原因，难免发生受伤流血情况。此时，有效的止血方法显得至关重要。血液是维持生命的重要物质，成年人的血量平均在5000~6000mL，失血500mL将会感觉头昏眼花；失血1000mL将引起虚脱、呼吸频率及心率加快、面色发白、肢体发凉；失血1500mL以上将倒下不起，昏迷不醒，如不能及时补充血液将会有生命危险。在许多时候，流血不止是造成伤病员死亡的主要原因。

人体的伤口流血通常可分为以下几种情形：从毛细血管出血时，血液会呈水珠样流出，并且能够自动凝固止血；从静脉血管受伤流血时，血液会缓缓不断地外流，并呈紫红色，需要较长时间才会自动凝固，有时甚至不能自动凝固；如果从动脉血管破裂出血，血液会像喷泉一样涌出，颜色鲜红，能在短时间内造成大量出血。当出现受伤流血的情况时，首先应以最快的速度将血止住，然后再将伤口包扎好，等待其慢慢愈合。

（一）指压止血法

指压止血法是指根据出血的部位，在伤口上方的近心脏一端找到跳动的血管，用拇指直接将动脉按压在深处的骨骼上，通过阻断血液的流动，达到止血目的。也可用经过消毒的纱布直接按压在伤口上止血，这是一种简单有效的临时止血方法，主要用于头、颈、四肢的动脉出血，但这只是紧急的临时止血方法，同时还应换用其他方法进一步彻底止血。

按压点一般为动脉流经骨骼并靠近皮肤的位置。按压的方法：将手指置于按压点，施以足够的压力，15min后慢慢放开手指。如果再度流血，则重复上述步骤。采用指压止血法时，救护人员必须熟悉人体各部位血管出血的压迫点。

具体按压操作如下。

（1）头顶部出血：在受伤一侧的耳前，对准下颌耳屏（耳郭前面的瓣状突起）上前方1.5 cm处，用拇指压迫颞浅动脉（在太阳穴附近）。

（2）上臂出血：一手抬高伤员患肢，另一手四个手指对准上臂中段内侧压迫肱动脉（常规测血压的地方）。

（3）手掌出血：将上肢抬高，用两手拇指分别压迫患者手腕部的尺动脉、桡动脉（平时搭脉搏的地方）。

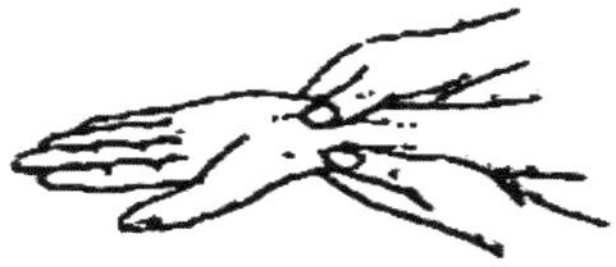

（4）大腿出血：在腹股沟中稍下方，用双手拇指向后用力压迫股动脉。

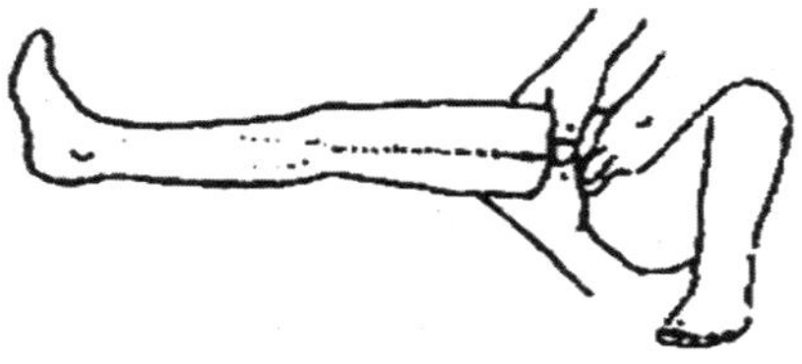

（5）足部出血：用两手拇指分别压迫足背动脉和内踝与跟腱之间的胫后动脉。

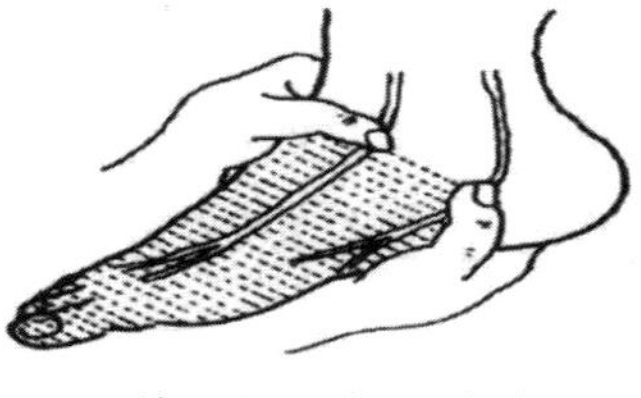

指压止血法只适用于头、面、颈部及四肢的动脉出血，时间不宜过长。如果出血严重或持续时间长，那么请立即就医。

（二）加压包扎止血法

加压包扎止血法是用消过毒的纱布或急救包填塞伤口，再用纱布卷或毛巾折成垫子，放在出血部位的外面，用三角巾或绷带加压包扎的止血方法。加压包扎止血法主要用于静脉、毛细血管或小动脉出血。包扎前，应将伤肢抬高，包扎时用力要均匀，包扎的范围要大一些。在用加压包扎止血法包扎伤口时，如果用急救包压迫伤口包扎效果不明显，可以加敷料再用绷带加压包扎。

具体操作如下。

（1）清洁伤口：用清水或生理盐水清洁伤口，去除异物和血块。

（2）压迫伤口：用干净的纱布或绷带轻轻压迫伤口，使出血减缓。

（3）加压包扎：用纱布或绷带在伤口处缠绕几圈，然后固定好。

（4）抬高受伤部位：将受伤部位抬高，以减缓出血和肿胀。

（5）定期检查：每隔一段时间检查一次，确保止血有效。

（三）屈肢加压止血法

屈肢加压止血法多用于大臂小臂、大腿小腿弯曲处，是在肘窝处加垫或绷带卷，将肘关节尽量屈曲，用绷带固定成屈肘姿势，以达到止血的目的。它主要适用于肘、大腿及以下部位出血。需要注意的是，在骨骼和关节受伤的情况下，不能使用这个方法。

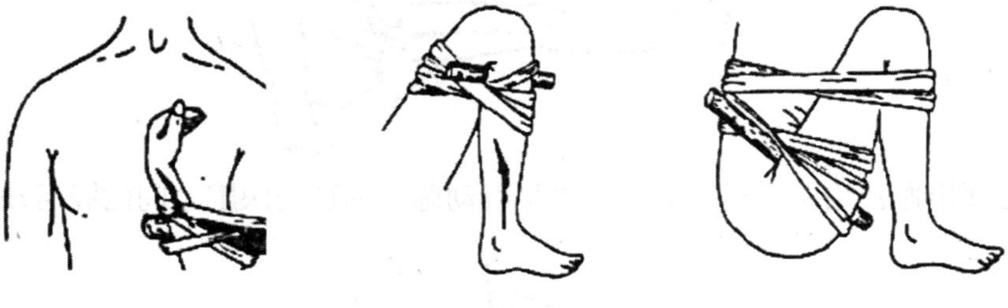

此外，使用屈肢加压止血法时，需要定期检查包扎的肢体。如果发现血液循环受阻或出现其他异常情况，则应及时松开包扎并寻求医疗帮助。

（四）止血带止血法

用止血带紧缠在肢体上，使血管中断流血，也可以达到止血的目的。如果没有止血带，可以用三角巾、绷带、布条等代替。采用止血带止血时，止血带应缠绕在伤口的上部。止血带的下面要垫上铺平的衣服、毛巾或纱布，不能直接将止血带紧缠在皮肤上，以免勒伤皮肤。缠好止血带后，血液就不会流通，时间久了肢体就可能坏死。因此，每隔15~30min，要放松止血带和肢体一次。放松的时间不能太长，只要血液外流，就应该立即再将止血带缠绕好，赶快把伤员送到医院救治。缠好止血带后，应做好标记，说明缠好止血带的时间，以便引起别人的注意。

具体操作方法如下。

（1）用皮管止血的操作方法：先将患肢抬高，然后在出血部位的近心端加垫，再用皮管捆扎牢固。

（2）用绷带绞紧止血的操作方法：在伤口的上部用绷带绕肢体一圈，两端向前拉紧，打一个活结；然后用一根木棒的一端插入活结内，用力绞紧；最后，在另一端打结，固定住木棒。

（3）用绷带勒紧止血的操作方法：在伤口的上部，用绷带缠绕两圈，第一道做垫，第二道在第一道的基础上勒紧。

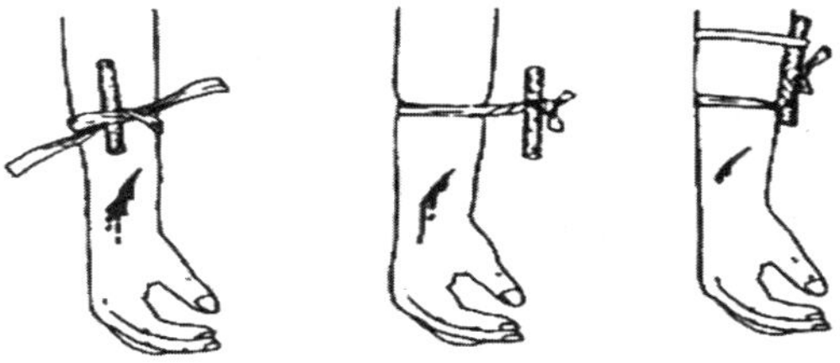

止血后，可以用止血粉直接敷在出血部位。如果伤口较大或较深，则不能用水冲洗，以免把表面污物冲入深部而造成感染、化脓。野外往往缺少或没有现成的包扎材料，可利用自己的毛巾、手帕、衣服进行包扎。包扎要求做到快、准、轻、牢。包扎方法通常有周包扎、“8”字形包扎、三角巾头部包扎和单眼包扎等。发现内出血时，要稳定情绪，记住发病时间和症状，及时到医院检查和治疗。

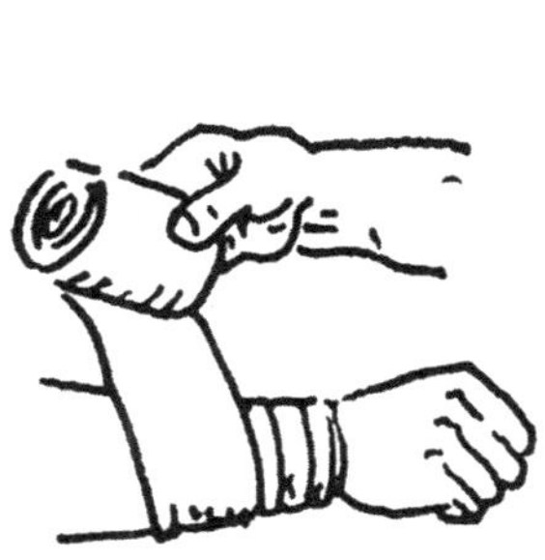

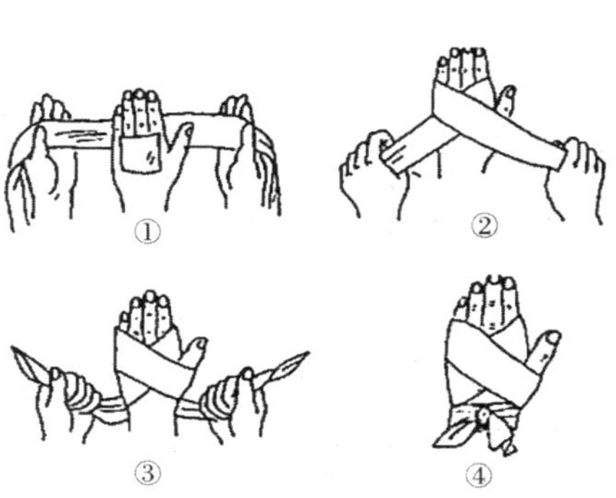

四、鼻血

流鼻血时处理步骤：

（1）流鼻血时不要惊慌，头不要往后仰，也不要低头，而应让血液顺从地从鼻腔流出。用冰袋敷鼻梁及前额，这样可以反射性地引起血管收缩而止血。

（2）把双侧鼻翼捏向鼻中膈，一般压迫3~5min，出血就会停止。

（3）用细绳扎住无名指根部，左鼻孔出血扎右手，右鼻孔出血扎左手。如无细绳，用手捏住也可以。

（4）将蘸有3~4滴肾上腺素的棉团塞入出血的鼻腔，可迅速止血。

（5）用拇指和食指捏患者脚后跟（踝关节与足跟骨之间的凹陷处），左鼻孔出血捏右脚跟，右鼻孔出血捏左脚跟，也可起到较好的止血效果。

（6）左鼻孔出血上举右臂，右鼻孔出血上举左臂，两鼻孔出血上举双臂，对止血有明显效果。要求举臂时身体直立，举起的臂与地面垂直，与身体平行。

五、冻伤

冻伤是一种由寒冷所致的末梢部局限性、炎症性皮肤病，是一种冬季常见病。该病病程较长，冬季还会反复发作，不易根治。冻伤是组织细胞冷冻所致的损伤，组织细胞内或细胞间形成冰晶；红细胞和血小板凝集阻塞毛细血管，引起缺血性损害。

在寒冷天气里开展户外探险和野外生存活动，身体的组织末端，如手、脚、耳、鼻等处，由于散热较快而血液循环不畅，容易发生冻伤。

（一）冻伤程度

一度冻伤：受损在表皮层，受冻部位皮肤红肿充血，自觉热、痒、灼痛，症状在数日后消失，愈后除有表皮脱落外，不留瘢痕。

二度冻伤：伤及真皮浅层，伤后除红肿外，伴有水疱，疱内可为血性液，深部可出现水肿，剧痛，皮肤感觉迟钝。

三度冻伤：伤及皮肤全层，出现黑色或紫褐色。伤后不易愈合，除遗有瘢痕外，可能长期感觉过敏或疼痛。

四度冻伤：伤及皮肤、皮下组织、肌肉甚至骨头，可出现坏死，感觉丧失，愈后可留有瘢痕。

（二）处理方法

首先慢慢地温暖患处，防止深层组织继续遭到破坏。可用体温温暖，但对三度及以上（重度冻伤）的冻伤者，施温者要注意时间不能过长。一般以30~40℃的温水浸泡患处或以温毛巾热敷，水温不能高，也不可用火烤使患处温暖，冻伤处受热过快会产生剧痛。当患处恢复血色和知觉后，停止施温，在冻伤处涂上冻伤药膏，然后用纱布或质地较软的衣物轻裹患处。特别需要注意的是不可摩擦或按揉患处，也不要挑破水泡。争取冻伤部位能够在5~6min复温，最迟不应超过20min。很多人以为用雪擦拭患处可以快速升温，其实这是一种错误的做法。因为冻伤部位用雪擦后会散发更多的体热，从而加重冻伤。冻伤部位处理后不宜再暴露在寒冷中，而要注意保暖。

（三）预防冻伤

为防止冻伤，野外活动中要经常按摩搓揉易冻伤的部位，以促进血液循环；在高海拔地区，空气稀薄、组织缺氧和血液循环不畅更易导致冻伤，此时能吸氧补充则为佳；冬季切勿穿过紧的鞋袜，鞋带也不要系得太紧，如果血液循环不通畅，双脚就会发冷，易冻伤；增强体质和免疫力，锻炼提高耐寒能力；注意饮食和营养的补充。

六、水泡

水泡是由皮肤或黏膜受到刺激或过敏而引起的组织液渗出形成的。户外活动时，脚很容易被磨破，长出水泡，每走一步都疼痛难忍，为此要做好防治工作。

（一）处理方法

（1）尽量不动：尽管你可能想将水泡割开，但这样做会增加感染的风险。保持皮肤的完整性有助于防止细菌侵入。

（2）消毒处理：如非要处理水泡，建议在处理水泡之前，使用棉球和消毒酒精清洁皮肤周围区域，以预防感染。

（3）无菌操作：可以使用一支已经消毒的无菌针轻轻刺破水泡的最上层。请确保不要撕掉上层皮肤，因为它可以保护下面的皮肤免受感染。挤出水泡中的液体后，用无菌纱布覆盖该区域。

（4）明确病因：确定水泡是由何种因素引起的，这可能是物理因素（如烫伤、烧伤或摩擦），也可能疾病因素（如天疱疮、大疱性类天疱疮或严重药物过敏）。

（5）针对性处理：如果是物理因素引起的水泡，如烧伤或摩擦，应远离产生这些因素的根源，并用清水冲洗烧伤部位。轻度水泡可以在局部消毒后用无菌针头刺破，然后注意预防感染。如果水泡过大或疼痛剧烈，应前往医院就诊。如果是疾病引起的水泡，不应擅自处理或用药，应及时到医院进行诊断，并在医师的指导下使用相应的药物进行治疗。

（二）水泡预防

可在容易出水泡的地方事先贴一张创可贴或伤湿止痛膏。睡前用热水烫脚，再对足掌部位轻轻按摩，以促进血液循环。

通过遵循上述步骤，你可以有效地处理和预防水泡的出现。如果水泡问题严重或持续不退，应及时就医寻求专业医生的帮助。

七、呕吐、头痛、胃痛

（一）呕吐

在野外活动中，因水、食物、休息等问题均有可能导致呕吐现象，虽不致命，但会影响活动进程及效果。

处理方法：指压内关穴止吐。小恙引起的呕吐，可用拇指压内关穴止吐。内关穴位于小臂内侧距掌根纹2寸、尺骨与桡骨之间，压至有酸胀感说明压正了穴位，约1min即可止吐。

（1）短暂禁食：呕吐后，胃肠道比较虚弱，需要时间恢复。此时可以短暂禁食，防止进食再次呕吐。待肠胃状态好一些，可以适当地进食，以流质或半流质的食物为主。

（2）服用药物：止吐药物可以有效预防和控制呕吐，常用的药物有盐酸西替利嗪、苯海拉明等。由于引起呕吐的疾病有很多，需要在医生的指导下有针对性地用药。

（3）肠胃减压：利用负压吸引的原理将聚集在胃肠里的气、液吸入，清除胃内容物，降低胃肠道的压力和张力，从而达到缓解呕吐的效果。这可以改善胃肠壁血液循环，促进胃肠功能的恢复。

（4）心理支持：对于情绪因素引起的呕吐，需要进行心理支持，缓解紧张、焦虑等情绪。

（5）预防脱水：呕吐可能导致脱水，所以应该及时补充水分和电解质，维持身体的正常代谢。

此外，注意饮食卫生，养成良好的饮食习惯，野外活动之前注意休息。活动结束后，建议及时就医查明原因，以免延误病情。

（二）头痛

头痛是一种常见的症状，可能由多种原因引起，包括疲劳、压力、缺乏睡眠、过度饮酒、药物副作用等。在野外活动中，要尽量避免这些诱因。

处理方法：指压太阳穴止头痛。一般头痛，患者自己可用双手食指分别按压头部双侧太阳穴（眉梢与外眼角中间向后1寸凹陷处），压至胀痛并按顺时针方向旋转约1min，头痛症状便可缓解。

（1）定期锻炼：散步、慢跑等有氧运动有助于缓解压力、预防头痛。

（2）肌肉放松：紧张的肌肉可能导致头痛或使头痛加剧。可以通过按摩放松肌肉，减轻头痛。

（3）充足饮水：脱水是头痛的常见原因，每天保证足够的水分摄入。

（4）戒烟限酒：吸烟和过量饮酒是脑血管疾病的风险因素，应尽量避免。

（5）定期体检：控制如高血压、糖尿病等慢性疾病，并定期进行健康检查。

（6）保持正确睡眠姿势：睡觉时避免俯卧，保持良好睡眠习惯，使用适合的枕头。

（7）记录头痛情况：记录头痛发生的时间、症状和可能的诱因，这有助于找出头痛的原因并采取预防措施。

（8）高原反应：高原反应也能引起头痛，应及时服用治疗高原反应的药物，休息一段时间，头痛也能缓解。

（三）胃痛

胃痛是一种常见的消化系统问题。胃痛时，用双手拇指揉患者双腿足三里穴（膝盖下3寸，胫骨外侧一横指处），待有酸胀感后按压3~5min，胃痛可明显减轻直至消失。引起胃痛的原因有很多，包括胃寒、胃炎、胃溃疡、胃酸过多等。为了有效处理和预防胃痛，我们可以采取以下措施。

1. 处理方法

（1）饮食调整：避免食用过度油腻、辛辣或刺激性的食物，选择清淡易消化的食物，如稀饭、面条等。同时，保持饮食规律，避免暴饮暴食。

（2）疼痛缓解：在胃痛发作时，可以适当休息，通过热敷或按摩疼痛部位缓解疼痛。避免过度紧张和焦虑，这有助于放松身体，缓解疼痛。

（3）药物治疗：如果胃痛持续或严重，可以在医生的指导下使用一些药物来缓解疼痛，如抗酸药、消炎药等，但需注意药物的副作用和依赖性。

2. 预防方法

（1）保持健康的生活方式：保持充足的睡眠，避免过度劳累和压力过大。同时，加强锻炼，保持身体健康。

（2）饮食保健：注重饮食卫生，避免食用不洁或过期食物。适量摄入富含维生素和矿物质的食物，如新鲜蔬菜、水果等。减少刺激性食品的摄入，如烟、酒、咖啡等。

（3）规律作息：保持规律的作息时间，避免熬夜和不规律的作息习惯。充足的睡眠有助于身体恢复和预防胃痛。

（4）定期体检：定期进行身体检查，尤其是胃肠道方面的检查。这有助于及时发现潜在的疾病或问题，及早进行治疗和干预。

（5）预防感染：注意个人卫生，避免幽门螺杆菌等感染源的传播。

总之，对于胃痛的处理和预防，我们需要在日常生活中注意饮食、作息等方面的问题。同时，如果胃痛持续或严重，应及时就医并遵循医嘱进行治疗。

八、腹泻

腹泻可以说是野外活动中最常见的疾病之一，尤其是在夏、秋季节极易发生。在野外活动中，急性腹泻的病原体主要是通过污染的食物和水源传播的。

处理方法

（1）预防为主：在野外活动中，保持良好的饮食卫生是预防腹泻的关键。避免食用未经煮熟的食物，尽量少吃生冷食物，尤其是未经消毒的水果和蔬菜。同时，避免饮用生水，以减少腹泻的风险。

（2）补水：腹泻容易导致脱水，因此及时补充水分非常重要。在野外活动中，应确保每天饮用足量的水，以及适量摄入含有电解质的运动饮料，以补充因腹泻而流失的水分和电解质。

（3）药物治疗：在野外活动中，如果出现腹泻症状，可以使用适当的药物进行治疗。常用的药物包括黄连素、诺氟沙星胶囊、痢特灵等。需要注意的是，在使用任何药物之前，均应仔细阅读药品说明书，并确保该药物不会对身体健康造成其他影响。

（4）注意保暖：在野外活动中，腹泻可能会导致身体虚弱，容易感染风寒。因此，在出现腹泻症状时，应注意保暖，避免身体受到寒冷刺激。

（5）休息调整：在野外活动中，如果出现腹泻症状，应适当休息，避免过度劳累。同时，调整活动计划，尽量避免增加身体负担。

如无随身携带的药物，可采用按摩治疗，效果也较理想。按摩的方法：病人俯卧，两肘撑在床上，两掌托腮，用枕头或其他软物（约20cm厚）垫靠在膝盖的大腿下，使腰部弯曲；施治者用两个大拇指按在病人第二腰椎棘突（脊梁骨上凸起的、能用手触摸到或可看见的隆起骨）的两侧，以强力朝脚方向按压2min。如此重复一次，止泻的效果较为明显。

九、肌肉痉挛

肌肉痉挛，俗称抽筋，是人体肌肉间歇性的抽搐。运动过度，体内缺盐、缺钙、脱水，低温刺激等因素引起的肌肉痉挛，经常发生在下肢，尤其是脚和小腿处。肌肉痉挛一般不属于野外急救的范围，但是如果痉挛发生在攀登、游泳时，就很可能造成严重的后果。

(一)处理方法

(1)停止活动：立即停止正在进行的运动，避免剧烈活动，以免加重抽筋的症状。

(2)休息：找一个安全的地方休息，伸展和放松肌肉，缓解疼痛。

(3)脚痉挛：向脚背方向扳动脚掌；反关节扳动脚趾；用力按压涌泉穴。

(4)小腿痉挛：将脚尖朝膝盖方向反压；用力捏脚跟处的筋腱；按摩小腿肌肉；用力按压足三里穴。

(5)大腿痉挛：将腿抬起、伸直，用力反关节按压膝盖；交替敲击大腿两侧的肌肉；用手指勾膝盖窝里的两根筋。如果有人帮助，手要放在膝盖上并下压，也很有效。

(6)药物治疗：如果疼痛严重，可以在医生指导下使用止痛药。

(二)预防措施

(1)保持水分：在野外活动中，保持充足的水分摄入非常重要，以免过度出汗形成脱水而引发抽筋。

(2)合理饮食：保证摄入足够的电解质和营养物质，特别是钙、钾等矿物质，以维持肌肉的正常功能。

(3)逐渐增加运动强度：在进行高强度运动之前，逐渐增加运动强度和时间，让身体逐渐适应。

(4)穿着合适的装备：穿着舒适、合适的鞋子和衣服，以减少肌肉的疲劳和紧张。

(5)注意保暖：在寒冷的环境中活动时，注意保暖，以免肌肉受到寒冷的刺激。

总之，了解如何处理和预防肌肉痉挛在野外活动中非常重要。遵循上述建议，可以帮助你有效应对肌肉痉挛的情况，保障你的安全和健康。

十、过敏

随着社会的进步，人类的生活习惯、饮食习惯、环境条件等都发生了变化，因此，人类多出现过敏现象及过敏体质。尤其在野外活动中，过敏是一个需要重视的问题。过敏可能是各种因素引起的，包括植物、昆虫、动物或其他环境因素。处理和预防过敏的关键在于，了解可能的风险并采取适当的措施。

(一)处理方法

首先，如果你在野外活动中出现过敏症状，应立即离开过敏源，并寻求医疗救助。如果有准备，你可自行使用急救药品，如抗组胺药、皮质类固醇、气管扩张剂等。

常见的野外过敏源包括花粉、草莓、蜜蜂、黄蜂、蚊虫叮咬等。如果你对某些物质过敏，应避免接触这些物质，并随身携带急救药品。在不确定自己是否对某种物质过敏的情况下，可以进行皮肤过敏试验或特异性IgE抗体检测。

除了过敏源，环境因素也可能诱发过敏。例如，湿度、温度和紫外线等环境因素可能引发一些过敏性皮肤病，如夏季皮炎和痱子。在野外活动时，应注意保暖、防晒、防虫等，避免过度曝晒和身体受凉。

对于过敏性皮肤病，可以根据症状进行对症处理。例如，虫咬性皮炎、油漆皮炎、夏季皮炎和痱子等过敏性皮肤病，可以局部涂抹对症止痒和抗炎的药物，如复方薄荷脑软膏、地奈德乳膏、糠酸莫米松乳膏、卤米松乳膏等激素类药膏。

（二）预防方法

（1）了解活动地点的环境特点，特别是植物、昆虫和其他可能的过敏源。

（2）提前进行身体检查，了解自己的过敏状况，并准备必要的药品和急救用品。

（3）在活动中保持警觉，注意防范可能的过敏源。

总的来说，预防和处理过敏的关键在于了解风险、采取适当的措施以及及时寻求医疗救助。采取适当的预防和处置措施，可以降低在野外活动中发生过敏的风险。

十一、扭伤

在野外活动中，扭伤是一种常见的意外伤害。关节扭伤实际上就是韧带扭伤。韧带是把骨骼连在一起的柔韧组织，韧带过度扭转或扯开，就会扭伤关节。腕、肘、膝、踝、髋和肩等关节都会扭伤，踝、膝关节则是最易扭伤的关节。以下是一些处理和预防扭伤的方法。

（一）处理方法

（1）休息：一旦扭伤，应立即停止活动，给受伤部位充分的休息，以减少疼痛和肿胀。

（2）冰敷：在扭伤后进行冰敷，每隔1~2小时冰敷15~20min。冰敷可以帮助减轻疼痛和肿胀（尽量选择冰水混合物，防止冻伤）。

（3）加压包扎：使用弹性绷带或护具对受伤部位进行压迫包扎，以减少出血和肿胀。

（4）抬高：将受伤部位抬高，以减少肿胀。

（5）轻度活动：在疼痛可以忍受的情况下，轻度活动受伤部位，以避免僵硬和肌肉萎缩。

（6）药物治疗：口服或外用药物可以缓解疼痛和肿胀。

（二）预防措施

（1）热身：在开始活动前进行充分的热身运动，以增加肌肉和关节的灵活性。

（2）合适的装备：穿着适合活动的鞋子和服装，以提供足够的支撑和保护。

（3）注意地形：在崎岖的地形上行走或活动时，应特别注意避免踩到石头或树枝等障碍物。

（4）保持平衡：在行走或活动时保持平衡，不要过度用力或快速转身。

（5）逐渐增加活动强度：在增加活动强度时，给肌肉和关节充分的适应时间。

（6）注意身体状况：在身体不适或疲劳时，适当休息或调整活动计划。

（7）辅助装备：可以在活动中使用辅助登山杖减轻身体负担。

采取正确的处理方法和预防措施，可以减少扭伤的风险并更好地应对扭伤的发生。在野外活动中，了解和掌握这些知识非常重要，以确保安全和顺利地进行活动。

十二、骨折

骨折是指骨结构的连续性完全或部分断裂。骨骼是人体内比较坚硬的组织，具有支撑功能。当局部的骨骼承受力量超过其最大负荷时，就会引起骨折。骨折可分为闭合性骨折和开放性骨折。闭合性骨折是指没有刺穿皮肤或裸露在外的病例。开放性骨折简单来说就是骨折断端和外界空气相通；开放性骨折容易引起感染和骨髓炎，如刺伤大血管、神经或重要脏器，还会导致残疾或死亡。

伤员骨折时，应立即给予临时治疗与固定。正确的固定有利于搬运和转送，并能使骨折部位和肢体免于活动，减轻伤员痛苦。

（一）处理方法

（1）止血：骨折尤其是开放性骨折往往引发大量出血，必须马上为患者止血。

（2）止痛：骨折的剧烈疼痛往往会引起休克，有条件的话，应该为患者止痛（口服止痛药或者肌肉注射止痛针剂），并注意保暖。

（3）复位：在一般情况下，骨折的复位应该是专业医生的工作，如果患者离医院比较近，直接送医院或叫救护车是最妥善的办法；然而，在野外生存的艰苦环境下，有时不可能很快得到医生的救治，更多的情况是，不得不长距离搬运伤员。

复位时，先牵引肢体，然后缓缓地把伤肢恢复到原来位置。为了恢复得尽量准确，可以请另一个人用双手负载伤员的骨骼折断处，感觉两端的断骨是否对齐。有时，关节处的异常扭曲和移位并非就是骨折，脱臼也可以造成移位。无论是骨折还是脱臼，用牵引复位的方法都能收到较好的效果。复位成功后应马上进行固定。

（4）包扎：对于开放性骨折的伤员，应该进行包扎处理，以免伤口受到感染。同时，包扎也有止血和安慰患者的作用。

（5）临时固定方法：在固定之前，用明显的标记或颜色将受伤部位和受伤情况记录下来，然后再进行转运前的固定。固定的意义在于：防止骨骼碎片损伤周围组织，缓解疼痛，方便转运。如果固定效果好，伤肢甚至可以恢复部分运动功能。

（6）寻求救援：尽快联系救援队伍或相关机构，告知受伤情况和位置，保持冷静并遵循救援人员的指示。

（二）固定方法

固定的材料最好是特制的夹板。在野外可以就地取材，如树枝、木棒、草捆、纸卷等。实在找不到固定材料，也可以把伤肢与健康的肢体固定在一起。固定的松紧度要适宜，太紧影响血液循环，太松又达不到固定效果；固定时，应该在肢体与固定物之间垫一些柔和物，以免皮肤淤血；捆绑点至少要两个，能固定骨折部位上下两个关节。

（1）颈部骨折固定：颈椎骨折非常危险，稍有不慎就会损伤神经，甚至造成高位截瘫。固定颈椎时，可用毯子、多条毛巾、衣服等卷成一个10 cm左右宽的扁筒，把扁筒轻绕在受伤者的脖子上，再用布带缠好，切记要使伤员保持呼吸畅通。

（2）上肢骨折固定：用可以找到的材料固定。进行上肢骨折固定时，应注意两点：一是肘关节屈成直角；二是肩关节不能移动，并把伤肢吊起来（用布带挎在脖子上，吊在胸前）。

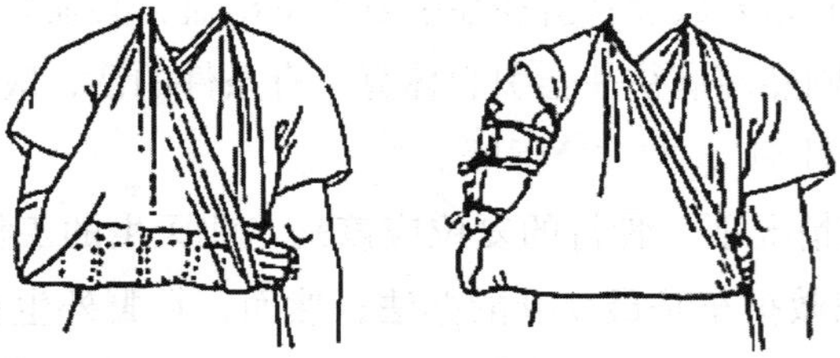

（3）锁骨骨折固定：锁骨不能直接固定，一般采取固定大臂的方法，因为大臂的活动会连带锁骨活动。可采取束缚式、悬吊式方法固定。如有条件，可制作“T”形板固定，效果更佳。

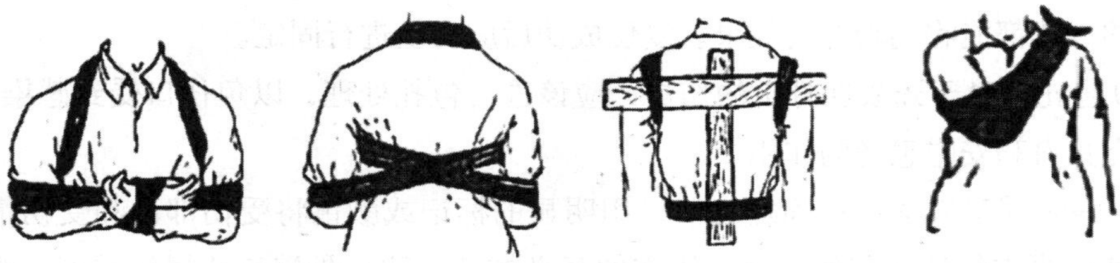

（4）下肢骨折固定：根据骨折的部位，可采用侧面和下面两种固定方法，一般不在上面（膝盖一面）固定。找不到固定材料，可用健肢固定（两腿之间要有垫物，否则效果会大打折扣）。采用健肢固定方法，在运输伤员时要有担架配合，否则，这样的固定方法不便于运送伤员。

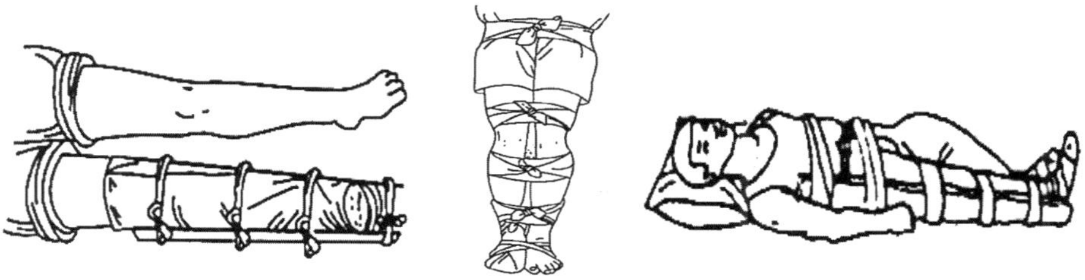

（5）足部骨折固定：可以采用外固定的方式，利用现有条件如绳子、布条、夹板、木板、树皮等。

（三）预防方法

（1）准备充分：在参与野外活动之前，确保充分了解活动风险，并做好相应准备。携带必要的装备和急救用品，如绷带、夹板、固定材料等。

（2）注意环境：在活动中时刻关注周围环境，特别是地形和障碍物，避免在危险区域活动或进行高风险行为。

（3）保持警觉：提高安全意识，时刻保持警觉，注意观察并遵守安全警示标志和提示。

（4）团队协作：在参与团队活动时，加强团队协作，互相照顾和关注彼此的安全，在遇到危险时及时提醒并协助队友。

总之，了解骨折的处理和预防方法对于参与野外活动至关重要。遵循以上建议，能够有效降低发生骨折的风险，确保安全参与活动。

十三、小虫入耳

春夏是昆虫活动的多发时节。在野外活动时，乱飞的小虫会不小心钻进人的耳里。

此时，千万不能盲目地用挖耳勺、发夹之类的东西乱掏，因为虫子是头部朝着耳朵里面钻的，乱掏乱挖会使虫子更往里钻。正确的处置方法如下：

（1）按耳。如果小虫在左耳，就用右手紧按右耳；如果小虫在右耳，就用左手紧按左耳，使小虫自行退出。

（2）滴菜油。身体侧卧，患耳朝上，向耳道内滴几滴菜油（麻油、豆油、玉米油）或白酒，把小虫淹死。然后用夹子夹出或用棉签慢慢粘出，也可用温水轻轻洗耳，使小虫顺水流出。

（3）亮光引诱。小虫一般喜欢光亮，如用手电筒照，小虫可能会被引诱出来。

第二节　常用药品的准备

在野外，你会碰到平时不适应的气候和环境，疾病和创伤随时都有可能发生，而且远离居住区不能及时得到外界的帮助与支援。因此，在进行野外生存之前，就要提前准备好可能用到的药品及必需的食品。在出发前最好对目的地环境进行基本了解，同时准备好常见疾病所需的药品。

一、外敷药品

（1）龙胆紫（紫药水）：可加快伤口结痂、愈合。

（2）红汞（红药水）：保护伤口并具有抗菌作用。

（3）酒精和碘酊：用作非黏膜伤口的表面消毒，不可用于破损伤口的消毒。

（4）双氧水：用于受污染的黏膜或破损伤口的基本消毒。洁净的棉花球用于清洁伤口，使用时蘸透消毒药水。

（5）消毒胶布：通常用来处理面积较小的伤口。贴上胶布前，必须确保伤口周围的皮肤干爽清洁，否则会贴得不牢固。

（6）创可贴：用于小伤口的止血和包扎，具有防水和透气功能，用于处理小伤口。

（7）止痛药：如扶他林、云南白药喷剂、沈阳红药喷剂等，用于缓解疼痛和消炎。

（8）防晒霜：用于保护皮肤免受紫外线的伤害。

（9）防蚊虫叮咬药膏：如驱蚊液或驱蚊霜，用于预防蚊虫叮咬和预防虫咬性皮炎。

（10）风油精：风油精为现代中成药，具有消炎、镇痛、清凉、止痒、驱风的功效，适用于伤风感冒引起的头痛、头晕，以及关节痛、牙痛、腹部胀痛和蚊虫叮咬、晕车等不适。

（11）滴眼液：可以缓解旅行中的视觉疲劳，同时也能清除眼中飞进的小虫等，如氯霉素滴眼液、红霉素眼膏、眼药水。

二、外用物品

（1）绷带：有不同的宽度及质地，用于处理不同面积及种类的损伤。一般类型包括以下几种：纱布滚动条绷带，适用于处理一般伤口，主要做固定敷料之用；弹性滚动条绷带，具有弹性，除应用于处理伤口外，还可应用于处理一般拉伤、扭伤、静脉曲张等伤症，以固定伤肢及减少肿胀；三角绷带，可以全幅使用，或折叠成宽窄不同的绷带，通常做手挂使用，承托上肢。

（2）医用纱布：由数层纱布制成，质地柔韧，主要用作覆盖伤口及吸收分泌物。流血及分泌物较多的伤口，可加厚覆盖。

（3）胶布：用于固定绷带及临时加固受伤部位。

（4）消毒棉：具有清创、凝血和保护作用。

（5）棉签：用于清理伤口及涂抹药物。

（6）保温毯：可用保温毯遮盖身体，防止体温急剧下降。

（7）剪刀：用于处理绷带、胶带。

三、口服药

1. 防暑降温

预防中暑，除需要注意身体状况、环境、饮食和常备藿香正气水、十滴水、人丹等防暑药品外，多喝防暑降温饮品，也是预防中暑的有效方法。

2. 感冒

在预防感冒方面，可以提前使用板蓝根（活动之前冲上一包可以预防感冒）；同时可以带上感康、康泰克、白加黑、速效伤风胶囊等。需要注意的是，速效伤风胶囊含扑尔敏，吃多了容易犯困，于行进不利，请谨慎使用。

3. 退烧镇静消炎

复方阿司匹林：具有良好的退热镇痛作用，也可用于消炎，同时有缓解肌肉酸痛功效。

氟安定：有显著促眠作用，服后20 min内起效，持续7~8h，睡前服1~2片。服药的同时应避免饮酒。

云南白药胶囊：掰开胶囊使用内部的药粉，可用于外伤消炎止血。

4. 腹泻

诺氟沙星：对于在野外吃的不洁食物而导致的腹泻有用，起效快，可以最大限度地减少腹泻导致的体力消耗。

蒙脱石散：服用蒙脱石散可以缓解腹泻，同时在胃黏膜上形成保护层，改善肠道细胞吸水功能以及分泌功能。

煮熟的苹果：煮熟的苹果中含有丰富的果胶和鞣酸，具有收敛止泻的作用，不增加肠胃负担，更容易被人体吸收。

5. 抗过敏

扑尔敏：用于各种过敏性疾病及妊娠呕吐、晕船晕车。多服会引起口干、嗜睡。

开瑞坦：适用于缓解与过敏性鼻炎有关的症状，如喷嚏、流涕、鼻痒、鼻塞、眼部痒及烧灼感。

息斯敏（氯雷他定）：用于缓解过敏性鼻炎有关症状，也有缓解慢性荨麻疹、瘙痒性皮肤病及其他过敏性皮肤病等症状。

6. 止咳

止咳药分两种：一种是中枢性止咳药，可降低大脑咳嗽中枢的敏感性，进而抑制咳嗽，如可待因、美沙芬，但这类药有一定副作用和成瘾性，所以最好在其他药物无效时再使用这种药；另一种是周围性止咳药，可以选用以复方甘草片、止咳糖浆、枇杷膏等为代表的中成药。

7. 抗菌

抗生素类是可以杀灭和抑制致病性细菌的，它能起到抗细菌感染的功效。

诺氟沙星：抗菌消炎药，用于泌尿感染、胃肠道感染及上呼吸道、皮肤、外科、妇产科感染。有过敏史者、肝肾损伤者禁用。

阿莫西林胶囊：用于胃肠道及上呼吸道等感染。

头孢氨苄胶囊：用于治疗扁桃体炎、咽炎、中耳炎、鼻窦炎、支气管炎、肺炎等。

8. 预防心脏病

硝酸甘油：治疗和预防心绞痛发作。个别人有轻度头昏、头胀、低血压反应，青光眼禁用。舌下含服。

复方丹参片：可扩张冠状动脉，减慢心率，改善心肌缺氧，改善心脑血管急性症状，降低血脂、血黏度等。主治心绞痛、心血管疾病。

9. 清火

清火药可以使用三黄片、牛黄解毒丸、金银花颗粒、蒲公英颗粒、双黄连颗粒等。

在野外活动中，过敏体质的人在选择抗生素、镇静催眠药、解热止痛药等时要特别谨慎（如速效感冒胶囊中含有阿司匹林或扑热息痛等成分，有过敏者应禁用；对磺胺过敏的人不得选择磺胺类药物；安必仙胶囊中含有青霉素的成分，对青霉素过敏者应慎用，可改用其他较为安全的药物）。另外，根据各人身体情况，除带上胃药、硝酸甘油等药外，最好准备一支体温计，这样可以在发烧时准确记录体温，掌握病情。

第四章

野外常见危险与防范

野外活动中可能会发生很多不可预知的情况，而且野外活动的环境复杂，对人类造成伤害的情况随时可能发生，甚至危及生命。对于没有野外生存经验的人来说，危险无处不在，即使是很有经验的人也不能完全脱离这些危险。然而，有经验的野外活动人员可以最大限度地规避危险，把伤害的程度降到最低。因此，本章我们就来学习野外常见危险与防范。

野外常见危险因素基本可以包括人为因素和自然因素这两大类。其中，人为因素包括计划不周密或不符合实际等；自然因素包括危险地形地貌、天气、动植物等。

第一节　人为环境危险与防范

在野外活动中，个人对野外知识了解不够造成的伤亡比比皆是。据不完全统计，从中国探险协会公布的2020—2022年中国户外探险类事故报告中来看，2020年全年发生了152起户外探险类活动事故，其中造成人员伤亡的事故共113起，造成直接死亡人数81人、失踪8人。事故伤亡率达到了74.3%，接近平均每两起事故死亡1人（见图4-1）。

2021年共发生户外探险事故352起，涉及人员伤亡事故287起，受伤128人，死亡308人，失踪19人；与2020年相比，事故总数增加200起，增长132%；伤亡事故数增加174起，增长154%；死亡人数增加227人，增长280%；失踪人数增加11人，增长138%（见图4-2，图4-3）。

2022年共发生户外探险事故372起，涉及人员伤亡事故326起，受伤194人，死亡162人，失踪52人。与2021年相比，2022年事故总数增加20起，增长5.68%；伤亡事故数增加39起，增长13.60%；死亡人数减少146人，增长-47.40%；失踪人数增加33人，增长173.68%。（见图4-3、图4-4）

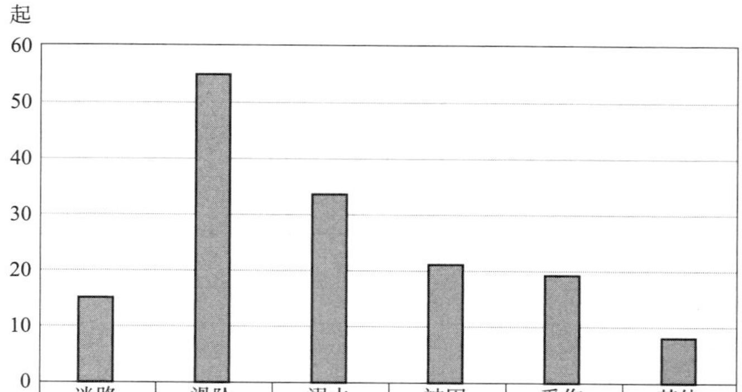

	迷路	滑坠	溺水	被困	受伤	其他
事故数	15	55	34	21	19	8

图4-1　2020年户外探险事故主要类型及比例

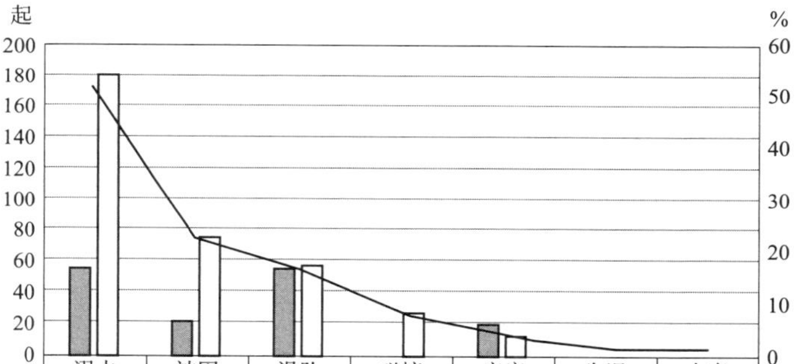

	溺水	被困	滑坠	碰撞	疾病	失温	中毒
2020年	34	21	55		19		
2021年	179	75	56	26	12	3	1
2021年占比	51	22	16	7	3	1	0

图4-2　2020—2021年户外探险事故主要类型及2021年占比

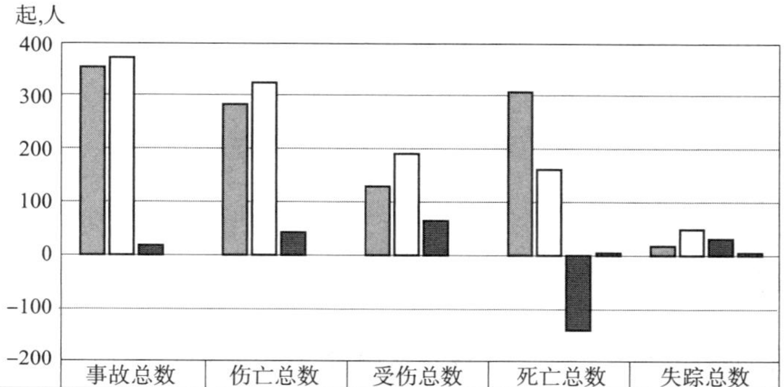

	事故总数	伤亡总数	受伤总数	死亡总数	失踪总数
2021年	352	287	128	308	19
2022年	372	326	194	162	52
增长数量	20	39	66	-146	33
增长率/%	5.68	13.60	51.56	-47.40	173.68

图4-3　2021—2022年事故数据统计

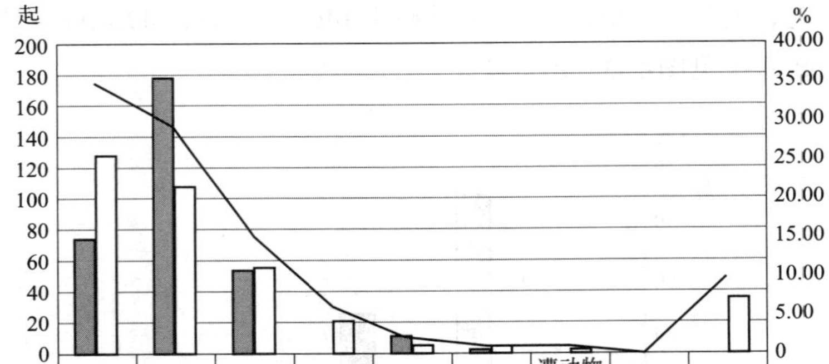

	被困	溺水	滑坠	迷路	疾病	失温	遭动物攻击	中毒	其他
■ 2021年	75	179	56		12	3		1	
□ 2022年	130	109	58	22	7	4	4	1	37
—— 2022年占比	34.95	29.30	15.59	5.90	1.90	1.10	1.10	0	9.90

图4-4　2021—2022年户外探险事故主要类型及2022年占比

从三年数据来看，个人因素造成的伤亡比例较大，其中溺水、被困、迷路、滑坠、失温、疾病尤为明显。因此，在进行野外活动之前，一定要做好充足的准备，比如线路勘察、线路资料整理、可行性分析、制订线路计划、队员要求、装备物资要求、后勤保障措施、队员选拔、往返交通选择、团队岗位配置、团队精神建设、行进速度的掌控、休息时间的掌控、营地选择、扎营拔营要求、特殊地段安全措施等要素。若违背了事物的客观规律，就会增加事故发生的概率。

一、迷路

（一）为什么会迷路

之所以会迷路，主要有以下几点原因：

（1）自以为熟悉线路而不带地图；

（2）过分相信自己而未及时对照行进线路；

（3）不留心沿途特征景物，回程时找不到路；

（4）相信自己的直觉，贸然前行，错过路线关键点；

（5）天气突变，失去方向。

（二）迷路了怎么办

如果是整个队伍迷路，我们应该停下来把背包卸掉，然后做好以下工作：

（1）测算走错路的距离；

（2）利用地图和指北针确定当前位置；

（3）爬到高处或者树上瞭望，观察所走过的地形；

（4）在原地做好标记，便于找回原路；

（5）对所走的路线沿途做好标记，方便返回。

如果是个人迷路或者脱离队伍，此时应该：

（1）停留在原地，选择保暖、干燥并容易被看到的地方。如果携带了食物和炉具，规划食物用量，保持体力。

（2）夜晚时，可以点堆火来取暖，睡一会儿恢复体力；也可以按照一般方式建营过夜或者搭建一个紧急庇护所；把食物包装好放置在远离自己待的地方，以免因食物而招致动物攻击。

（3）即使确信自己有足够的能力找到路（需万分谨慎），也要遵循上述方案。

（三）如何避免迷路

所谓预则立，不预则废！预防往往是最重要的，奉行安全原则是避免迷路的有效手段，尤其要注意以下几点：

（1）提前了解和搜集所在地区的地理信息，即使你是跟着领队去的；

（2）遵守结伴同行原则，不要逞能或者掉队；

（3）沿路径或成熟路线行进，对不确定的区域做好路标或标记。

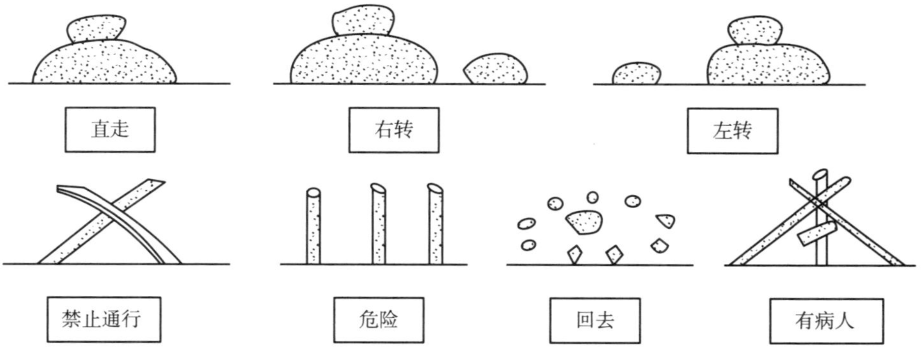

（四）迷失方向后的求救方法

1. 燃烧烟火

夜间的灯火非常耀眼，1km内可以看见香烟头火光，1.5km内可以看见手电筒的光亮，在8km以上高空飞行的飞机里可以看见地面上的一盏普通照明灯。因此，夜间迷路时，可在高处点燃火堆，既可御寒驱兽，又易被人发现。在特殊情况下，也可利用手电筒、照相机作为信号。白天可燃烟，在火上放青草或树叶，会发出白烟。需要注意的是，采取生火和生烟求救是有特殊规定的，即应在开阔地，最好向着居民区生三堆火堆或三堆白烟，这三堆火堆或者白烟要呈三角形摆放。

2. 声音传导

试验表明，在1km内可以听到汽车开动声和马蹄声，在1.5km内可以听到人的呼喊声；但人在野外长时间呼喊，容易消耗体力，最好的方法是利用哨子。团队活动时应带上哨子，并规定不同的哨音代表不同的含义，如一声长音代表“一切平安”，三声短音代表有人受伤，三长三短三长代表SOS求救信息。在森林中用斧头、棍棒击打杉树，或用刀背敲打坚硬的石头，都能发出传播较远的声音。

3. 制作标记

在易于被空中、地面发现的开阔地段，如草地、雪地、海滩上，可以因地制宜制作地面标记——SOS字母，在草原上可用刀割或手拔的方法，在雪地上可用脚踩的方法，在沙滩上可用棍杖挖刻的方法，也可用石块、树枝摆放相应的标记。制作SOS字母时，字的宽度要在5~10m。

为便于被人发现，应脱去与周围颜色相近的衣服，露出白色或其他色彩鲜艳的衣服。注意发出信号后，不要匆忙离开原地，否则难以被搜索队发现或错过被救的机会。

二、淹溺

人淹没于水或其他液体中，由于液体充塞呼吸道及肺泡，将反射性引起喉痉挛而发生窒息和缺氧，并处于临床死亡状态。

神志丧失、呼吸停止及大动脉搏动消失，处于临床死亡状态为淹溺者的表现。淹溺者临床表现差异较大，这与溺水时间长短、吸入水量多少、吸入水性质及器官损害范围有关。

（一）具体表现

（1）淹溺者可有头痛或视觉障碍、剧烈咳嗽、胸痛、呼吸困难、咳粉红色泡沫痰；溺入海水者口渴感明显，最初数小时内可有寒战、发热症状。

（2）皮肤发绀，颜面肿胀，眼球结膜充血，口鼻充满泡沫或泥污；常出现精神状态改变（如躁动不安）、抽搐、昏睡、昏迷和肌张力增加；呼吸表浅、急促或停止；心律失常，心音微弱或消失；腹部膨隆，四肢厥冷。

（二）急救措施

（1）尽快将溺水者从水中救出；

（2）迅速清除口鼻腔中的污水、污物、分泌物及其他异物，保持呼吸道通畅；

（3）吸入海水的，应尽快将溺水者腹部横放在抢救者屈膝的大腿上，使其头部下垂，拍打其背部行体位引流，但不宜时间太长，以免延误心肺复苏；

（4）心肺复苏期间常发生呕吐，注意防止呕吐物吸入呼吸道；

（5）对于昏迷和呼吸停止者，应进行人工呼吸和给氧，有条件时进行气管插管；

（6）在转运患者途中，不应停止心肺复苏，注意给患者保暖；

（7）入院后进一步治疗和观察，所有淹溺者在监护病房观察24~48小时，预防急性呼吸窘迫综合征，进一步治疗包括供氧、复温、脑复苏、处理并发症。

（三）预防措施

（1）不要在不明水情的情况下跳水和潜水；

（2）不要在身体情况不佳和自然条件不好时游泳；

（3）不要私自外出游泳，尤其是单独外出游泳；

（4）不要到不熟悉的水域游泳；

（5）学会游泳，掌握基本的溺水自救互救能力；

（6）游泳训练时，要严密组织，科学施训。

三、滑坠

在充满挑战与未知的野外生存环境中，滑坠作为一种常见的危险情况，其危害不容小觑。这不仅关乎个体的安全，更影响整个团队的生存与成功。滑坠，顾名思义，指的是在攀爬或行走过程中，由于地面湿滑、陡峭或其他原因，身体失去平衡而滑下山坡、峭壁等高处的情况。这种突发状况可能导致一系列的严重后果。

（一）危害

（1）身体伤害：无论是轻微的擦伤还是严重的骨折，滑坠都可能对个体造成即时的身体伤害。特别是在野外生存环境中，受伤者可能会因地理位置偏远而得不到及时的医疗救助，这无疑增加了治疗的难度和时间。

（2）心理影响：除了身体上的伤害，滑坠还可能对参与者的心理造成长远影响。惊吓、恐慌甚至长时间的阴影都可能削弱个体的心理健康和接受挑战的信心。

（3）团队受困：在团队野外生存活动中，一个成员的滑坠不仅可能危及自身安全，还可能影响整个团队的行进速度和方向，甚至导致整个团队的危机。

（二）预防

（1）安全教育：对参与野外生存活动的人员进行安全教育，增强他们的安全意识，让他们了解滑坠的危害和防治方法，增强自我保护能力。

（2）观察评估：在开始攀爬或行走前，团队成员应对天气、地形和地面状况进行细致的观察和评估。避开恶劣天气、明显湿滑不平整或存在大量松散碎石的地段，选择相对稳定和干燥的地方进行行动。

（3）择优装备：根据不同的野外生存环境和活动需求，选择合适的鞋子和衣物。鞋子应具有良好的防滑性能，衣物应舒适保暖，避免因装备不合适而增加滑坠的风险。同时，使用专业的安全装备，如安全带、攀爬绳索等。这些装备能在很大程度上增加个体与固定物体之间的摩擦力，从而降低滑坠的可能性。

（4）行进技巧：良好的平衡感是防止滑坠的重要因素。在攀爬或行走过程中，参与者应时刻保持警惕，避免因过于急躁或冒险而失去平衡。学习并掌握正确的攀爬和行走技巧，如保持身体姿势、手脚并用、合理休息等，可以有效降低滑坠风险。同时，行进速度也要进行合理选择，缓慢且谨慎的动作更有可能避免滑坠的发生。特别是在遇到陡峭、湿滑的地段时，更加小心谨慎是极为必要的。

（5）加强管理：加强现场管理，及时发现并排除安全隐患。每个成员都应时刻关注同伴的状态和位置，当发现可能面临滑坠风险时，应及时提醒并给予帮助，共同面对挑战，确保每个人的安全。

四、常见的急救措施

（一）心肺复苏（CPR）

心肺复苏是一种至关重要的紧急救助措施，用于在心搏骤停的情况下维持大脑的氧气供应和促进心脏重新跳动。它涉及一系列复杂的操作步骤，需要正确、迅速地执行，以挽救患者的生命。在进行心肺复苏之前，确保现场安全是非常重要的。这需要将患者移动到一个安全的地方，避免任何可能对其造成二次伤害的风险。

（1）评估现场安全：确保施救者和其他人的安全，移除可能导致进一步伤害的障碍物。

（2）识别：检查患者是否有反应，是否能正常呼吸。如果没有反应或不能正常呼吸，则立即开始心肺复苏。

（3）呼救：拨打急救电话或请其他人帮忙呼叫急救服务。在等待急救人员到场的过程中，持续进行心肺复苏。

（4）放置患者：将患者仰卧放在平坦的地面上，头部和上半身在同一条直线上。

（5）胸外按压：找到按压位置（在胸骨的下半部分），然后以每分钟100~120次的频率进行按压。每次按压后，应让胸廓完全恢复。

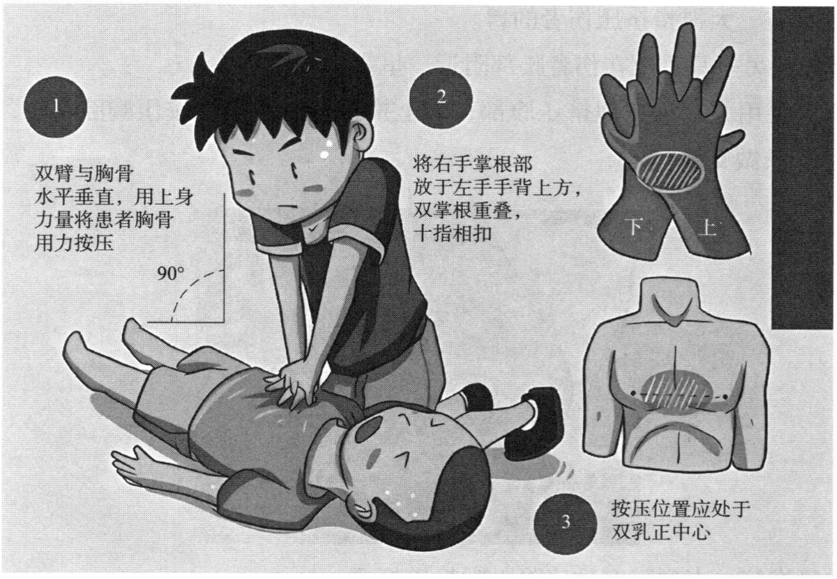

（6）开放气道：在每次按压之间，都要开放患者的气道。使用仰头提颏法（用一只手放在患者的前额，向前压，另一只手的手指抬起下颌）来开放患者的气道。

（7）人工呼吸：捏住患者的鼻子，然后吹气两次，每次吹气都持续1秒以上，使胸部隆起。

（8）循环：以30次按压和2次人工呼吸为一个循环，持续进行5个循环或直到急救人员到达。

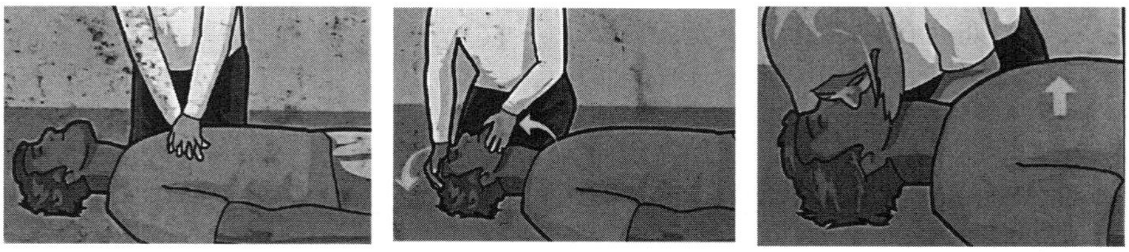

需要注意的是，在整个过程中，应保持冷静并快速行动，要遵循急救指南并确保按照正确的顺序执行急救步骤。同时，确保施救者的安全也非常重要，尤其是在面对高风险的环境时。记住，心肺复苏是一项紧急措施，只有经过专门培训才能正确执行。在开始进行心肺复苏之前，最好先接受相关的培训或寻求专业人士的指导。

（二）海姆立克急救法

如果伤者的呼吸道阻塞，他可能无法开口告诉你自己遭遇了什么情况，或者你该如何帮助他。在一般情况下，如果有人呼吸道阻塞，他们会双手紧紧地捏住喉咙部位。这就要你根据当时情况做出判断，果断行动。下面是成人伤者的救援示范方法：

（1）站在伤者身后，一只手放在他的腰部附近。将这只手握拳放在对方肋骨以下、肚脐以上的部位，大拇指挤压伤者的胃。

（2）把你的另一只手放在伤者腰部附近，呈掌状压住拳头。

（3）拳头要用力，迅速地挤压腹部，向上推挤。注意不要按压胸腔部位，手掌及拳头用力，手臂只做支撑。

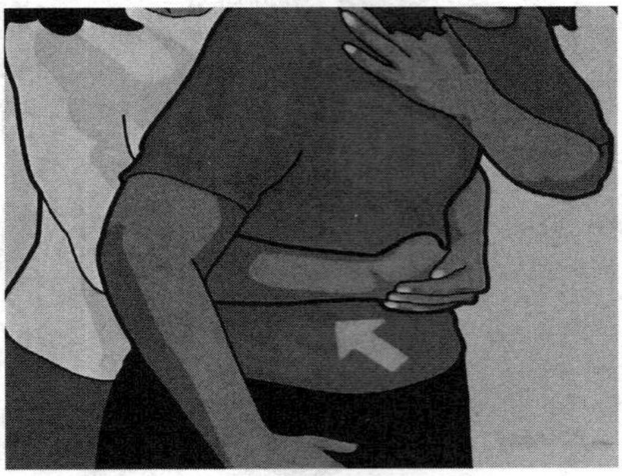

（4）重复推挤，直到阻塞物清除、呼吸道打通。

如果你无法搂住伤者的腰，或者对方因为窒息而失去知觉，将其抬到平地上，仰卧着；然后将其两腿分开，把上半身扶起来，对其实施紧急救助。

五、火的使用

对于在野外生存的人来说，火的作用不仅可以取暖、烤干衣物、加热水源、制作食物，还可以驱离各种野兽，让自己在深夜里更容易被救援者发现，为摆脱险境提供帮助。因此，必须学会如何在野外条件下安全用火。

（一）生火点的选取

在野外，并不是随处都可以生火，因为稍有不慎就会引发火灾。搭野营炉灶的第一个问题就是地点。烹调离不开水，可选在近水处，但若靠得太近又会污染水源。生火时应清除火源周围的易燃物，在风力大、干燥的气候下更要当心，以免发生火灾。

生火要在风力小或背风的地方。在地形平坦且风力很大的地方生火，可竖一道挡风墙或挖一道沟壕来挡风生火。

生火的地方不能太潮湿。如果找不到干燥的地方，可以用湿木头或石头搭建一个高出地面的平台生火。

（二）取火的方法

出发前一定要检查是否带有足够的火种。火柴盒要做防水包装，打火机最好是防风打火机。有条件的话，可以在救生包中带一个密封点燃器，上面附带几根灯芯油绳和火石，用防水胶布紧紧包好，可用它点火400~600次。如果你在野外时间较长或在高山极寒地带，应带上一个金属火柴，这种现代的火柴可点火3000次。在没有火种的情况下，可用以下办法取火。

1. 敲击法

用金属敲击石头就可以产生火花，不行就换石头。火花的引火物应是容易燃烧的干燥木粉、朽木、棉花、木髓等。如果没有这些引火物，就要在野外把干燥的多纤维植物捣碎做火绒。在石头的周围围上火绒，不断地用金属敲打石头，直至火绒物冒烟，轻轻地一吹，火苗就着起来了。

2. 聚焦法

凸透镜可以聚集太阳光线，并在焦点处产生高温，从而点燃易燃物。放大镜、望远镜片、瞄准镜、照相机上的凸透镜、花镜、玻璃瓶底等都可以用来聚焦取火。

此外，放大镜透过阳光聚焦还可将受潮或被水浸湿后晒干的火柴点燃。在手电筒反光碗的焦点上放引火物，向着太阳也能取火。

敲击取火

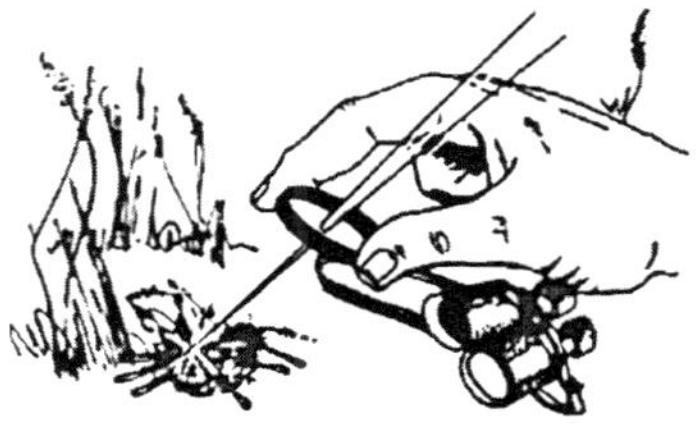

聚焦取火

3. 电火花法

如果汽车蓄电池没有坏，可截取两段不太重要的电线，例如照明灯的电线或跨地线。两线各接一个电极，然后小心地把两线的另一端互碰激出火花，就能点燃旁置的引火物。

4. 闪光信号灯法

如果汽车上装有闪光信号灯，可将灯罩的顶部在岩石上碰碎，用闪亮的灯点火。但要按要求去做，千万不能引起森林火灾。

5. 电珠法

手电筒的电池和电珠也可以做引火的工具。把电珠在细沙石上小心磨破，注意不能伤及钨丝，然后再把火药填入电珠内，通电后即能发火。若有电量较大的电池，将正负两极接在削了外壳的铅笔芯的两端，顷刻间，铅笔芯就会烧得像电炉丝一样通红。用这种方法引火既方便又保险。

6. 锯木取火法

用一块带锐利边缘的竹子在另一块竹子凸起的地方来回摩擦，锯屑落在下面的引火物上就会冒烟，轻轻一吹就会出现火苗。若没有竹子，找坚硬的木头也行，但会比较费力。

7. 摩擦取火法

劈开木头的一端，在裂缝中加上细木棍和火绒（纤维捣碎），然后用结实的绳子（最好是动物的筋腱）来回摩擦，里面的火绒就会逐渐发热、冒烟，最后起火。

在平坦的木板上摩擦玻璃片，也能生热发火。待剧烈摩擦发烫时，将引火物吹燃。

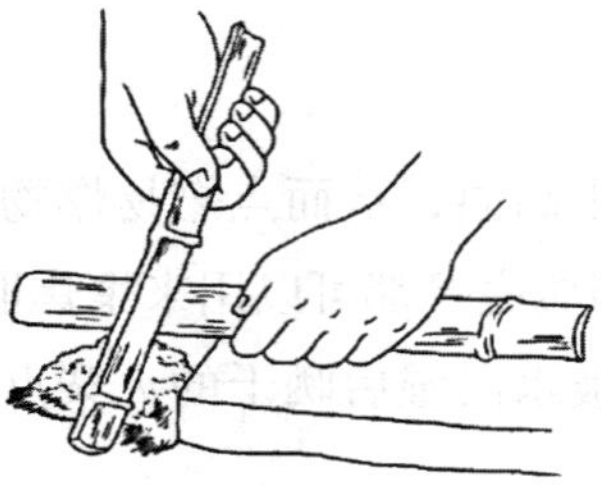

锯木取火

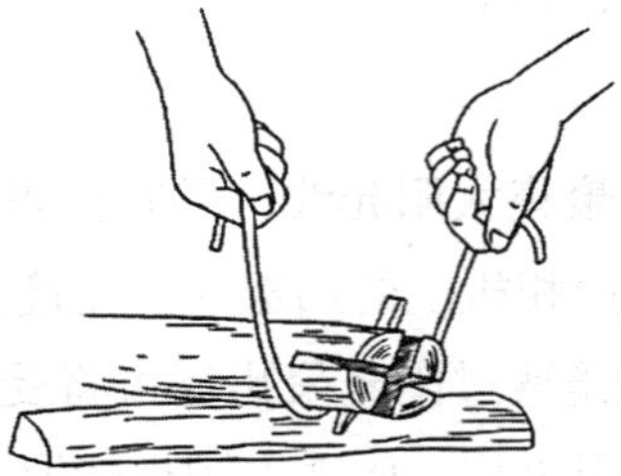

摩擦取火

8. 钻木取火法

用一根木棒，下面削成尖，两手夹住，在一个边缘钻有开放性小孔的木板上来回搓转，木板的开口处放些火绒；但是这种方法不易成功，若有快速的转动装置，则很容易成功。

9. 火弓取火法

这是钻木取火法的延伸，是成功率比较高的取火手段。在钻木取火法的工具上增加一个加速木棒转动的弓。具体制作方法：找一个弹性较好的木棒，两端分别削去将近一半，使木棒容易弯曲且保持弹性；然后拴上一根耐摩擦的细绳（可用植物纤维搓成细绳）；使用时把细绳在木棒上绕一圈，来回拉动火弓，使木棒高速转动。为增加木棒的压力，防止木棒伤手，可在木棒上方安装一个带凹槽的木片或石片。

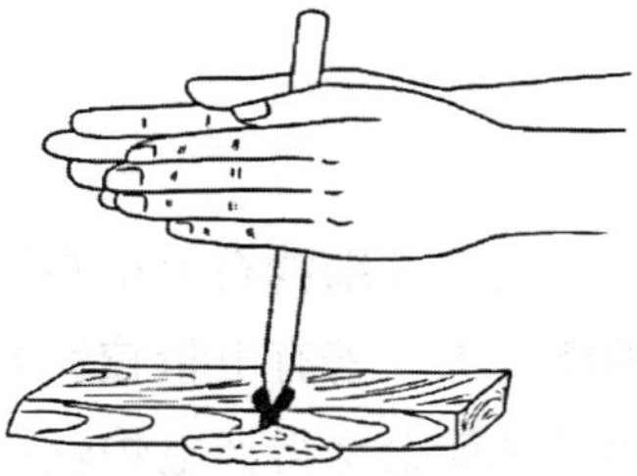

钻木取火

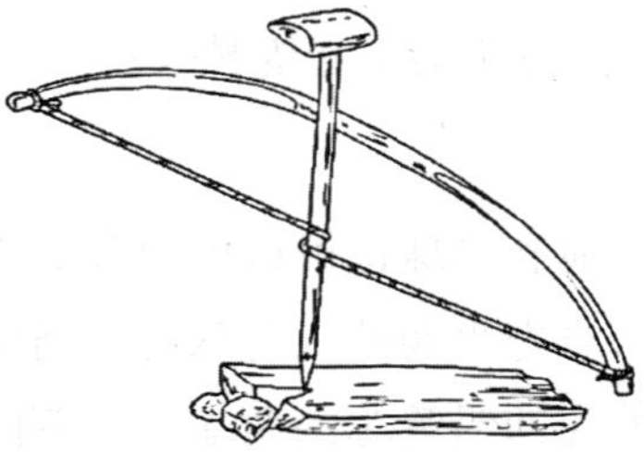

火弓取火

10. 火犁法

把一根木棒放在带有沟槽的木板上来回摩擦，使其生热起火。应把火绒放在沟槽前方，并使部分散落在沟槽内。

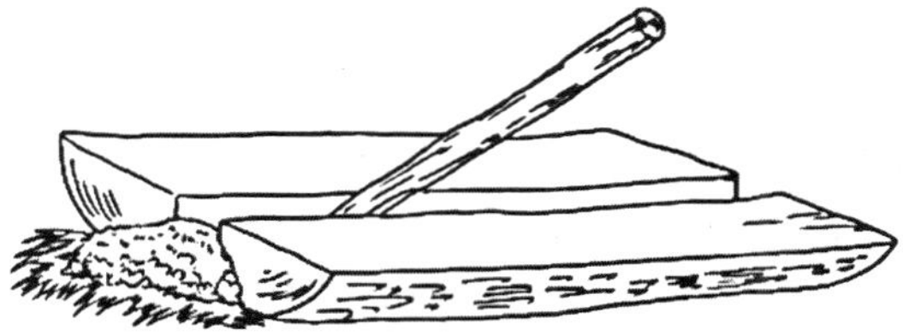

火犁法取火

（三）点篝火的方法

在野外生存中，点篝火是重要的生存手段：在寒冷地区，篝火可以用来取暖，防止体温流失；在有野兽出没的地方，篝火可以驱赶野兽；在黑暗中，篝火可以用来照明；衣服弄湿了，篝火可以烤干衣服；遇险时，篝火可以在夜间发出求救信号，上面放上湿柴就变成了白天的烟雾信号。因此，掌握点篝火的方法是非常重要的。

1. 收集点火材料

（1）木材。尽量在不破坏植被的情况下收集木头。同时，收集一些火绒和细柴，以便于引火和取火。在一般情况下，较重的干柴燃烧时间长，释放的热量多，但不易点燃。

（2）枯草。由于燃烧时间短，只用作引火。

（3）干粪便。燃烧大型动物的粪便，完全可以用来做饭。

（4）煤炭。野外很少能够找到。

（5）油。汽油或柴油，但一定要注意安全。

（6）垃圾。在海岛上，高潮线上的垃圾多数是干燥和可以燃烧的。

在野外生火，一定要注意安全，合理设置点火地点，周围不得有易燃物，并应有专人负责。

2. 点火点的设置

（1）湿地点火点的设置。在地面铺上一块石板或一层石头，使火在其上面燃烧。

（2）山地点火点的设置。一定要远离树林20m以上，并在篝火周围垒好防火墙。有风时，应防止热气流带起火星，不要烧干树叶。

（3）草地点火点的设置。清理至少15m之内的所有杂草，这些被清理的杂草正好可以做燃料使用。

（4）大风天点火点的设置。尽量不点火，若必须点火则应挖火塘，变篝火为“沟火”。火塘既防止走火，又方便烹饪。

（5）反射热能的点火地点。如果生火的目的就是取暖，而且燃料还不充分，那么可以找岩壁、山洼、土坎等有反射热能的地方点火。在这里生火要比在空旷的地方点燃相同的火堆效果好得多。

3. 篝火柴的堆积方法

为了点火方便并提高燃烧效率，应该把木柴搭成通风透气的结构。

（1）“井”字形堆积法。把两根较粗的木头按一定距离平行排列，另外两根与下面的两根垂直放在上面，依次垂直垒放40~80cm高，形成一个“深井”，里面放置一些细柴和引火物。这种结构的篝火很容易点燃，因为通风透气，燃烧充分。适于单纯的营地篝火，不适于取暖和做饭。

（2）圆锥形堆积法。为方便通风和点火，在来风的方向留一个小“门”，堆积时要内细外粗、内干外湿。由于燃烧到一定程度，木头会向内倒塌，因此这种堆积法几乎没有危险。可以靠近取暖，上面吊上饭盒可以煮饭、烧水，也方便直接烧烤食物。

篝火柴堆积图

（3）轴心堆积法。如果想长时间保持火种（天亮后火还不会熄灭），可以找一根粗大的木头或者大型树根充当篝火的轴心，把收集到的干柴搭在这个轴心上，在轴心与干柴之间放上引火物，然后将其点燃。在野外采用这种方法点燃篝火，外面可以不断添加干柴，经过一段时间的燃烧，轴心会被点燃，并保持很长的时间，有时一个晚上都不会熄灭。

（四）建炉灶的方法

在野外烧煮食物，最节省燃料的方法是建立炉灶，因为单纯的篝火热能损失较大。

1. 野战灶

找三块等高的石头，较垂直或平整的一面向内，架上炊具，并使之平稳。这种建炉灶的方法简单、方便，但不节约能源。

2. 马蹄灶

用石块垒砌成高约40cm、内径约30cm的半圆形，上面向内收缩，以方便架锅。石块间留有空隙，方便通风，开口处方便添柴，并开向来风方向。

野战灶

马蹄灶

3. 看山灶

用石头、水和黏土搭建一个锅台，灶门开向季节风方向，在灶门相反的方向修一个火道（沉淀火星，防止走火），火道前竖立一个中空的枯树作为烟筒。在所有的野外炉灶中，看山灶是最节约燃料的，也是比较安全的。

4. 八卦灶

选择长方形的石块，在地面摆成直径1m的圆圈，石块之间留出5cm左右的空隙以方便通风。上面的石块压在空隙的上面并稍微内缩，以此类推，垒至7~8层高，上口内径40cm左右的“八卦炉”就造成了。该炉灶火力大，热效率高，烧水做饭十分快捷。不用时可以用泥土将上面封住，从而长时间保持火源，小雨也不能使它熄灭。在封火期间，石头有相当大的热量辐射，可以取暖、烤干衣服，石头间的缝隙还可以烤熟食物。这种炉灶适合时间较长、地点固定的野外作业。这样的八卦灶，既可以满足烹饪、取暖、烤衣服的需要，还能省去天天点火的麻烦。

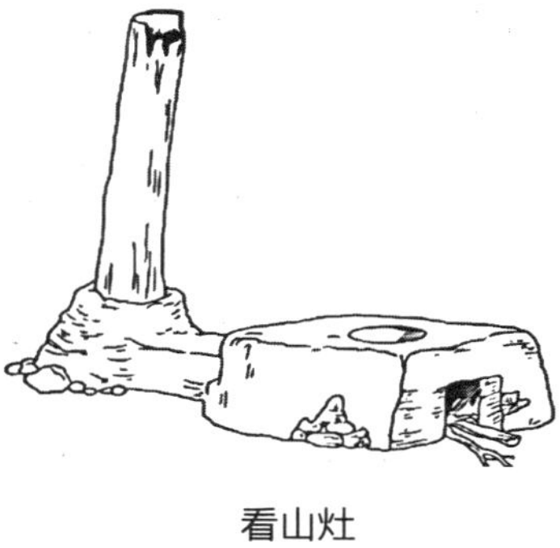

看山灶

八卦灶

第二节　自然环境危险与防范

大自然的千变万化所形成的环境多样性，使我们的地球千姿百态，也使我们的生活丰富多彩。长期的进化过程使人类早已适应了大自然的大部分有规律的变化。然而，像地震、台风、火山爆发等对大自然来说较平常的运动，人类还没有适应。因此，大自然也会在某些时候给人类带来伤害。人们称那些还不能适应的自然变化为自然灾害。

一、水灾

在山区及河流的下游较易发生水灾。在山区进行野外生存训练时，如遇暴雨，少则十几分钟，多则半个小时，就有山洪发生的可能。

（一）基本预防办法

提前了解目的地的地形及天气状况。携带必要的工具，比如绳索、救生衣、保温毯等。

（二）水灾到来前的征兆

（1）河水异常：如果河床中正常流水突然断流或河水突然增加，并夹有较多的柴草、树木时，说明河上游已形成泥石流。

（2）山体异常：山体出现很多白色水流，山坡变形、鼓包、裂缝，甚至坡上物体出现倾斜。

（3）声响异常：如果在山上听到沙沙声，却找不到声音的来源，这可能是沙石流动发出的声音，是泥石流即将发生的征兆。如果山沟或深谷发出轰鸣声或有轻微的震动感，说明泥石流正在形成。干旱很久的土地开始积水，道路出现龟裂，公共电话亭、树木、篱笆等突然倾斜，雨下个不停，或雨刚停下来溪水水位却急速下降等，都有可能是发生水灾的前兆。

（三）求生方法

洪水到来时，来不及转移的人员要就近迅速向山坡、高地、楼房、避洪台等高地转移。如洪水继续上涨，则要充分利用准备好的救生器材逃生，或者迅速找门板、桌椅、木床、大块的泡沫塑料等能漂浮的材料扎成筏逃生。

如果已被洪水包围，则应想方设法发出呼救信号，通信中断时，尽量用颜色鲜艳的标志物引起搜救人员的注意。如已被卷入洪水中，一定要尽可能抓住固定的或能漂浮的东西，寻找机会逃生。发现高压线铁塔倾斜或者电线断头下垂时，一定要迅速远离，防止直接触电或因地面“跨步电压”触电而造成危险。需要注意的是，不能贸然游泳逃生，不可攀爬带电的电线杆、铁塔，也不要爬到泥坯房的屋顶上。

（四）预防措施

去野外前，需要了解当地的天气预报。在野外宿营时，应选好位置，做好相应的准备。雨季时不要在干涸的河床上宿营。在可以预料洪水到来前，最简单的方法就是往高处跑，如果有时间，尽量带上火种、食物、衣服。没有高点或者来不及跑向高点时，应该马上寻找漂浮物，最好是方便固定的或者容易抓住的。如果必须面对水里逃生，又不会游泳，应用棉花或软布堵塞鼻孔，以免被水呛死。因为从口腔吸入的气体会进入肺部，而液体会被阻碍而进入胃部，但是此方法解决不了人长时间待在水下的问题。在暴风雨到来前，要选好宿营地。用不透水的布包好备用的衣服。预备干燥的引火物同样至关重要。

需要注意的是，在水里换气时，要用口吸气，用鼻孔出气。下水前，应该先做好肢体活动，并进行身体预冷等准备工作，以防抽筋。暴发洪水时，水体容易被污染，千万不可直接饮用。实在没有饮用水时，要对水经过特殊处理后再饮用。泡在水中的食物已经污染，未经过处理同样不能食用。有电线落入的水坑不可接触，若必须接触，则应用干的木棒挑出电线，并使线头架空。在水上漂浮时，遇到急流中的突出物一定要避开，以免受伤。

二、泥石流

其实，“山洪”和“泥石流”就像表亲，看似很相像，但在破坏力和预防等方面有所不同。

（一）相同之处

山洪和泥石流相似点很多，比如：成灾的前兆相似；暴发时间和区域大致相同，山洪发生的区域有时会伴随泥石流；成灾突然、水体混浊；等等。

（二）不同之处

泥沙混合比例不同；山洪的发生频率和重复发生率远高于泥石流；泥石流比山洪破坏力更强，生还概率小；避险逃生不同；在遭遇山洪和泥石流危险时，都应向两侧山坡高处跑；遇到山洪可以就近爬上树或者建筑物等高处避险，但遇到泥石流则不可取，因为泥石流可将沿途一切摧毁。

（三）求生方法

首先不能沿沟向下或向上跑，而应向两侧山坡上跑，不应上树躲避，不要往地势空旷、树木生长稀疏的地方逃生，可以就近选择树木生长密集的地带逃生，密集的树木可以阻挡泥石流的前进。不要停留在低平的弯道凹侧，也不要躲在有滚石和大量堆积物的陡峭山坡下方；不要往土层较厚的地带逃生，要向地质坚硬、无碎石、不易被雨水冲毁的岩石地带逃生。

（四）预防措施

每年7—8月是泥石流易发时段。不要在雨天或在连续阴雨的几天，甚至当天仍有雨的情况下进入山区沟谷。营地切忌建在沟床岸边、较低的阶地、河道拐弯的凹岸或者凸岸的地方。如果在泥石流冲击方向的下面有重要的野外设施，则移动起来比较费事，或者无法移动，最佳选择就是在山坡上段挖防水沟，使从山地向下流的水绕道。不可存在侥幸心理，而应采取正确的逃生方式。

三、山体滑坡

山体滑坡是指山体斜坡上某一部分岩土在重力作用下整体朝斜坡下方移动的现象。这种情况通常发生在山区，尤其是陡峭的斜坡上。滑坡发生时，斜坡上的岩土会以滑动面为界，分为滑动体和滑坡床两部分。滑动体的速度过快，可能导致泥石流等次生灾害的发生。

（一）求生方法

首先朝与滑坡垂直方向跑，跑不出去就躲在结实的障碍物下，抱住身边的树木等固定物体，注意保护好头部。滑坡停止后不可立即返回，切勿盲目施救，将滑坡体后缘的水排开；从滑坡体的侧面开始挖掘，先救人，后救物。

滑坡的原因可以归结为内在因素和外在因素。内在因素主要包括斜坡的岩土性质、地质构造、地貌特征以及水文条件等。这些因素决定了斜坡的稳定性，从而影响滑坡发生的可能性。外在因素主要包括地震、降雨、人为因素等。地震和大规模降雨是导致滑坡发生的最常见原因。此外，人类活动如开挖、堆载等也可能破坏斜坡的稳定性，引发滑坡。

（二）预防办法

（1）在选择露营或活动地点时，要避开可能发生滑坡的区域。注意观察山体的形状和地表，避开有裂缝、陡峭或植被稀少的地方。

（2）雨天是滑坡最容易发生的时期，尽量避免在雨天进入山区。如果必须在雨天进入山区，则要特别注意地面的变化，并随时准备寻找安全的地方避难。

（3）尽量与滑坡的边缘保持一定的距离，因为滑坡发生时，边缘是最先开始移动的地方。

（4）在可能发生滑坡的区域设置警戒线，并告知其他人员注意安全。

（5）携带应急工具，例如铲子、锤子、绳索等，这些工具可以在滑坡发生时用来挖掘、固定或救援。

（6）一旦发生滑坡，保持冷静是非常重要的。应迅速且安全地离开受影响的区域，并寻求高地或安全的地方避难。

（7）如果有人受伤或被困，应立即拨打求救电话，并保持冷静，等待救援。

采取以上措施，可以有效预防和应对山体滑坡，保障野外生存的安全。

四、崩塌

如果说山洪和泥石流是表亲，那么崩塌和山体滑坡就是孪生兄弟，它们同属于斜坡变形的破坏。崩塌是指陡坡上的岩体或者土体在重力作用下突然脱离山体，发生崩落、滚动，堆积在坡脚或沟谷的地质现象。这种地质现象也被称为崩落、垮塌或塌方。崩塌的堆积物被称为崩积物，也称为岩堆或倒石堆，由大小不等、零乱无序的岩块（土块）呈锥状堆积在坡脚。

按崩塌体的物质组成，崩塌可以分为两大类：一是产生在土体中的称为土崩；二是产生在岩体中的称为岩崩。当崩塌的规模巨大，涉及山体者，又俗称山崩；当崩塌产生在河流、湖泊或海岸上时，称为岸崩。根据运动形式，崩塌包括倾倒、坠落、垮塌等类型。

（一）崩塌的征兆

崩塌的前缘掉块、坠落，小崩小塌不断发生；崩塌的脚部出现新的破裂形迹，有异常气味；伴随岩石的撕裂摩擦错碎声；出现热、气、地下水质、水量等异常。

（二）求生方法

（1）崩塌发生时，如果身处崩塌影响范围外，路过时一定要绕行；

（2）当你在滑坡体中部无法逃离时，找一块坡度较缓的开阔地停留，一定不要和房屋、围墙、电线杆等靠得太近；

（3）如果处于崩塌体下方，迅速向两边逃生，越快越好；

（4）如果感觉地面震动，也应立即向两侧稳定地区逃离。

五、失温

失温一般指人体热量流失大于热量补给，从而造成人体核心区温度降低，并产生一系列寒战、迷茫、心肺功能衰竭等症状，甚至造成死亡的病症。这里所谓的人体核心区是指大脑和躯干内的心、肺等维持生命的主要器官，这一概念是相对于人体四肢和表层皮肤而言的。产热速度低于热量丧失速度，就会让体温逐渐降低。核心体温低于35℃时，就会导致器官功能的降低和异常。如果体温仍持续下降，就会引起死亡。

（一）失温症状

（1）在失温的初期，头痛、不安，肌肉和关节僵硬，皮肤苍白冰冷，心跳和呼吸频率加快，血压升高；

（2）中期时，心跳、呼吸减慢，心律失常，出现幻觉、寒战，拒绝救助，木僵和昏迷；

（3）后期，寒冷的心脏经受不起刺激，引起心脏室颤，最后心脏停搏，室颤致死。

（二）失温处理办法

（1）首先切记，抢救失温者不可急骤升温。

（2）让失温者不再暴露于寒冷中，如果有湿衣服，一定要及时换掉。

（3）有条件时，使用37℃的复温毯；条件不允许时，可以用衣物或睡袋对失温者进行包裹。

（4）对失温者的体外复温，应集中在对核心部位，四肢只需做好被动保暖，防止结冰即可。另外，回温时要用布包裹热水瓶，防止回温过快。

（5）对于严重失温者来说，在野外无法复温到正常状态，复温只能延迟死亡，因此必须将失温者立即转到医院救治。

（6）在搬运失温者的时候，也一定要小心，以免搬运过程中使失温者大量的冷血液从表皮回流到心脏，引起心率失调。

因此，在救助失温者时，最好的办法就是脱离低温环境和加强保温。

（三）预防措施

（1）在寒冷的野外，要尽量带足防寒衣物。记着戴手套，如果没有手套，可以把袜子戴在手上。

（2）保持衣服干燥。研究表明，衣服最保温的状态是干燥状态，潮湿会降低衣服的保温效果。完全湿透的衣服，其保温效果只有干燥时的15%。在雪地行进，一定要戴好雪套，否则雪会不断进入鞋子里，很快就会打湿鞋袜。要知道，脚在又湿又凉的鞋子里，不仅影响行进速度，损失身体热量，而且会引起风湿等病。在雪地活动，一定要保持鞋子里面的干爽。

（3）不要将衣服扎得过紧，尤其是鞋带、腕带。血液流通不畅是造成肢体冻伤的原因之一。

（4）头部保温。头部在没有保暖措施的情况下，大约可损失身体40%的热量。在寒冷的地方，戴好帽子十分必要。如果没有帽子或者帽子失落，要想办法找一块布裹住头部。

（5）利用油脂可以保温。在皮肤上涂抹油脂（甘油、动物脂肪等），可以在一定程度上预防冻伤。这只是一种权宜之计，并不是有效建议，因为油脂的防冻仅仅是“一定程度上”的。

（6）控制出汗。许多人都有一个误解，认为在寒冷中拼命运动，就能抵御寒冷，结果却事与愿违。因为过度运动会消耗体能，而体能又是出汗的重要能量；汗水能弄湿衣服，而潮湿的衣服又会降低保暖效果。如果你的野外活动必须出汗，那么一定要事先想好怎样弄干衣服，否则这样的活动应该重新考虑。

（7）除非有可靠的保暖措施，千万不要在寒冷的环境中睡着，否则很难再醒过来。

（8）经常活动手脚，并做复杂的面部表情动作，比如向黑暗中做鬼脸，可以避免面部被冻僵。

六、中暑

中暑是指在高温环境下，人体体温调节功能紊乱引起的急性中枢神经系统和循环系统功能障碍。具体来说，人体暴露在高温、高湿、暴晒或通风不良的环境中，可能会出现散热障碍，导致体内热量蓄积，进而引发中暑。过劳、睡眠不足、工作强度大是中暑的主要诱因，老人、儿童及有基础性慢性病者更容易发生中暑。

（一）诱发原因

高温、衣着不当、缺水、疲劳过度、工作时间过长、睡眠不好等都可能是中暑的主要原因。

（二）预防办法

合理安排户外活动时间，上午早出早归，下午晚出晚归，避开最热的中午时间出行，躲避烈日。夏季，我们的身体很难经受住4小时以上的太阳暴晒。我们要戴遮阳帽，戴太阳镜，涂抹防晒霜，并准备充足的水和饮料，少量多次饮用茶水、淡盐水及含盐分的食物。

（三）中暑表现

中暑的症状可以分为先兆中暑、轻症中暑和重症中暑三类。

先兆中暑症状：头痛、头晕、口渴、多汗、四肢无力发酸；注意力不集中、动作不协调等症状；体温正常或略有升高。如果及时转移到阴凉通风处，补充水和盐分，短时间内即可恢复。

轻症中暑症状：体温往往在38℃以上；除头晕、口渴外，往往有面色潮红、大量出汗、皮肤灼热等表现，或出现四肢湿冷、面色苍白、血压下降、脉搏加快等表现；如果及时处理，往往可于数小时内恢复。

重症中暑症状：热痉挛症，即大量出汗及口渴引发的肌肉痉挛；日射症，即直接在烈日暴晒下，引起脑细胞受损；热衰竭症，即常发生于年纪较大及一时未能适应炎热气候、脱水过多、缺少盐分的人；热射症，即高温环境中从事体力劳动的人。

（四）处理措施

1. 先兆中暑和轻症中暑的处理方法

（1）解开衣领，撤离高温环境，选择阴凉通风的地方休息；

（2）多饮用一些含盐分的清凉饮料；

（3）在额部、太阳穴涂抹清凉油、风油精等，或服用人丹、十滴水、藿香正气水等中药；

（4）如果出现血压降低、虚脱，应立即平卧，及时上医院静脉滴注盐水。

2. 重度中暑的处理方法

（1）移到阴凉处，让其平卧（或抬高下肢）；

（2）热痉挛时，牵伸痉挛肌肉使之缓解，并服用含盐清凉饮料；

（3）日射症时，头部用冰袋或冷水湿敷；

（4）衰竭时，服用含糖、盐饮料，用白酒或酒精摩擦皮肤，使皮肤血管扩张．加快热量的散发；

（5）热射症时，应迅速降温，如用冷水或冰水擦身（擦至皮肤发红），或在额、颈、腋下和腹股沟等处放置冰袋，也可用50%酒精擦浴；

（6）迅速送至医院。

七、紫外线

在户外运动中，紫外线的伤害也是比较常见的。紫外线的强度在不同的地方有一定的差异。在高原地区、臭氧层比较薄的区域，就比较强烈；在雪域，由于紫外线受到冰雪的反射，被吸收得少，因此会比其他地方强烈得多。紫外线对人体的伤害主要表现为晒伤和雪盲。它是一种不可见的光线，并具有杀菌消毒的作用，但是过量的紫外线照射对人体也有一定的危害。

（一）受害症状

紫外线对皮肤伤害主要表现为皮肤灼伤（红肿、起泡、脱皮）、皮肤息肉、局部开裂等。雪盲的主要症状是视力下降、眼睛干涩、畏光、红肿、流泪、角膜粗糙、角膜起泡、疼痛、晶状体浑浊等。

（二）处理方法

紫外线灼伤一般无须特殊治疗，防止继续伤害是关键。在野外，雪盲的治疗也以防止感染和恢复为主，防止继续受到伤害；使用抗生素（口服、滴眼液）；覆盖遮光（戴上眼罩）；不要因为眼睛痛痒而揉搓眼睛；戴隐形眼镜的，要摘掉。

（三）预防措施

（1）用衣服把暴露的皮肤包裹起来，可以遮挡一定的紫外线。遮盖效果要看服装的效果，一般来讲，有一定厚度、纤维致密的服装材料遮盖效果好。

（2）尽量戴有宽边的帽子。在有强烈紫外线的地方，手套也是必备品。

（3）如果皮肤非暴露不可，一定要用防晒用品。专业登山和冰雪地区活动一定使用专业防晒霜。20倍的防晒霜是指涂抹该产品在阳光下晒20小时，等于不使用防晒霜晒1小时受紫外线伤害度。

（4）防止发生雪盲的方法很简单，戴上登山眼镜是最简单、最有效的方法。登山眼镜有许多款式及种类，最主要的是过滤和反光两种：太阳镜一般是过滤紫外线的，好的太阳镜能够过滤掉90%的紫外线；偏振光眼镜不能过滤紫外线。

（5）如果事先没有预备护目镜，那么防止雪盲的方法只能是眯起眼睛，并在休息的时候闭上眼睛。

八、高原反应

高原反应亦称高原病、高山病，严格来说是高原病的一种分型。高原反应是指人体急速进入海拔3000m以上的高原，由于暴露于低压低氧环境后产生的各种不适，它是高原地区独有的常见病。人们把一系列高原反应所产生的不良机体变化，统称为高原病。高原病不仅影响人们在高原地区活动，而且影响人类的健康，甚至危及生命。

常见的症状有头痛、失眠、食欲减退、疲倦、呼吸困难等。头痛是最常见的症状，常为前额和双颞部跳痛，夜间或早晨起床时疼痛加重。肺通气增加如用口呼吸、轻度活动等可使头痛减轻。高原病根据发病急缓分为急性、慢性两大类，再根据低氧突出损害的器官系统进行临床分型。

（一）具体表现

（1）头部胀痛、头晕，有晕车的感觉。

（2）胸闷、呼吸急促、呼吸不均匀、咳嗽。

（3）食欲下降、恶心、呕吐。

（4）体虚乏力、平衡感降低。

（5）焦虑、烦躁、失眠，睡眠质量下降。

（6）肺水肿。体液渗入肺泡，使呼吸活动受到干扰，表现：咳嗽不停、乏力、呼吸急促、脉搏加快，并经常伴有胸部疼痛；听诊可辨有明显发泡声，如果情况严重，没有器械也能听到呼噜呼噜的肺内杂音。如果病情不能得到控制，患者会因为缺氧而出现嘴唇发紫、肢体发青、呼吸困难等症状，最后可能导致死亡。

（7）脑水肿。在高海拔状态下，脑血管会使脑组织中的组织液不断增加而发生肿胀，表现：头痛、恶心、强迫性呕吐、意识模糊，有酒醉的感觉；情况严重时，可出现肢体协调性下降、肌肉无力、偏瘫，甚至死亡。

（二）治疗方法

（1）下撤。对于严重的肺水肿、脑水肿患者，最妥善的方法就是下撤。如果是单纯的高原病而没有诱发其他感染，一般在下撤1000~2000m后，症状就会减轻。

（2）补氧。对患者补充氧气可以缓解症状。在高海拔地区，尤其是开展登山活动的地区，都有各种包装的氧气出售。一般的登山队都会在大本营准备氧气。

（3）高压氧。对于主动吸氧不解决问题或已经严重缺氧的患者，要使用高压氧舱。一般医院都可以进行高压氧治疗，现在已经有了便携式高压氧舱。

（4）药物治疗。对于脑水肿患者，必要时要通过药物进行治疗。一般静脉注射甘露醇可以有效治疗高原性脑水肿；口服乙酰唑安和激素类药物地塞米松也可以缓解脑水肿。

（三）预防措施

（1）在进行高山野外地质工作前，最好在计划里安排几天机动时间，以便在某个高度上有适应的时间。

（2）准备一些预防高原反应的药物并可以提前使用。

（3）循序渐进。在一般情况下，不要企图一口气征服一座高山，尤其是6000m以上的。在海拔3000~4000m的时候，每天攀登的高度不要超过1000m，而且越往上，这个高度应该越短。

（4）往返式登山。地质工作者一般都属于业余登山者，一般没有很快的高原适应能力，可以用往返前进的方法进行锻炼，例如，第一天上到5000m，第二天回到4000m或4500m，第三天上到5500~6000m，第四天回到5000m或5500m。

九、动物伤害的预防

在野外，地质工作者经常会和动物相遇。其实，动物比人类更希望“和平相处”。在大多数情况下，只要人类不去打扰动物，动物便不会主动攻击人类。只有当受到威胁时，动物才会向人类发起攻击，有的攻击是直接或间接致命的。

动物的防御器官有的是有毒的，有的是有细菌的，大型动物也可以造成人的机械损伤。防止动物伤害是基本前提，及时处理伤害是其次。即使地质工作者学会了以下一些方法，还是应该在回到居住地时积极就医。因为遭受动物伤害有时并不会立刻发病，而是有一定的“潜伏期”。

（一）蝎子

人被蝎子蜇刺后，疼痛难忍，并伴随局部或全身中毒，多处被蜇刺甚至有生命危险。

1. 中毒症状

（1）伤口剧痛，局部红肿、水疱、血疱、组织坏死；

（2）2小时许，烦躁、出汗、流口水、气喘、恶心，甚至呕吐；

（3）多处蜇刺者可出现呼吸困难、昏迷，严重者可因呼吸麻痹而死亡。

2. 处理方法

（1）用3%的氨水泡洗患处；

（2）拔出毒刺，用肥皂清洗伤口；

（3）包扎肢体，防止毒素扩散；

（4）蛇药片溶解涂抹患处；

（5）大青叶、半边莲捣烂外敷；

（6）去医院就诊。

3. 预防措施

（1）不要赤手在缝隙或石块下摸索；

（2）放在营地地面的服装、鞋帽，要检查后再穿；

（3）帐篷离地面较近处的拉锁要拉好；

（4）晚间半睡半醒感觉有东西在自己身上爬时，千万不要用手去捉，要慢慢调整身体，在弄清楚是什么东西后，要么一下子迅速抖掉，要么静止不动等其自己爬走。

（二）蜈蚣

蜈蚣属夜行性动物，其毒腺虽然不能致命，但会令人疼痛难忍。

1. 中毒症状

（1）局部红肿，疼痛；

（2）严重者出现眩晕、恶心、呕吐、发热等症状；

（3）治疗不及时可发生局部组织坏死。

2. 预防措施

蜈蚣的预防措施与蝎子的预防措施相同。

3. 处理方法

（1）蜈蚣毒素属酸性，可用一切碱性液体（如肥皂水、石灰水、氨水等）中和涂抹患处；

（2）明矾调匀涂于患处；

（3）蛇舌草捣烂外敷；
（4）蛇药片溶化外敷。

（三）跳蚤

跳蚤深褐色，体小，不易捕捉。叮咬人体后，可引起皮肤丘状红肿，且丘状红肿常常连片，奇痒无比。

1. 处理方法

（1）碱性液体（如肥皂水、石灰水、氨水等）涂抹叮咬处，止痒处理；
（2）龙葵捣烂涂抹可消肿。

2. 预防措施

（1）跳蚤常常寄生于其他哺乳动物的体毛中，与动物接触时要注意。
（2）跳蚤喜欢在开阔处跳跃，喜欢在隐蔽处钻着。在有跳蚤的地方宿营尽量少穿衣服。怀疑身上有跳蚤时，应尽量大范围地抖动衣服。

（四）蜱虫

蜱虫属蛛形纲，大多褐色，森林中、草地上比较常见。

1. 受害症状

（1）皮肤局部红肿、溃疡；
（2）可以传播森林脑炎，并有一定的潜伏期。

2.预防措施

（1）穿越森林后，要及时检查；
（2）穿越森林前，将领口、袖口等及时包扎；
（3）避免晃动树枝。

3. 处理方法

（1）发现被叮咬后，不要直接拽下，应先在其身上轻轻拍打，随后向前轻轻提起，如皮肤中有残留物，应及时取出；
（2）用手在叮咬伤口处挤出一些血；
（3）向医生咨询，注射疫苗。

（五）蜘蛛

蜘蛛一般不伤人，当受到惊吓时，出于自卫可咬伤人的皮肤，将含有神经毒素的毒汁注入人体，而引起人体中毒。

1. 受害症状

（1）微毒蜘蛛咬伤可引起局部红肿，有少量血迹；

（2）毒蜘蛛咬伤出现局部皮肤变形，逐渐坏死；

（3）剧毒蜘蛛咬伤除局部症状外，可引发全身症状，如发烧、寒战、呕吐、皮肤过敏等。

2. 处理方法

（1）局部消炎处理；

（2）根据情况口服或注射解毒消炎药物。

3. 预防措施

（1）当蜘蛛爬到人身上时，不要用手抓，可用小棒挑开；

（2）不要徒手在缝隙中、屋檐下、树洞里摸索；

（3）脱下的鞋子、衣服经检查后再穿上。

（六）蚊虫

蚊子大家都比较熟悉，在炎热潮湿的夏季尤为常见。

1. 处理方法

（1）蚊虫唾液腺为酸性，可用肥皂水、苏打水等碱性液体涂抹处理；

（2）涂抹蚊虫叮咬药水；

（3）车前草捣烂外敷可止痒。

2. 预防措施

（1）在没有任何防护措施的野外环境中，用泥浆涂抹身体裸露部分可防蚊虫叮咬；

（2）艾蒿、熏蚊草等有芳香气味的植物可放在篝火上，形成的烟雾可驱赶蚊虫；

（3）有蚊虫的季节去野外前，应注射乙脑疫苗；

（4）香水对蚊虫有一定的驱赶作用，但效果不显著；

（5）宿营时远离死水池塘，睡觉前检查帐篷；

（6）进入草丛时，应尽量少暴露体表。

（七）蚂蚁

蚂蚁一般不会主动攻击人类，普通蚂蚁没有毒素。

1. 受害症状

（1）局部瘙痒，丘状红疹，偶尔有刺痛；

（2）个别出现过敏反应，表现为全身发红、瘙痒；

（3）皮肤出现破损、感染，严重可引起局部坏死。

2. 处理方法

（1）一般没有毒素的话，常规消炎处理即可，轻微咬伤可不理会；

（2）皮肤破损者，在清洗后应该进行简单包扎；

（3）马齿苋捣烂外敷可缓解疼痛和消肿。

3. 预防措施

（1）不要堵塞蚂蚁的必经之路；

（2）不要在蚁巢附近搭营或休息；

（3）不要将食物碎屑留在自己周围；

（4）蚂蚁不仅生活在地面，而且许多种类都有上树的习惯，靠在树干上休息时也应注意预防蚂蚁叮咬。

（八）毛虫类

很多人对毛虫类动物还是比较反感的，虽然它们看起来较为弱小。

1. 受害症状

（1）引起局部皮肤发痒、刺痛、红肿；

（2）引起全身过敏反应；

（3）大面积刺伤可引起荨麻疹、关节炎等。

2. 预防措施

（1）在野外尽量穿长袖衣服；

（2）工作时戴上手套；

（3）果树上毛虫多，采集野果时要注意观察。

3. 处理方法

（1）将黏胶带或医用橡皮膏贴在被刺部位，然后拉下，可以拔出毒毛；

（2）在亮光处，找视力好的人一一拔出；

（3）用塑料袋装水，刺一个小孔，挤压塑料袋形成急水流，可冲掉毛刺；

（4）有过敏现象的话，可口服扑尔敏等抗过敏药物，不能用手乱搓。

（九）蜂类

蜂类一般分为胡蜂科和蜜蜂科两类，其中胡蜂科就是我们常说的马蜂。一旦被蜂蜇刺了，则症状为皮肤局部红肿、发热、剧痛等，5~7天后逐渐消退；严重者出现头晕、眼花、气喘等症状；多处的大面积蜇刺可引起过敏性休克，并导致死亡。

1. 马蜂和蜜蜂的区别

（1）首先是外形不同：蜜蜂体型短圆，黄褐色或黑褐色绒毛，腰部不明显；马蜂体型细长，黑黄棕相间或单一色，腰部明显。

（2）食性不同：蜜蜂以花粉和花蜜为食；马蜂是杂食性昆虫，以蛾、蝶等鳞翅目昆虫及花蜜、果实为食。

（3）巢质不同：蜜蜂以工蜂分泌的蜂蜡修筑蜂巢，马蜂以工蜂咀嚼干燥植物并混以分泌物加工的类似纸浆材料筑巢。

（4）性情不同：蜜蜂相对温驯；马蜂性情暴躁，具有强烈护巢本能，有较强的领域意识。

其实，蜜蜂和马蜂最显著的区别是蜜蜂能采蜜和酿蜜，马蜂则是典型的捕食性昆虫。事实上，蜜蜂还是马蜂食谱上的重要成员，尤其是在食物匮乏的季节，马蜂往往结队攻击蜜蜂。

2. 蜇刺后的处理方法

（1）千万不要挤压，以免毒液扩散。

（2）认真检查患处，看是否有蜇刺留在皮肤内，若有，应及时用针挑出。

（3）判断是什么蜂蜇刺的：马蜂毒属于碱性，用酸性液体（食醋）冲洗；蜜蜂毒属于酸性，用碱性液体（肥皂水）冲洗。

（4）情况严重的需及时就医。

3. 预防措施

（1）切勿主动捅马蜂窝，蜂类不会主动攻击，因为蜇刺后就意味着自己的死亡，所以要远离蜂巢；

（2）当大群蜂类攻击时，应用厚衣服包裹外露皮肤；

（3）蜂类落到你身上，不要害怕和拍打，不久它会自行离开；

（4）如遇攻击，则用火、烟驱赶。

（十）蛇

在野外活动中，我们最不想碰到的动物之一就是蛇。蛇一般分为有毒和无毒，两者具有明显的差异，从头型、颜色以及颈部变化能够很好区分（见表4），但是不管是有毒还是无毒，最好不要让它咬到。

表4–1　毒蛇和无毒蛇的比较

类型	毒蛇	无毒蛇
头型	三角形、心形	类似圆形
尾型	突然变细	逐渐变细
体色	鲜艳，常具纹、斑	暗斑，斑纹不显著
显著变化	颈部：可竖立，有变化 攻击性：较强	颈部：不竖立，无变化 攻击性：较差

1. 受害症状

（1）神经类毒蛇咬伤：伤口无红肿现象，稍感疼痛，反应麻木；但很快出现头晕、发汗、胸闷、视觉模糊、低血压、昏迷，最后因呼吸麻痹而死亡。

（2）被血液毒素毒蛇咬伤：伤口剧烈疼痛，有灼烧感，并伴有局部肿胀、水疱、发热、流鼻血、尿血、吐血等症状，最后休克、循环衰竭导致死亡。

（3）混合毒液毒蛇咬伤：上述两种症状都可能出现，最后导致注意力下降。

2. 处理方法

（1）判断。被咬后，首先确定是否毒蛇咬伤。若确定，马上让受伤者安静下来，因为过多的活动会导致毒液迅速扩散。

（2）包扎。包扎伤口近心脏方向的一端，阻止毒液扩散。包扎部位一般为：手指，包扎手指根；手掌，包扎手腕；小臂，包扎肘关节附近；足部，包扎脚腕；小腿，包扎膝关节。

（3）冲洗伤口。用清水反复冲洗伤口，任血液外流。

（4）排出毒素。想尽一切办法排出毒液。

（5）药物。现在市场上有专门的蛇药出售，分为内服和外敷，药品包装上有详细的使用说明。

（6）及时送医院就诊。

3. 预防措施

（1）了解毒蛇栖息地：蛇类是变温动物，它们喜欢选择较高或草丛开阔处作为栖息地。它们的主要食物是蛙类、鸟类、鼠类，所以有这些动物的地方要小心。蛇类耐饥饿但不耐干渴，所以水源附近的石丛中也要多加注意。

（2）了解蛇类习性：蛇类对静止的东西不敏感，喜欢攻击活动的物体。如果遇到毒蛇，保持镇静，原地不动，毒蛇便会自行离开。在毒蛇比较多的地区，注意不要踩到蛇。

（3）在多蛇地区，找一根木棒，一边走路，一边在身体前方用木棍扫打草丛，一般蛇会跑开。

（4）对于蟒蛇：主要是防止被它缠绕，在一般情况下，人不过分靠近蟒蛇是不会被伤害的。

（十一）狼

狼与狗很相似，但尾巴不上翘。单个的狼害怕人类，但遇到狼群就很麻烦了。野外与狼相遇，应对措施如下：

（1）狼比较谨慎，即使要攻击人类，也不会马上动手，这是最好的离开时机。

（2）如果不能离开，必须学会与狼周旋。最好的方法就是让狼不断感到稀奇。如果有几个人在一起，就唱歌、跳舞、拍手、走动，别忘了观察狼的动静，同时收集一切可以燃烧的东西点燃。

（3）当受到狼的攻击时，瞅准机会击打狼最不扛打的鼻子和小腹。当手臂被咬住时，若向外拉，则狼咬得更紧；若往里塞，它反而要吐出来。

（4）与单个狼搏斗时，最安全的是把一只胳膊伸在狼嘴里，用两脚和另一只手臂来击打狼的薄弱部位。最危险的是人在前面跑，狼在后面追。

（5）如果有武器，先打死坐在旁边观望的那只体积较大的狼。

（6）发现有狼痕迹的地方，不要在那里过夜或夜间穿越。

（十二）熊

虽然野生环境里的熊不常见，但人们一般都知道熊长什么样。野外遇到熊时，应对措施如下：

（1）与熊相遇，要想怎么逃跑，别指望与熊徒手搏斗能够获胜，尤其是发怒的熊；

（2）要根据粪便、足迹等情况尽量提前判断是否有熊；

（3）熊不怕火，但怕没有听过的声音，想办法弄出各种各样的声音也许会吓跑熊。

（十三）野猪

野猪一般不会主动攻击人类。与人相遇时，只要人们不去骚扰它们，它们都会先走开；但在被人类逼得无退路时，和幼崽在一起时，进食、饮水受到干扰和惊吓时，它们通常会向人类发起攻击。野外遇到野猪时，应对措施如下：

（1）不要离野猪太近；

（2）野猪晚上比白天兴奋，最好不在野猪出没的地方过夜；

（3）野猪看见你时，可能会打量你几分钟，不要害怕，它马上就会走开；

（4）野猪待过的地方往往有许多压倒的植物，地面也不整齐，还有不规则形状的排泄物，这是它们熟悉的地方，人们尽量不要在此处活动；

（5）野猪的幼崽不会离猪妈妈太远，所以不要靠近它们。

第五章

定向运动基本知识

第一节　定向运动概述

一、定向运动概念

1. 什么是定向运动?

定向运动(Orienteering)其原意是，借助地图和指北针穿越未知地带，又称“指北针运动”(Compasssports)、“识图越野”(Map Cross-country)等。国际定向运动联合会将定向运动定义为，参赛者借助地图和指北针，在尽可能短的时间内徒步到访若干个标志(检查点)的体育运动。因“指北针运动”较通俗易懂，同篮球、排球、自行车运动等现代奥运项目的名称体系一脉相传，所以越来越多的人称其为“指北针运动”。不管称“定向运动”，还是“指北针运动”，作为一项识别方向、认识和使用地图的体育活动，人们在走进大自然参与任何户外运动时，只有学会识别方向、认识和使用地图的技能，才不会迷路。因此，定向运动又被称为“户外运动之母”。

国际定向联合会徒步定向标志

2. 定向运动的起源与发展

19世纪末、20世纪初，欧洲北部斯堪的纳维亚半岛广阔而崎岖的土地上覆盖着一望无际的森林，散布着无数的湖泊。城镇、村庄稀疏散落，人们的交通主要是依靠那些隐现在林中湖畔的弯弯曲曲的小路。在这样的地理环境中生活，理所当然地要比别的地方更需要地图和指北针，否则要想穿越那莽莽林海是十分困难的。因此，那些最经常在斯堪的纳维亚半岛山林中行动的人——军人，便成了开展定向运动的先驱。他们知道如果不具备在山林地辨别方向、选择道路和越野行进的能力，就不能完成保卫国家的重任。因此，定向运动最初只是一项军事体育活动，起源于瑞典，“Orienteering”一词在 1886年首次使用。

1918年，瑞典一位名叫吉兰特（Maijor Ernst Killander）的童子军领袖组织了一次叫作“寻宝游戏”的活动，引起参加者的极大兴趣，这便是定向运动的雏形。在瑞典，定向运动是所有学校学生和军人必学的重要教育和训练课程。继1919年在斯德哥尔摩南部Nacka的丛林中举行了第一次正式的定向运动比赛后，至今已有100多年的历史。

定向运动作为一个独立的体育项目开展是从20世纪初在北欧开始的。到20世纪30年代已在芬兰、挪威、瑞典、丹麦立足。1932 年举行了第一次世界定向运动比赛。1961年，国际定向联合会（IOF）在丹麦哥本哈根成立。国际定向联合会是世界定向运动的行政实体，是国际体育联合会总会之一。定向运动也是国际承认的奥林匹克体育项目。目前，国际上著名的定向赛事主要有瑞典五日、世界定向锦标赛、世界滑雪定向锦标赛、定向世界杯赛、滑雪定向世界杯赛等。

第一届世界定向锦标赛于1966年在芬兰举行，世界定向锦标赛开始时仅进行个人赛和接力比赛。1991年，短距离成为在芬兰举行的世锦赛的正式比赛项目。2001年，在芬兰举行的世锦赛上增加了超短距离项目。

3. 定向运动在我国的发展

70年代，定向运动传入中国香港。

80年代，首先在广东地区开展，中国人民解放军体育学院开展了首次比赛。

1992年，我国以中国定向运动委员会名义加入IOF，1995年更名为中国定向协会。

1996年，举办首届全国定向锦标赛。

2002年，首届全国学生定向锦标赛。

2003 年，中国学生定向协会成立。

2004年，中国定向协会成立。

2018年，与中国无线电运动协会合并，更名为中国无线电和定向运动协会。

我国的定向赛事主要有:全国定向锦标赛、全国青少年定向锦标赛。

4. 定向运动分类

按不同行进模式，定向运动可分为徒步定向、自行车定向、滑雪定向等。其中，普及率最高的是徒步定向。今天定向运动已成为徒步定向运动的代名词，本节“定向运动”如果没有特别说明，是指“徒步定向运动”。

（1）徒步定向：越野定向、公园定向、接力定向、夜间定向等。

（2）工具定向：滑雪定向、山地车定向、残疾人定向。

二、定向运动的特点与价值

世界定向锦标赛前冠军奥尔森说过：“定向比赛，就好比一个人在同时进行马拉松和国际象棋比赛。”定向运动是一项集智能、体能于一体的智能型体育运动项目，是智力与体力并重的运动。它不仅能强健体魄，而且能培养人独立思考、独立解决所遇到困难的能力，以及在体力和智力受到压力下迅速做出反应、果断决定的能力。

（一）定向运动的特点

1. 运动性与竞争性

定向运动是在大自然中借助地图和指北针进行长距离的识图越野跑，是一种体育锻炼活动，具有运动性的特点。定向运动从最初的军事活动演变至现在的比赛活动，具有规则、胜负和名次等较强的竞技性。定向比赛成败的关键在于识别地图、使用地图、方向辨别和奔跑能力等方面。这不仅是体力和专项技术的竞争，也是智力和决断能力的竞争。正是这种运动性赋予了定向运动的竞争性，激烈的竞争性刺激着人们对这项运动的向往和追求，使更多的人参与到这项运动的训练和比赛中。

2. 游戏性与趣味性

定向运动具有明显的游戏性，如寻找点标、运动线路的选择等。有游戏活动就会带有浓厚的趣味性和娱乐性。定向运动的比赛环境与比赛方式，更能激发比赛或活动的趣味性，提高人们参与的积极性。定向运动比单纯的步行或跑步更能提高参赛者的兴趣，比赛是在校园、公园或野外进行，使定向运动具有很强的趣味性特点。

3. 知识性与军事性

定向运动是一项很好的开发青少年智力的运动，要有地理学、测绘学、逻辑学、数学等相关知识以及运用这些知识的能力。定向运动的广泛开展，可以为普及认识地图和使用地图打下良好的基础，并能够疏解学生的学习压力，丰富地理知识，培养野外活动和生存能力。

定向运动中的定向越野最早是军队的军事训练内容，有助于各项侦察、搜救任务、行军、作战的完成。

4. 广泛性与群众性

定向运动是一项群众性体育项目，参加群体非常广泛。定向运动的比赛可根据不同性别、年龄分为不同的组别，场地可难可易，距离也可近可远。因此，男女老幼都能成为这项运动的参加者和爱好者。

（二）定向运动的价值

定向运动集智力、体力、意志力、判断力、团队训练于一体，智力与体育并重，智慧与健康同在，娱乐性与实用性兼备，是一项风靡全世界的户外体育运动项目。它把人们带向户外、亲近自然。定向运动让人们在奔跑中感悟生命、享受生活，体现了在运动中不断追求自由的精神。人生就像一条跌宕起伏的曲线之路，在生活中主动追求，是一种积极的人生态度。

1. 体育价值

（1）发展有氧耐力、协调、灵敏等素质。定向运动是在大自然中借助地图和指北针进行长距离的识图越野跑，对发展人的有氧耐力、协调、灵敏有着独特的作用，特别是对提高人体耐力素质有很好的作用。定向运动是一种以中、长距离的间歇跑的形式完成的，比赛训练过程中既体现中长跑的耐力，也有中距离跑的速度，环境不断变换。在丛林、山地、田野、草原、沙滩、溪流、湖泊等野外环境中奔跑，会遇到树木、沟渠等外界障碍，这就要求参与者在进行长跑的同时，还要穿越森林、跳越沟坎、翻越山岭等，迅速接近点标，完成打卡后快速离开，有氧与无氧运动相结合，提高人体心肺功能。

（2）增强心理素质。定向运动能促进参与者心理健康的发展。定向运动中要求参加者独立寻找点标，在运动中如何确定寻找的路线和对地图、地形的判定，都是参与者独立完成的。找不到点标容易让人产生焦虑、怀疑等不良的心理状况。因此，经常参加定向越野比赛和训练，可以培养参加者对外界事物的观察力、独立思考能力、分析判断能力、快速反应能力和果断处理问题的能力，以及遇到困难时沉着、冷静、果断、勇敢的心理素质。

2. 智育价值

（1）识别方向使用地图能力。参与定向运动需要掌握识别方向、认识和使用地图的能力，这也是定向运动的核心教育价值。定向运动要求参与者具有一定的地理学相关知识，能够准确判断方位，并能根据地图标识判定和选择行进路线等技能，同时要具有一定的野外生存的知识和技能。在大自然中识别方向、认识和使用地图，可以很好地拓展人们的空间思维。在野外更需要掌握这项技能，这就同时赋予了定向运动的国防教育价值。定向运动是一项非常重要的世界军事体育项目，拥有自己的世界锦标赛。

（2）培养哲学思维和应变能力。在进行定向运动时总是带着三个问题："我在地图上的哪个位置，我要去哪，怎么去呢。""我在哪，我要去哪，怎么去"是人生基本的哲学思维习惯，因此参与定向运动可以帮助人们养成人生基本的哲学思维习惯。

（3）定向运动是体能与智能并重的体育运动项目。比赛是参与者知识和技能的综合表现，在短时间内的分析、判断、应变能力，是取得胜利的关键因素。不断的训练和比赛不仅可以增长和培养学生自然、地理、军事等相关学科基本知识和在实践中应用知识的能力，而且能够培养学生独立分析解决问题的应变能力与快速反应能力以及良好的逻辑思维能力。

3. 德育价值

（1）磨炼顽强的意志。参加定向运动不仅对提高野外判定方向的能力及学习使用地图有好处，还能够培养积极上进和坚韧不拔的顽强精神，提高人的智力、体力水平。定向运动的外界条件选择可以是多种多样的。为了使参加者的心理素质得到较全面的锻炼，定向运动比赛可以安排在酷热的夏季或严寒的冬季，可以选择在恶劣的条件或环境中进行，增加负荷量，从而磨炼参加者的意志与耐力。

（2）培养团队精神。定向运动尤其是团体定向，可以很好地培养学生的合作能力和团队互助精神，增进交往，调节情绪。这对于当前高校学生缺乏合作、实践和创新精神方面有着较高的培养价值，在提高学生全面素质、培养综合能力方面都具有积极作用。

4. 美育价值

定向运动是一项在野外进行的自然环境体育项目，让人们走进大自然、亲近大自然、享受大自然，在大自然中陶冶情操；教会人们在大自然中把握自己行为，遵守郊外运动守则，热爱自然、爱护自然，培养人们保护自然、建设美丽家园的意识。

第二节　定向运动器材

一、指北针

1. 指北针的概念

指北针又称指南针，古代叫司南，主要组成部分是一根装在轴上的磁针，磁针在天然地磁场的作用下可以自由转动并保持在磁子午线的切线方向上。磁针的北极指向地磁的磁南极（S），磁针的南极指向地磁的磁北极（N）。地磁的磁南极（S）大致指向地理北极附近，磁北极（N）大致指向地理南极附近，利用这一性能可以辨别方向。指北针或指南针指针的一端标为红色或橙色，表示重点突出：标有红色或橙色一端指向北方的称为指北针；标有红色或橙色一端指向南方的称为指南针。目前，市场上绝大部分标有红色或橙色一端都是指向北方，因此这些都称为指北针。

2. 指北针的起源

在我国古代称为指南针，是因为我国古代的时候是通过北极星来分辨方向的，而发明指南针是为了在没有星星的夜晚分辨方向。指南针的前身是司南，而司南的柄勺部分也确实是指向南方的。后来发明的指北针，是根据磁场来判断方向的，会指向北方，它的用途和司南是一样的，而且找到北方就会知道南方。因此，为了更方便记忆就称其为指南针。在我国古代南为阳，北为阴，以阳为尊，大多数建筑坐北朝南，我国称指南针也是对传统的延续。

司南

3. 指北针的类型与结构

（1）定向运动指北针的类型。常见的定向运动指北针包括两种类型：制图员指北针、运动员指北针（又称拇指指北针）。运动员指北针又包括适合专业人群使用的专业级指北针和适合初学者使用的入门级指北针。

（2）定向运动指北针的结构。刻度盘指北针主要由透明的基板、托架在基板上的充液磁针盒及刻度盘组成。在基板上刻有行进方向线，用来指出目标检查点的方位。磁针盒底部刻有磁北标定线，用来方便运动员指北针标定地图和确定行进方向。

4. 指北针的使用

在定向运动中，指北针的主要用途是标定地图和确定行进方向。当指北针的磁针静止后，其N端（通常都有标志）所指的方向即为北方。

（1）指北针的持握方法。指北针的持握方法是，读图时用指北针前端右侧顶角压在自己当前的位置附近，水平持握地图于身体前面正中的位置，高与腹齐，行进方向线与身体正中线平行或重叠指向身体正前方。

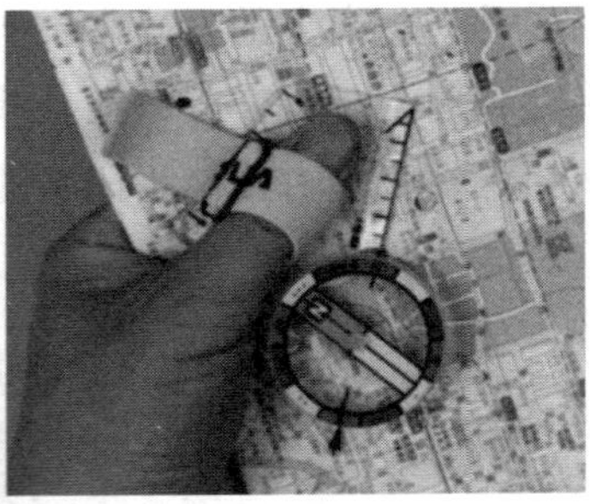

（2）指北针使用注意问题。利用指北针辨别方向是十分简便快捷的，但是需要注意：

①等指北针稳定后并尽量保持指北针水平再确定方向；

②不要距离铁、高压电线等磁性物质太近；

③不要错将磁针的南端当作北方，造成180° 的方向误判。

二、点标旗

点标旗是一种设置在检查点特征上或检查点特征旁用来标示检查点的标识。国际定向联合会规则采用由三个规格为30 cm × 30 cm的正方形构成的空心三棱形标志作为点标旗，每个正方形沿对角线划分为左上部的白色和右下部的橙色。

三、打卡器

打卡器是设置在点标旗旁用来供参赛者打卡取得寻访记录的设备。正式比赛必须同时配置电子打卡和机械打卡系统，机械打卡系统作为备用系统。

四、定向运动地图

1. 地图概述

地图是按照一定法则，有选择地以二维或多维形式与手段在平面或球面上表示地球（或其他星球）若干现象的图形或图像，它具有严格的数学基础、符号系统、文字注记，并能用地图概括原则，科学地反映出自然和社会经济现象的分布特征及相互关系。现阶段地图的定义：以一定的数学法则（模式化）、符号化、抽象化反映客观实际的形象符号模型或图形数学模型。地图是根据一定的数学法则，将地球（或其他星体）上的自然和人文现象，使用地图语言，通过制图综合，缩小反映在平面上，反映各种现象的空间分布、组合、联系、数量和质量特征及其在时间中的发展变化。

2. 定向运动的地图

定向地图是定向运动所使用的地图，是地形图的一种，提供极为详尽的地表资讯，作为定向选手在比赛过程中定位与导航的依据。定向运动的地图是一种附加了地面阻碍或妨碍通行度和通视度信息的、用磁北方向线确定地图南北向的详细大比例尺专用地图。为了能为高速奔跑中的参与者导航提供帮助，定向地图强调在确保清晰易读的前提下，详细描述所有可能影响读图、路线选择及对导航有重要意义的特征与属性，特别是强调描述奔跑中可能观察到的明显特征、阻碍通行度和通视度的特征。

定向地图比传统地形图包含更多的资讯，并使用一套标准符号绘制，让使用任何语言的人都可以了解。除以等高线表示地形的起伏外，地图还包含森林密度、水文资讯、空旷地、小径、道路、土堤、石墙、冲沟、渠道、井、坑、围篱、输电线、人造物、建筑、大石与其他地表上的资讯。

3. 地图上的符号

（1）比例尺。

①比例尺的概念：表示图上一条线段的长度与地面相应线段的实际长度之比。

地图比例尺＝图上距离/实地距离。如某幅图上长为1cm，相应实地的水平距离为10000cm，则这幅地图是将实地缩小到1/10000测制的，1与10000之比就是该图比例尺，叫1：10000或1：1万地图。

比例尺1：1000，说明地图上的1cm=实际地形上的1000cm（10m）

1：3000　　3000cm（30m）

1：5000　　5000cm（50m）

1：10000　　10000cm（100m）

森林定向图的比例尺一般为1：10000，公园定向图比例尺一般为1：5000。

②地图比例尺的大小：比例尺大小决定了地图内容表示的详细程度和地图测量的精度。一般来讲，大比例尺地图，内容详细，几何精度高，可用于图上测量。小比例尺地图，内容概括性强，不宜进行图上测量。地图的比例尺越大，地图测量的精度越高。比例尺有三种表示方法：数值比例尺，如1：10000；文字比例尺，如万分之一；图示比例尺（见下图）。

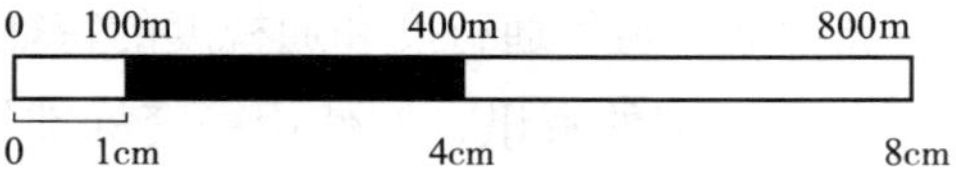

图示比例尺1：10000

定向地图的比例尺通常在1：500~1：15000。比例尺的选择主要取决于运动项目类型、参赛者的年龄和使用领域。如百米定向地图比例尺通常为1：1000~1：500。长距离赛地图比例尺通常为1：10000或1：15000。中小学生定向教学校园地图比例尺通常从

1：2000开始，然后逐步减小。

③比例尺的特点 。

——比例尺是一种没有单位的比值，相比的两个量的单位必须相同，单位不同不能成比。

——比例尺的大小是按比值的大小衡量的。比值的大小可按比例尺分母来确定，分母小则比值大，比例尺大；分母大则比值小，比例尺小。如1：1万大于1：1.5万，1：25万小于1：1万。

——一幅地图，当图幅面积一定时，比例尺越大，其包括的实地范围就越小，图上显示的内容就越详细；比例尺越小，图幅包括的实地范围就越大，图上显示的内容就越简略。

——比例尺越大，图上量测的精度越高；比例尺越小，图上量测的精度越低。

（2）地图方向。全世界的地图的方向都是统一的。上北下南左西右东。在古代，世界各地的地图方向却是不一样的。国家基本地形图用地理坐标定向，以北极为北；定向地图则用磁北方向线来确定地图的南北，以磁北极为北。

（3）定向地图符号颜色。定向地图用符号结合颜色来表达地物和地貌等特征，定向地图符号可以用颜色、形状和性质进行分类。同其他地形图一样，定向地图也要求完整而详细地表示地貌、水系、建筑物、道路、植被和境界。

定向地图的基本内容包括两个元素：地图元素和赛事元素。根据定向比赛的特殊需要，定向地图上可以有七种颜色，其中六种颜色用于表达地理要素和技术符号，而剩下的一种颜色——紫色用于表达路线，属于定向地图的赛事元素。六种颜色的各种符号可表达出复杂的地物和地貌。

①蓝色：表达与水有关的特征，如水系与淤泥地（沼泽地）。这类符号包括露天的明水系和水生或沼泽生的植物，有时技术符号磁北线等也用蓝色表达。

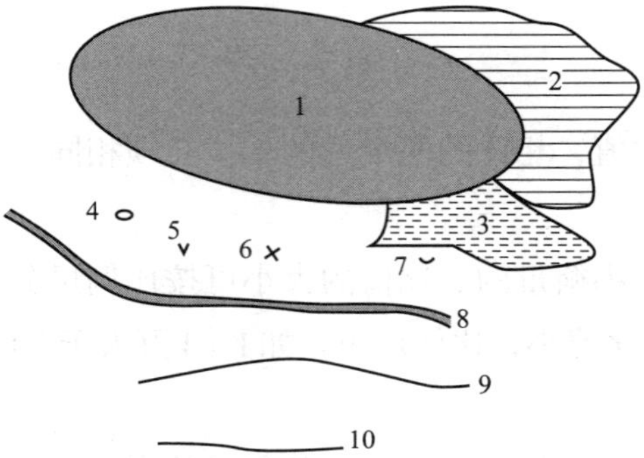

图注：
1—湖泊，开阔水域
2—沼泽地
3—浅沼泽地，季节性沼泽地
4—井
5—水坑
6—室外灭火用的特殊水体
7—喷泉
8—河流
9—小溪
10—小河

②黄色：表达植被，及空旷的地域，重点体现区域的视野开阔性即通视度。

③绿色：表达植被，用空白或黄色和绿色表示。绿色颜色的深浅体现区域植被的可跑程度即植被的通行程度。颜色越浅，通行程度越好，直至白色代表可跑树林；颜色越深，通行程度越差，直至深绿色代表不可通行，或黄绿色代表私家居住地禁入区域。植被情况的详细区分和全面表示非常重要。植被是按下列基本原则表示的。

植被			
黄色		绿色	
	空旷地； 杂草空旷地		慢跑植被； 慢行植被； 难通行植被
	稀树空旷地； 稀树灌木丛地		单向可通行
	杂草稀树空地； 杂草稀树灌木丛地		可视性高的慢跑低矮灌木丛； 可视性高的难跑低矮灌木丛
	葡萄园		不可通行植被
	耕地		突出树； 一般树木、独立灌木丛

· 白色（空白）：指一般性起伏地上的树林的密度适度，地面上无阻碍行进的灌木或杂草丛，可以按正常速度奔跑的地区。

· 黄色：空旷的地域，分为空旷地、半空旷地及凌乱的空旷地。

· 绿色：树林中密度较大的地区。

按可跑性（取决于树林的生态，如树种、密度及矮树、草丛、蕨类、荆棘、荨麻等的生长情况）分为以下三种。

· 慢跑：使正常跑速降低20%~50%。

· 难跑：使正常跑速降低50%~80%。

· 通行困难：使正常跑速降低80%~100%。

④灰色：表达露岩地、房屋及房屋中的通道等地物特征。

⑤黑色：表达岩石和石头、人造地物及技术符号磁北线和套印标记等，包括各种道路、房屋、栅栏、境界等地图符号。岩石与石块是地貌的特殊形式，它们既可为读图与确定点位提供有用的参照，又可向运动员表明是危险还是可奔跑通行的情况。为使它们明显地区别于其他地貌符号，这类符号使用了黑色。

⑥棕色：表达地貌和人工铺筑的地表等。这类符号还包括小丘、小洼地、土崖、冲沟、陡坡、土垣等表示地面详细形态的专门符号。

⑦紫色：表达路线等，是套印符号，属于定向地图的赛事元素符号。

（4）定向地图符号的形状。定向地图中使用的符号按照形状分为点状符号、线状符号、面状符号、涣面状符号四种类型，分别用于表示相应的地物和地貌。

①点状符号：用于表示实地中必须表示出来的具有突出意义的独立特征，如独立树、山洞等。独立特征通常形态较小，无法依比例尺表示，只能用规定的点状符号以夸大的形式表示出来。因此，点状符号是不依附于比例尺的符号，只能表示特征的位置、性质和概略分类等级，大小形状和比例尺没有关系，如石头和巨石。实地中，特征的具体位置在点状符号的重心位置。

②线状符号：用于表示实地中的线状特征，如道路、围栏、陡崖、输电线等线状特征，通常宽度较窄，无法依比例尺表示，只能以夸大的形式表示出来。因此，线状符号是半依附于比例尺的符号，其长度是依比例尺表示的，其走向与实地线状特征的走向具有一致性，而粗细不依附于比例尺。另外，线状符号还有多种线型如短虚线、长虚线、细实线、粗实线等。线状符号通过颜色、线型及长度的组合可以表现出各种线状特征的具体长度、类型与导航等级（如明显和不明显小路）、高度等级（如陡崖的可通过性）等属性。

③面状符号：用于表示实地的面状特征，如湖泊、耕地、房屋等。面状特征的长和宽都可以依附于比例尺表示。因此，面状符号是全依附于比例尺的符号。面状符号通过颜色或颜色与图案的组合可以表现出特征的性质、外部轮廓、具体位置及分布范围。

④涣面状符号：指在一定空间范围内存在一定密度的点状特征物形成的类似面状特征符号，用于表示实地中呈面状分布，但分布较零乱，分布界限、具体位置和数量很难确定的特征，如沙砾地、石块地等反映地表性质的区域微地貌及果林、坟地等地呈区域分布的地物特征。涣面状符号只能表示实地中达到一定分布密度的特征范围及其相对边界。在实地中，边界外也可能有少量零散的特征分布。涣面状特征的长和宽都依附于比例尺表示，但是误差较大或概略性较大。

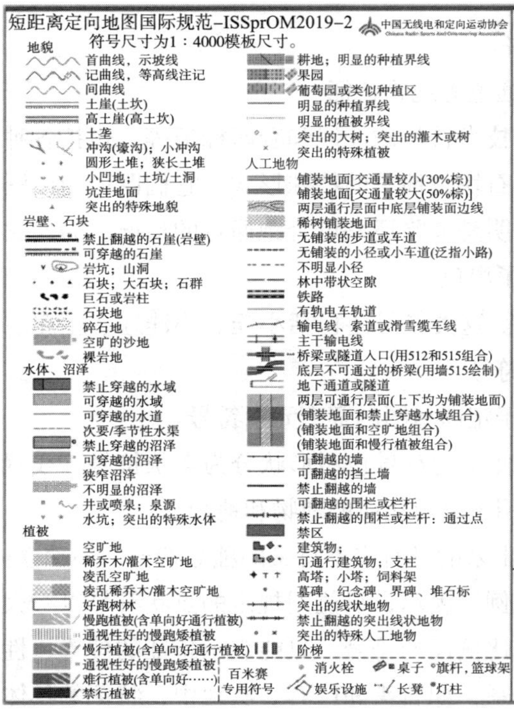
短距离定向地图国际规范–ISSprOM2019–2
中国无线电和定向运动协会
Chinese Radio Sports And Orienteering Association
符号尺寸为1：4000模板尺寸。
地貌
首曲线，示坡线
记曲线，等高线注记
间曲线
土崖(土坎)
高土崖(高土坎)
土垄
冲沟(壕沟)；小冲沟
圆形土堆；狭长土堆
小凹地；土坑/土洞
坑洼地面
突出的特殊地貌
岩壁、石块
禁止翻越的石崖(岩壁)
可穿越的石崖
岩坑；山洞
石块；大石块；石群
巨石或岩柱
石块地
碎石地
空旷的沙地
裸岩地
水体、沼泽
禁止穿越的水域
可穿越的水域
可穿越的水道
次要/季节性水渠
禁止穿越的沼泽
可穿越的沼泽
狭窄沼泽
不明显的沼泽
井或喷泉；泉源
水坑；突出的特殊水体
植被
空旷地
稀乔木/灌木空旷地
凌乱空旷地
凌乱稀乔木/灌木空旷地
好跑树林
慢跑植被(含单向好通行植被)
通视性好的慢跑矮植被
慢行植被(含单向好通行植被)
通视性好的慢跑矮植被
难行植被(含单向好……)
禁行植被
耕地；明显的种植界线
果园
葡萄园或类似种植区
明显的种植界线
明显的植被界线
突出的大树；突出的灌木或树
突出的特殊植被
人工地物
铺装地面[交通量较小(30%棕)]
铺装地面[交通量较大(50%棕)]
两层通行层面中底层铺装面边线
稀树铺装地面
无铺装的步道或车道
无铺装的小径或小车道(泛指小路)
不明显小径
林中带状空隙
铁路
有轨电车轨道
输电线、索道或滑雪缆车线
主干输电线
桥梁或隧道入口(用512和515组合)
底层不可通过的桥梁(用墙515绘制)
地下通道或隧道
两层可通行层面(上下均为铺装地面)
(铺装地面和禁止穿越水域组合)
(铺装地面和空旷地组合)
(铺装地面和慢行植被组合)
可翻越的墙
可翻越的挡土墙
禁止翻越的墙
可翻越的围栏或栏杆
禁止翻越的围栏或栏杆：通过点
禁区
建筑物；
可通行建筑物；支柱
高塔；小塔；饲料架
墓碑、纪念碑、界碑、堆石标
突出的线状地物
禁止翻越的突出线状地物
突出的特殊人工地物
阶梯
百米赛
专用符号
消火栓
桌子
旗杆，篮球架
娱乐设施
长凳
灯柱

国际定向运动检查点说明符号–ISCD 2018
符号尺寸为1：10000模板尺寸。
相似特征物的位置
东边的
东南边的
上面的
下面的
中间的
检查点特征
台地
山凸
山凹
土崖(土坎)
采掘场
土垄
冲沟
小冲沟
山丘
土堆
鞍部
凹地
小凹地
坑
坑洼地
蚁丘
石崖
岩柱
山洞
石块
石块地
石群
碎石地
裸岩地
隘路
壕沟
难穿水域
可穿水域
水坑
水道
季节性水道
狭窄沼泽
沼泽
沼泽中硬地
井、喷泉
泉源
水箱、水槽
空旷地
稀树空旷地
林间拐角
林中空地
浓密植被
带状灌木丛
植被界线
独立树丛
突出的树
树根，树桩
大路
车道、小径
林中带状空隙
桥梁
输电线
电线杆(塔架)
隧道
墙
围栏
通过点
建筑物
铺装地面
废墟
管道；雪橇轨
塔/塔架
射击台
界碑/墓碑
饲料架
炭灰地
纪念碑或雕像
可通行建筑
阶梯
禁区
人工地物
人工地物
外观信息
低的
浅的
深的
丛生的
空旷的
多石/石质的
沼泽的
沙质的
针叶的
阔叶的
倒塌的
尺寸、组合
比高
尺寸
坡高
间高
交叉
交会(汇)
拐弯
点标旗位置
东北侧
东南边缘
西部
东拐角内
南拐角外
西南角
西南末端
上部
下部
顶端
脚下(无方向)
西南脚下
下方
中间
60m
从取图点60米后到起点。
80m
沿必跑路线80米处换图。
穿过禁区的强制性通道。
90m
离开检查点后沿必跑路线行进90米。
90m
终点前90米至终点处有必跑路线。
90m
检查点至终点处有90米必跑路线。
起点
检查点
终点
4–57
序号–代码
工作人员
临时建筑或隔离区域
禁区
补给点
医疗点

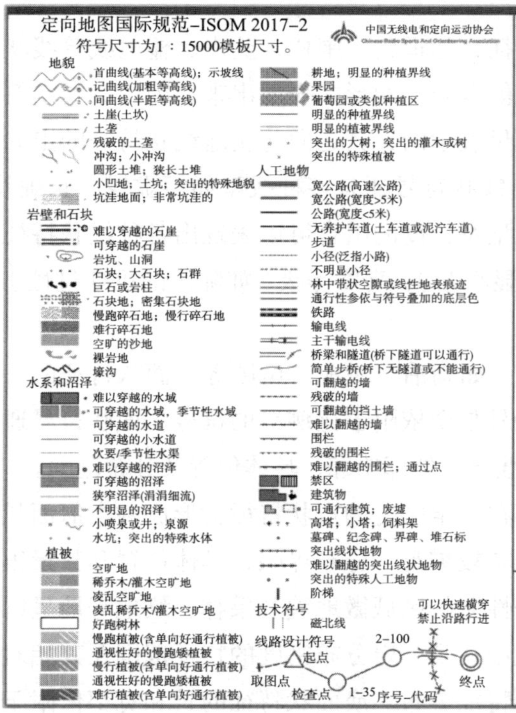
定向地图国际规范–ISOM 2017–2
中国无线电和定向运动协会
Chinese Radio Sports And Orienteering Association
符号尺寸为1：15000模板尺寸。
地貌
首曲线(基本等高线)；示坡线
记曲线(加粗等高线)
间曲线(半距等高线)
土崖(土坎)
土垄
残破的土垄
冲沟；小冲沟
圆形土堆；狭长土堆
小凹地；土坑；突出的特殊地貌
坑洼地面；非常坑洼的
岩壁和石块
难以穿越的石崖
可穿越的石崖
岩坑、山洞
石块；大石块；石群
巨石或岩柱
石块地；密集石块地
慢跑碎石地；慢行碎石地
难行碎石地
空旷的沙地
裸岩地
壕沟
水系和沼泽
难以穿越的水域
可穿越的水域，季节性水域
可穿越的水道
可穿越的小水道
次要/季节性水渠
难以穿越的沼泽
可穿越的沼泽
狭窄沼泽(涓涓细流)
不明显的沼泽
小喷泉或井；泉源
水坑；突出的特殊水体
植被
空旷地
稀乔木/灌木空旷地
凌乱空旷地
凌乱稀乔木/灌木空旷地
好跑树林
慢跑植被(含单向好通行植被)
通视性好的慢跑矮植被
慢行植被(含单向好通行植被)
通视性好的慢跑矮植被
难行植被(含单向好通行植被)
耕地；明显的种植界线
果园
葡萄园或类似种植区
明显的种植界线
明显的植被界线
突出的大树；突出的灌木或树
突出的特殊植被
人工地物
宽公路(高速公路)
宽公路(宽度>5米)
公路(宽度<5米)
无养护车道(土车道或泥泞车道)
步道
小径(泛指小路)
不明显小径
林中带状空隙或线性地表痕迹
通行性参依与符号叠加的底层色
铁路
输电线
主干输电线
桥梁和隧道(桥下隧道可以通行)
简单步桥(桥下无隧道或不能通行)
可翻越的墙
残破的墙
可翻越的挡土墙
难以翻越的墙
围栏
残破的围栏
难以翻越的围栏；通过点
禁区
建筑物
可通行建筑；废墟
高塔；小塔；饲料架
墓碑、纪念碑、界碑、堆石标
突出线状地物
难以翻越的突出线状地物
突出的特殊人工地物
阶梯
技术符号
磁北线
线路设计符号
可以快速横穿
禁止沿路行进
2–100
起点
取图点
检查点
1–35
序号–代码
终点

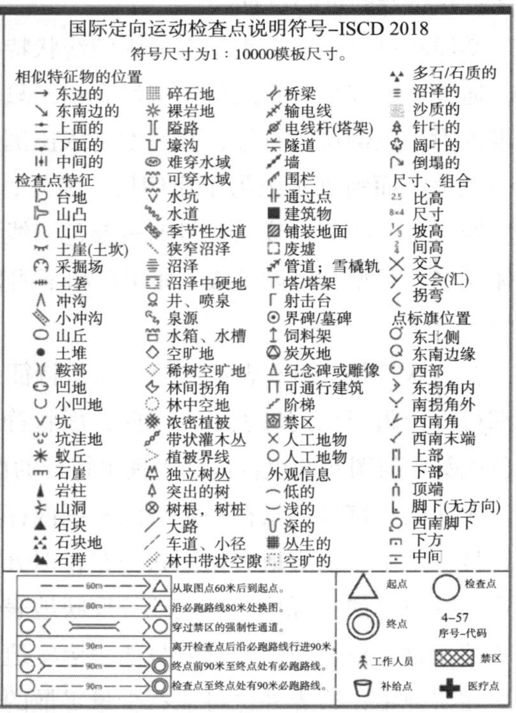
国际定向运动检查点说明符号–ISCD 2018
符号尺寸为1：10000模板尺寸。
相似特征物的位置
东边的
东南边的
上面的
下面的
中间的
检查点特征
台地
山凸
山凹
土崖(土坎)
采掘场
土垄
冲沟
小冲沟
山丘
土堆
鞍部
凹地
小凹地
坑
坑洼地
蚁丘
石崖
岩柱
山洞
石块
石块地
石群
碎石地
裸岩地
隘路
壕沟
难穿水域
可穿水域
水坑
水道
季节性水道
狭窄沼泽
沼泽
沼泽中硬地
井、喷泉
泉源
水箱、水槽
空旷地
稀树空旷地
林间拐角
林中空地
浓密植被
带状灌木丛
植被界线
独立树丛
突出的树
树根，树桩
大路
车道、小径
林中带状空隙
桥梁
输电线
电线杆(塔架)
隧道
墙
围栏
通过点
建筑物
铺装地面
废墟
管道；雪橇轨
塔/塔架
射击台
界碑/墓碑
饲料架
炭灰地
纪念碑或雕像
可通行建筑
阶梯
禁区
人工地物
人工地物
外观信息
低的
浅的
深的
丛生的
空旷的
多石/石质的
沼泽的
沙质的
针叶的
阔叶的
倒塌的
尺寸、组合
比高
尺寸
坡高
间高
交叉
交会(汇)
拐弯
点标旗位置
东北侧
东南边缘
西部
东拐角内
南拐角外
西南角
西南末端
上部
下部
顶端
脚下(无方向)
西南脚下
下方
中间
60m
从取图点60米后到起点。
80m
沿必跑路线80米处换图。
穿过禁区的强制性通道。
90m
离开检查点后沿必跑路线行进90米。
90m
终点前90米至终点处有必跑路线。
90m
检查点至终点处有90米必跑路线。
起点
检查点
终点
4–57
序号–代码
工作人员
临时建筑或隔离区域
禁区
补给点
医疗点

（5）地图上的等高线。

①等高线显示地貌的基本原理。地表的高低起伏状态称为地貌，如山地、平地、凹地、谷地等，也包括一些附属于它的地物，如小丘、土崖、冲沟等。定向地图采用等高线法表示地貌。把地面上海拔高度相同的点连成的闭合曲线，垂直投影到一个水平面上并按比例缩绘在图纸上，就得到等高线。等高线也可以看作不同海拔高度的水平面与实际地面的交线。

假想把一座山从下至上按相等的高度一层一层水平切开，这时山的表面便形成了若干大小不同的截口线。将这些截口线垂直投影到一个水平面上，将出现一圈套一圈的闭合曲线，显示出该山的形态。同一条曲线上各点的高度都相等，称为等高线。如果切割山体的每个水平截面都具有各自的海拔高度，我们就不难看出，等高线实际上就是由高程相等的各点连接而成的曲线。相邻两平面间的垂直距离或相邻两等高线间的垂直距离为等高距。地图比例尺越大，等高距就越小；地图比例尺越小，等高距就越大。定向运动地图是大比例尺地图，等高距通常为2m、2.5m和5m，百米定向地图也可能采用1m的等高距。

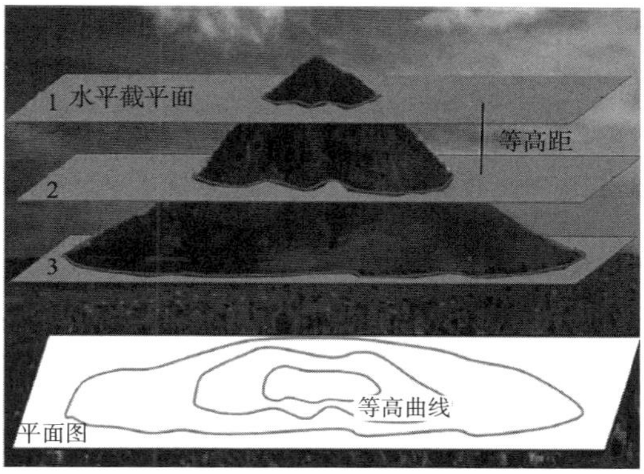

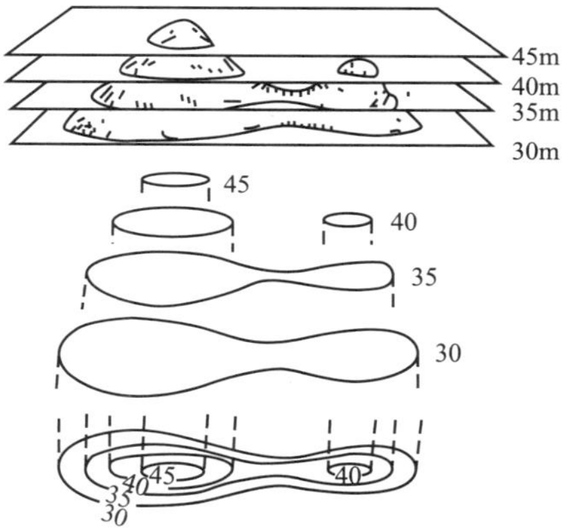

能够熟练地应用等高线图形理解地貌是非常重要的。这是因为，越野图上的所有要素都建立在地貌的基础之上，并与地貌形成各种关系。比如，地物的分布、比赛路线的方向和距离等，都要受到地表起伏与变化的制约和影响，另外，在地物稀少的地方及森林中，地貌就是主要的甚至唯一的行进参照物。在定向越野的激烈竞争中，只有地貌才是最经常、最稳定、最可靠的向导。等高线指的是地形图上高程相等的相邻各点所连成的闭合曲线。位于同一等高线上的地面点，海拔高度相同。因此，为了节省体力，我们要尽量沿等高线走，避免爬坡。一般来说，我们采取走高不走低的原则，因为高处视野更开阔，我们能判断得更清楚。

②等高线表达地貌的特点。

——地图上的每条等高线都是实地等高线的水平投影；它既描绘出地貌的平面轮廓，也表示出地貌的起伏。等高线的弯曲形状与相应实地的地貌形态相似。

——位于同一等高线上的地面点，海拔高度相同，但海拔高度相同的点不一定位于同一条等高线上。每条等高线都是闭合曲线，如果不能在同一图幅内闭合，则必在相邻或者其他图幅内闭合。

——在同一幅地图上或同一等高距的条件下，等高线多，山就高；等高线少，山就低；凹地的等高线则表示深浅；等高线间隔密，实地坡度陡；等高线间隔稀，实地坡度缓。

——在同一幅地图内，除悬崖以外，不同高程的等高线不能相交。

——等高线经过山脊或山谷时改变方向，因此，山脊线或者山谷线应垂直于等高线转折点处的切线，即等高线与山脊线或者山谷线正交。

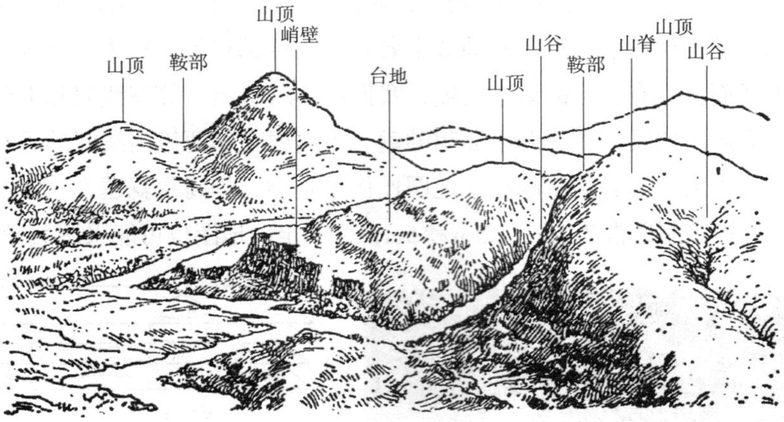

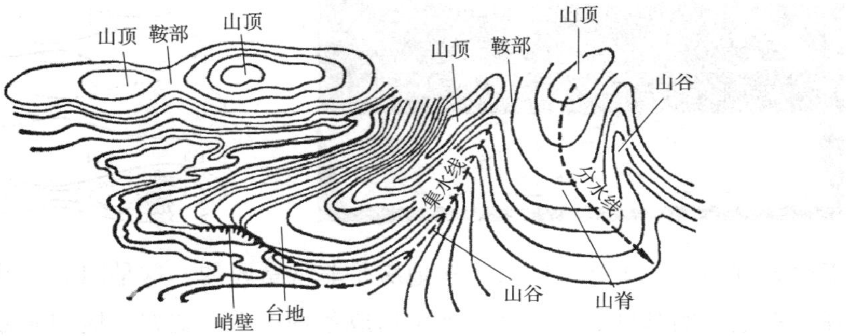

③等高距的规定。等高距是相邻两个水平截面之间的垂直距离。等高距的大小在很大程度上决定着地貌表示的详略，等高距越小，等高线越多，地面表示就越详细；等高距越大，等高线越少，地貌表示就越概略。由于实地地貌的起伏与切割程度的千差万别，适合显示平坦地区的等高距，在显示山区时可能会出现等高线密集甚至重合；反之，适合显示山区的等高距，在表示平坦地区时又会出现等高线过于稀疏。同时，等高线的疏密还会影响地图的清晰性和易读性，因此，国际定向联合会对定向地图的等高距做出了专门规定，并要求将等高距说明印制在每张定向地图的显著位置上。例如，国际定向联合会规定：定向地图的标准比例尺为1：1.5万，等高距5m；当其他地物不多，地貌在较大的面积上便于表示时，也可以采用2.5m的等高距，但不得在同一张图上使用两种等高距。

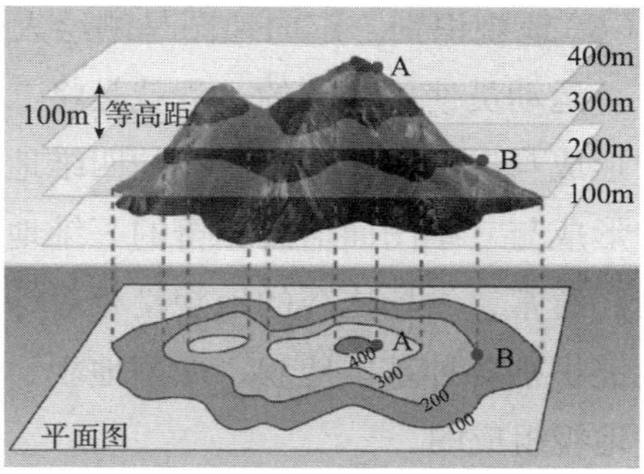

④等高线的种类和作用。定向地图的等高线按其作用不同分为首曲线、计曲线、间曲线、助曲线和示坡线。

首曲线：又叫基本等高线，是按基本等高距测绘的等高线，是显示地貌基本形态的主要等高线。

计曲线：又叫加粗等高线。为了便于判读等高线的高程，自高程起算面开始每隔4条首曲线加粗描绘的等高线。一般用粗实线在适当位置断开注记高程，字头朝向上坡方向。计曲线是辨认等高线高程的依据。

间曲线：又叫半距等高线，当首曲线不能显示某些局部地貌时，按1/2等高距描绘的等高线。一般用细长虚线，在局部地区使用可不闭合，但应对称。它可以提供更多的有关地表形态的信息。

助曲线：又叫辅助等高线，是按1/4等高距描绘的细短虚线，用以显示间曲线仍不能显示的某段微型地貌。

示坡线：一种与等高线垂直相交用来指示斜坡方向的短线，短线与等高线相连的一端指向上坡方向，另一端指向下坡方向。示坡线为坡向的判定提供了方便，它通常绘在等高线最有特征的弯曲上，如较大凹地（洼地）、山顶、鞍部，以及在读图困难、坡向易混淆的情况下使用。

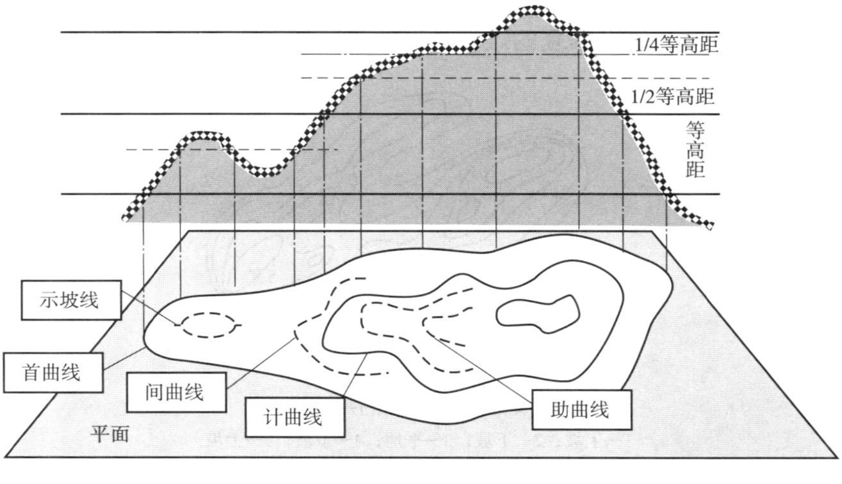

（6）地貌识别。定向地图是测绘人员将实地四维的地貌、地物信息转为二维的图面信息。运动员使用地图的过程就是将二维的图面信息转为四维画面的认知过程，即在大脑中形成与二维图面信息相符的四维地貌、地物画面。在这个过程中，地貌识别即在大脑中形成与二维图面信息相符的三维地貌立体画面。这是最重要的也是最有难度的认知能力。通常，一场比赛的地貌是相对综合而复杂的，要识别综合而复杂的地貌，首先必须能够识别各种基本地貌、微型地貌、激变地貌等，因为综合而复杂的地貌都是由多种单一地貌组成的。

各具形态的山丘都是由山顶、山脚、山背、山谷、鞍部、凹地、斜面和山脊等基本地貌形态构成的。不管山或丘的地貌多么复杂，都可以将它们分解成基本地貌形态来识别。

（7）地貌的判读。

①地面点的高程和高差。地面点的高程和高差，根据图上的等高距和高程注记、等高线及标高注记进行判读。当地面点在图上有高程注记时，可直接利用；当地面点位于无名高地顶点或鞍部时，先判定下方一条等高线的高程，加上半个或 1/4 个等高距的米数即为该点的高程。判定两点的高差，应先分别判断各自的高程，然后两数相减即得高差。

②地表起伏、坡度的判定。在定向运动中，地面起伏状态的判读主要结合高程注记、示坡线、地貌基本形态的识别等进行。通过结合高程注记、示坡线识别行进路线上的各种基本地貌形态、地性线和特征点及它们与行进路线的关系来判定地面的起伏。例如，行进路线与等高线平行为平地，与等高线相交为上坡或下坡。另外，对于地貌细节多、等高线复杂的局部起伏状态的判读，要善于利用示坡线、微小地貌特征如陡崖、土质陡坎等提供的线索，以它们为参照点来判读起伏状态。

地面坡度的判定，可用坡度尺直接在图上测量等高线，也可按等高线的间隔进行计算，但是在定向运动中，运动员不需要对地面坡度进行准确判定，只要能够根据等高线的疏密程度判断坡度的陡缓及攀登的难易，以便为路线选择提供依据即可。

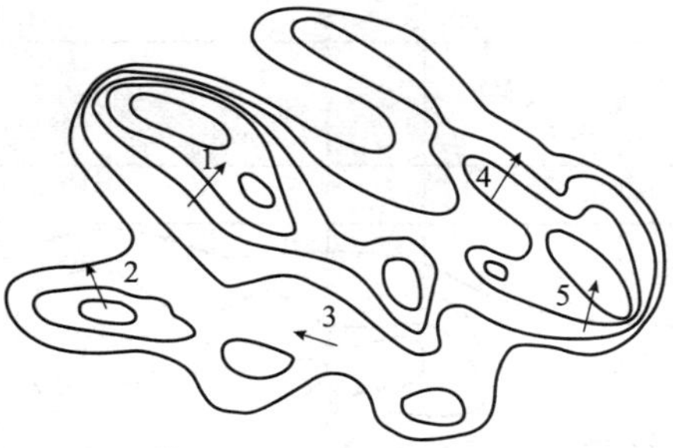

地面起伏状态的判读

1—上坡；2—下坡；3—平地；4—下坡；5—上坡

（8）地貌通视状态判读。地貌通视状态的判读是指在图上判定两点间的通视情况。地貌通视状态的判定对路线选择及路线执行技术的选择具有一定意义。两点间能否通视，主要取决于观察点、遮蔽点和目标点三者的高程及相互关系位置。如果在观察点和目标点间没有遮蔽点，通视状态良好；如果有遮蔽点，需要进一步判读遮蔽点是否能阻断运动员的视线。如果遮蔽点会阻断运动员的视线，通视状态不良，否则通视状态良好。植被是影响通视状态的关键因素，判读实地的通视状态必须将地貌通视度和植被的通视状态结合起来进行判断。

①定向地图地貌判读注意事项。

——利用等高线判读地貌起伏时，必须判读一组等高线，单凭一条等高线很难判定地貌形态。

——由于等高线之间有一定距离，它无法表示出两条等高线之间的地形变化，即便增加了辅助等高线，但由于辅助等高线之间也有一定距离，而且测绘人员有时在关键位置也会遗漏等高线，这就使得一些微小地形遗漏在两条等高线之间。因此，地图与实地就不可能一模一样，甚至有一些山顶和鞍部的点位以及高程无法准确判读。

②其他信息。定向地图上还有地点名称、测绘人员、测绘时间、执行标准等信息。这些信息虽然不是地图的主要信息，但是也非常重要。如测绘时间，运动员要根据测绘时间对比赛场地植被的变化有所判断，这将对运动员的比赛成绩有着一定影响。

③赛事元素。定向运动的地图除地图元素外，还有赛事元素，赛事元素由赛事路线和赛事其他信息构成。

a.赛事路线。不同的比赛项目，比赛路线的呈现形式是不同的；共同的是，三角形始终代表的是标定起点，圆圈代表的是检查点，双圆圈代表的是终点，虚线指必须行经的路线段。如果出现三角形与圆圈，或圆圈与圆圈，或双圆圈与圆圈连接的线段，这条线段称方向线，代表的是点和点之间的方向位置关系。从小到大的阿拉伯数值代表的是经典个人赛从小到大依次寻找目标点。积分赛点的阿拉伯数字代表的是这个检查点电子计时器的号码及相应的积分数。

b.检查点说明。代表检查点的圆圈告诉运动员检查点在圆圈区域空间内，通常在圆心的位置，但是并没有明确地告诉运动员检查点在圆圈区域空间内的什么特征物，及在这个特征物的哪个位置。检查点说明表是为了明确地告诉运动员检查点在圆圈区域空间内的哪个特征物，及其在这个特征物的哪个位置。检查点说明以符号结合表格的形式呈现。

c.赛事其他信息。赛事其他信息主要有赛事名称、赛事主办单位、承办单位等信息。

第三节　定向运动基本技能

一、定向地图与指北针的使用

熟练地掌握使用国际定向地图与指北针的各种方法，在定向越野中具有特殊的重要意义。认识定向地图是为了正确地使用地图，因此，在学习定向运动技能的阶段，必须选择最合适的场地，用较多的时间进行使用地图与指北针的训练。

（一）标定地图

标定地图就是为了使定向地图的方位与现地的方向相一致，这是使用地图的最重要的前提。

1. 概略标定

定向图上的方位是上北、下南、左西、右东。我们在现地正确地辨别了方向之后，只要将地图的上方对向现地的北方，地图即已标定。这种方法简便迅速，是定向比赛中最常用的方法。

2. 利用磁北线（MN线）标定

先使透明式指北针圆盒内的定向箭头“↑”朝向地图上方，并使箭头两侧的平行线与越野图上的磁北线重合（或平行），然后转动地图，使磁针北端对正磁北方向，地图即已标定。

3.利用直长地物标定

利用直长地物（如道路、土垣、沟渠、高压线等）标定地图，首先应在图上找到这段直长地物，对照两侧地形，使图与现地各地形点的关系位置概略相符，然后转动地图，使图上的直长地物与现地的直长地物方向一致，地图即已标定。

4.利用明显地形点标定地图

当你位于明显地形点上，并已从图上找到该地形点的位置（自己所在的站立点）时，可以利用明显地形点标定地图。标定方法：先选择一个图上与现地都有的远方明显地形点（目标），然后转动地图，使图上的站立点至目标的连线与现地的站立点至目标的连线相重合，此时地图即已标定。

（二）对照地形——实际物体与地图符号对照

通过仔细观察使图上和现地的各种地物一一“对号入座”，即相互对应。对照地形在定向越野比赛中的作用主要有两个：一是在站立点尚未确定时——只有正确地对照地形，才能在图上找出正确的站立点位置；二是在站立点已经确定，需要变换行进方向时——只有通过对照地形，才能在现地找到已选定的最佳行进路线。

（1）在站立点尚未确定前：首先应概略地标定地图，然后迅速地观察一下周围，记清最大或最有特征的地物、地貌的大概方位与距离，并从图上找到它们。此时，站立点的位置即可概略地确定。

（2）在站立点已经确定之后：同样首先应概略地标定地图，然后从图上查明自己选定的运动路线上近前方两侧的特征物，同时记清它们的大概方位与距离，并将它们在现地辨别出来，然后再前进。如果因为地形太复杂，如山丘重叠、形状相似等，不易进行对照，可以先采用较精确的方法标定地图，然后用带刻度尺的指北针的长边确立站立点和特征物，并沿这条直长边向前瞄准，则特征物一定在此方向线上。如果此方法还不能解决问题，就要变换对照位置，或者登高观察和对照。需要特别强调的是，无论在什么情况下进行现地对照地形，都必须特别注意观察和对照地形的顺序与步骤问题。现地对照地形的顺序一般是：先对照大而明显的地形，后对照一般地形；由近及远，由左至右；由点及线，由线及面；逐段分片，有规律地进行对照。在步骤方面，首要的也是必不可少的是，要保持地图方位与现地方位的一致，然后再根据不同需要进行下面的步骤。

（三）确定站立点

熟练地掌握在图上确定站立点的各种方法是学习使用地图的关键。对于这些方法，除了要记住它们各自的步骤、要领，还要学会根据不同情况对它们进行选择使用和结合使用。

1.直接确定

当自己所处位置是在明显地形点上时，只要从图上找出该地形点，站立点即可确定。这是一种在行进中，特别是奔跑中最常用的方法。然而，采用直接确定法的困难在于：在紧张的进程中，怎样才能很快地发现可供利用的明显地形点？只有当同一种明显的地形点互相靠近的时候，才能够正确地区别它们，防止“张冠李戴”？ 可以称得上是明显地形点的地物主要有：

（1）单个的地物；

（2）现状地物的拐弯点、交叉点（呈“十”字形）、交会（汇）点（呈“丁”字形）和端点；

（3）面状地物的中心或者有特征的边缘。

可以称得上是明显地形点的地貌主要有：

（1）山地、鞍部、洼地；

（2）特殊的地貌形态，如陡崖、冲沟等；

（3）谷地的拐弯、交叉和交会（汇）点；

（4）山脊、山背线上的转折点、坡度变换点。

2. 利用位置关系确定

当站立点位于明显地形点附近时，可以采用位置关系法。利用位置关系法确定站立点主要依据两个要素：一是站立点至明显点的方向，二是站立点至明显点的距离。在地形起伏明显的地方，还可以结合高差情况进行判定。

3. 利用“交会法”确定

当站立点附近无明显地形点时，可以利用“交会法”确定站立点。按不同情况，它又可以具体分为90° 法、截线法、连线法、后方交会法和磁方位角交会法。这些方法的优点：不需要判断或测量距离也能确定出较为准确的站立点位置，这对于初学者学习、巩固使用越野图的训练是很有意义的。

（1）90° 法。当待测点位于线状地形（包括道路、沟渠、山背线、谷底线、坡度变换线等）上时，如果在与运动方向相垂直的方向上能够找出一个明显地形点，那么确定站立点就简单得多：线状地形符号与垂直方向线的交点即为站立点。

（2）截线法。当待测点位于线状地形上，但在其与运动方向相垂直的方向上没有明显地形点，可以采用此法。具体步骤如下：

①标定地图；

②在线状地形的侧方选择一个图上与现地都有的明显地形点；

③利用指北针的直长边缘（也可用三棱尺、铅笔等）贴于图上明显地形点的定位点上（为便于操作可插一细针），然后转动指北针，使其直长边照准该地形点；

④沿指北针的直长边向后画方向钱，该方向线与线状地形符号的交点，就是站立点在图上的位置。

（3）连线法。当待测点位于线状地形上，同时待测的位置恰好是在某两个明显地形点的连线上，可以利用这种方法确定站立点。

（4）后方交会法。通常要求地形较开阔，通视良好。其工作步骤如下：在图上找到选定的方位物之后，标定地图；然后按照截线法的步骤分别向各个方位物瞄准并画方向线。图上方向线的交点就是站立点。

（5）磁方位角交会法。既可以在地形开阔时使用，也可以在丛林中使用。在丛林中需要攀爬到便于向远方观察的树上或其他物体上进行。具体步骤如下：

①选择图上和现地都有的两个明显地形点，并用指北针分别测出至该两地形点的磁方位角；

②标定地图。将所测磁方位角图解在地图上。图解磁方位角时，要先转动指北针的分度盘，让指标分别对正所测的方位角值，再将指北针的直长边分别贴于图上被照准的两个地形点符号并转动指北针；待磁针与定向箭头重合后，分别沿直长边描画方向钱。两方向线的交点，就是站立点在图上的位置。

（四）运动中的方法

利用地图行进是定向越野的基本运动方式，它有赖于运动员对前文各种专项技能的综合运用。换句话说，学习辨别方向、识别越野图以及标定地图，对照地形确定站立点，都是为了能够熟练地利用地图行进，以便在比赛时不降低或少降低运动速度的情况下，始终正确地行进在自己选定的路线上，顺利到达目的地。

1. 记忆法

一般要按行进的顺序，分段地记住路线的方向、距离、经过的地形点、两侧的辅助（参照）物。通过记忆，应该使自己具备这样一种能力：现地的情景能够不断地与记忆的内容“叠影”、印证，即“人在地上跑，心在图上移”。

2. 拇指辅行法

先明确自己的站立点和将要运动的路线，到达目标，然后转动地图（身体要随之转动），使地图与现地的方向一致，并用拇指压于站立点一侧，再开始行进。行进中要根据自己所到达的位置，不断移动姆指，转动地图，保持位置、方向的连惯性与正确性。

3. 借线法

当检查点位于线状地形或其附近时，可以采用此法。行进时，要先明确站立点，而后利用易于辨认的线状地形，如道路、围栏、高压线、山背线、坡度变换线等，作为行进的“引导”，使自己运动时更有信心。由于沿着线状地形前进尤如扶着楼梯的栏杆行走，因此，国外称这种方法为“扶手法”（Handrail）。

4.借点法

当检查点附近有高大、明显的地形点时，可用此法。行进前，要先将目标辨认清楚（亦可用其他物体佐证），然后用最快的速度前往检查点。

5.导线法

当站立点距离检查点较远，途中地形又很复杂时，可以采用此法。行进过程中，要多次利用各个明显地形点，确保前进方向与路线的正确性。需要注意的是，切勿将相似的地形点用错。

二、迷失方向后的处置

通常，人们迷路是因为不能将自己所处的位置同一些确知的因素（包括自然的或其他的）联系在一起并用作向导。同时，还因为缺乏观察力和较系统的离开与返回预定基地（如小径、道路、河流、高压线、溪水或湖泊等）的野游知识，只是把一个特殊点（如帐篷、猎人小屋、小船、汽车等）记在心上，这些往往便是造成迷路的部分原因。

（一）怎样避免迷路

除非选择了固定的目标作为向导，否则人们是会迷路的，因为弯曲的道路、茂密的森林、遥远的距离会遮住目的地。为此，我们必须记住以下避免迷路的方法：

（1）必须随时随地观察周围的地形，以确定方向。在离开自己的帐篷、汽车、独木桥、小船等物之前，要仔细观察周围地形，尽可能远地目测一下这一地区，确定左右各种固定的目标向导，如山峰、绝壁、寺庙、大树等。

（2）出发前要对营地周围那些突出的目标有个清楚的记忆，以便在返回时能用这些目标做向导。

（3）当离开一条道路、一条小溪、一条小径、一条河流、一个山峰或一座寺庙时，要记住是从哪一边离开的，把这些作为基本路线。

（4）记住来时与返回时经过了多少溪流，旅途经过了多少山峰、多少岔道，将自己走过的路画一个线路图。

（二）迷路后怎么办

（1）如果发现自己处于一个陌生的地域，并难以找到返回自己营地的道路，此时不要说自己迷了路，也许就是几分钟内的迷惑。

（2）如怀疑自己迷了路，应该立即停下来估计一下情况，盲目地继续前进，处境会更糟。不要惊慌，请坐下来，放松一下。做做深呼吸，仔细回忆一下经过的房屋、溪流或其他地理特征，以追寻自己曾经走过的路线。

（3）当野游者刚发现难以确定自己的方位时，一般情况下并未走多远，不会找不到路。麻烦的是，大多数迷路者继续盲目前进，在森林中乱窜乱钻，使自己的处境更糟，一些迷路者甚至完全走出了搜寻范围。

（4）不可能往回走时，就观察环境。如看见道路或必会有路相接的东西，例如房屋、电线杆等，应朝它走去。有地图的话，先查一查图例，看看每个符号代表什么，并且找出自己立足处大概在地图上哪一区。看看周围有没有与地理标识相符的地理特征。在地图上找出迷路前的位置，然后回忆一下经过的房屋、溪流或其他地理特征，以追寻自己曾经走过的路线。

（5）查看地图上的等高线，以了解周围的地形。等高线彼此相距较远表示山势平缓，没有等高线表示平原或宽阔山脊，等高线绕成指纹状则多是山嘴或山谷。根据地图上的比例尺，如比例尺为1：50000，就表示图上1cm代表实际长度50000cm（0.5km），用小尺子计算自己与目标物的距离。如果没有纸笔，可用手指粗略测算距离。一般来说，成人的食指从指尖到第一个关节约长2.5cm。

（6）转动地图，使图上标的与它所代表的地理特征在同一方向，然后按图选取某个方向走到大路或有人烟的地方。

（7）如果能从四周的地理特征粗略推断自己身在何处，就走向最接近的道路、铁路、河流等。边前进边留意路旁景物，估计自己走了多远。

（8）公路、输电线和电话线的正路有人定期巡查，你不用等很久就会遇到人，他们会帮你找到该走的路。

（三）定向运动比赛中迷失方向常用方法

当在现地找不到目标，同时又无法确定站立点时，就是迷失了方向。下面是寻找正确方向的几种常用方法。

1. 沿道路行进时

标定地图，对照地形，判明是从哪里开始发生的错误以及偏差有多大，然后根据情况另选迂回的道路前进。如果错得不多，可返回原路再行进。

2. 越野行进时

应尽早停止行进，标定地图后选择最适用的方法确定站立点，然后尽量取捷径插到原来的正确路线上去，不得已时再返回原路。

3. 在山林地中行进时

根据错过的基本方向、大概距离，找出最近的那个开始发生偏差的地点，并以此为基础，确定出站立点的概略位置。如果错得太远，确定不了站立点，又不能返回原路，就要在图上看一看迷失地区附近是否有较大型或较突出的明显地形（最好是线状的）。如果有，就要果断地放弃原行进方向向它靠拢，并利用它确定站立点。如果没有这个条件，就继续按原定方向前进，待途中遇到能够确定站立点的机会后，再迅速取捷径插向目的地。在山林中行进，最忌讳在尚未查明差错程度和正确的行进方向都不清楚的情况下，盲目取“捷径”斜插，这样很可能造成在原地兜圈子。

（四）不同天气迷路后的处置

1. 风雨中迷路自救

（1）如有维生袋（能容纳整个人的防水塑料袋），或其他维生装备，可留在原地等待雨过天晴；如没有维生袋装备，切不可留在原地，应迅速离开。

（2）如带着地图，查看有没有危险地带。例如，密集的等高线表示陡峭的山崖，应该绕道而行。

（3）溪涧流向显示下山的路线，但不要贴近溪涧而行，因为山上流水侵蚀河道的力量很强，河岸都非常陡峭。因此，应该循水声沿溪流下山。

（4）下山时留意有没有农舍或其他可避风雨的地方，小径附近通常都可找到藏身之所。

（5）别走近长着浅绿、穗状草丛的洼地，那里很可能是沼泽。

2. 黑夜迷路自救

（1）如有月光，可看到四周环境，应该设法走向公路或农舍。

（2）如果身处漆黑的山中，看不清四周环境，则不要继续行走，应该找个藏身之处，例如墙垣或岩石背风的一面。

（3）如果带有维生袋，应该钻进里面。几个人挤成一团能保暖，即使没有维生袋也能熬过寒夜。中间位置最为温暖，因此应该不时互相易位。

3. 雪地迷路自救

（1）雪反射的白光与天空的颜色一样时，地形变得模糊不清；地平线、高度、深度和阴影完全隐去。爬山运动员和探险家称这种现象为“乳白天空”。此时，最好停下来，等待乳白天空消失。如等待时有暴风雪来临，应挖空雪堆做个坑，或扩大树根部分的雪坑，然后躲进去。

（2）如有维生袋，在背后垫上树叶枯草，以隔开冰冷地面，然后躲进去。尽量多穿几层衣服，若最外层衣服有钮扣或拉链，先扣好、拉上，然后套在上身。在衣服内交叉双臂，手掌夹于腋下，以保暖。

（3）如必须继续前进，可利用地图和指北针寻找方向。一边走一边向前扔雪球，留意雪球落在什么地方和怎样滚动，以探测斜坡的斜向。如果雪球一去无踪，前面就可能是悬崖。

4. 雾中迷路自救

（1）拿出地图，并转至与指北针同向，然后决定向哪个方向走。

（2）循指北针所指，朝自己要走的方向望去，选定一个容易辨认的目标，例如岩石、乔木、蕨叶等。向目标走过去，再循指北针寻找前面的另一个目标。

（3）连续使用这个方法，直至脱离雾锁。

（4）如果没有地图或指北针，应该留在原地，等待雾霭消散。

三、辨别方向

1. 利用太阳辨别方向

太阳东方出，西方落，冬季日出位置是东偏南，日落位置是西偏南；夏季日出位置是东偏北，日落位置是西偏北；春分、秋分前后，日出正东，日落正西。

如需在原地逗留一些时候，可竖立一根棍子在平地上测方向。木棍的影子随太阳位置的变化而移动，这些影子在中午最短。每隔一小时左右，在棍子顶端阴影处做一个记号，其末端连线是一条直线，该直线的垂直线为南北方向。

2. 用手表测向

（1）“时数折半”定北方。时数折半对太阳，十二指的是北方，一般在上午9时至下午4时能很快地辨别出方向。以当时的时间（24小时制）除以2，再以除以2后的时间刻度（例如下午2点就是14点，除以2就是7点，然后再以7点的刻度）对准太阳方向，这时12点刻度（就是表带的走向）所指的方向就是北方了，6点刻度所指是南方。

（2）把腕表平放，时针指向太阳，并想象有一条线把时针与12点的夹角一分为二。如果是下午4点，分角线就会通过2点。这条分角线在北半球会指向正南，在南半球则指向正北。

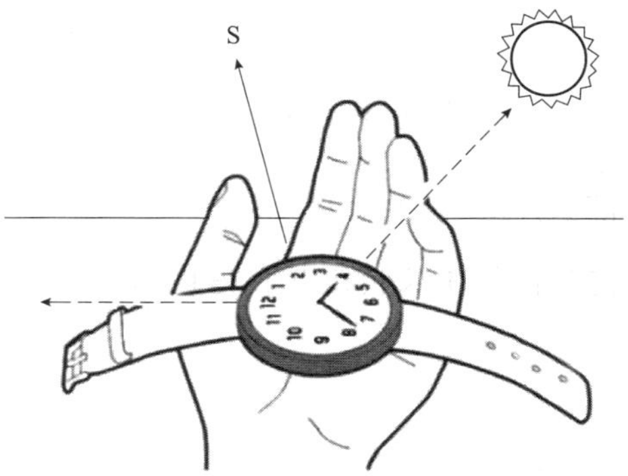

3. 夜间利用星体判定方向

（1）利用北极星。北极星位于正北天空，其出露高度角相当于当地纬度，据此可以很快找到北极星。通常根据北斗七星（大熊星座）或W星（仙后星座）确定。北斗星为7

颗较亮的星，形状像一把勺子，将勺头两颗β向α连线并延伸约5倍处便是北极星。当看不到北斗星时，可根据W星寻找北极星。仙后星座由5颗较亮的星星组成，形状像“W”字母，字母的开口方向约开口宽度的2倍距离处是北极星。

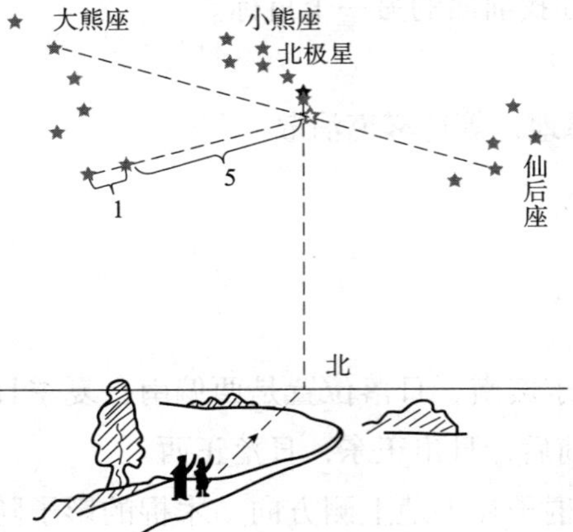

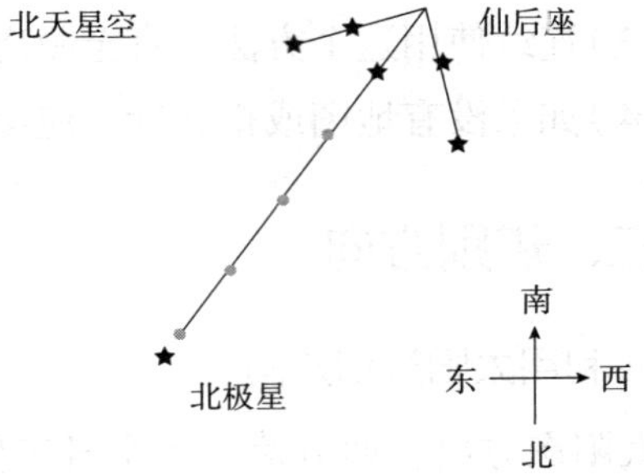

（2）利用南十字星。南十字星在北纬23° 30′ 以南地区，夜间有时可见南十字星，由4颗较亮的星组成，形同“十”字，在其右下方，由 γ 向α两星连线长度的4.5倍处（无星）为正南方向。

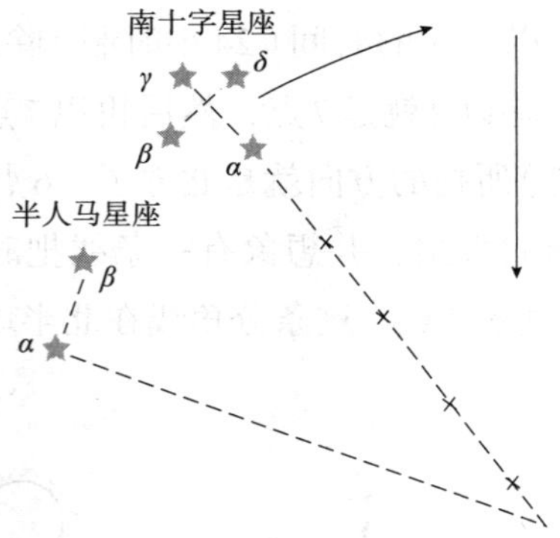

夜间利用南十字星辨别方向

4. 利用地物和植物特征识方向

有时，野外的一些地物和植物生长特征是良好的方向标志，增加这方面的知识可以帮助你快速地辨别方向。

（1）地物特征。

①房屋：一般门向南开，我国北方尤其如此。

②庙宇：通常也是向南开门，尤其庙宇群中的主体建筑。

③突出地物：向北一侧基部较潮湿并可能生长低矮的苔藓植物。

④建筑物和土堆等，北面积雪多融化慢，土坑等凹陷地方则相反。

⑤在中国北方草原，沙漠地区西北风较多，在草丛附近常形成许多雪龙、沙龙，其头部大、尾部小，头部所指的方向是西北。

⑥草原上蒙古包的门多向南开放。

（2）植物生长特征。

①一般阴坡，即北侧山坡，低矮的蕨类和藤本植物比阳面更加发育。

②单个植物的向阳面枝叶较茂盛，向北的树干则可能生长苔藓。

③我国北方许多树木树干的断面可见清晰的年轮，向南一侧的年轮较为稀疏，向北一侧则年轮较紧密。

④独立的大树通常南面枝叶茂盛，树皮光滑，北面树枝稀疏树皮粗糙。南面，通常青草茂密，北面较潮湿，长有青苔。

⑤森林中空地的北部边缘青草较茂密。树桩断面的年轮，一般南面间隔大，北面间隔小。

四、越野跑技能

1. 越野跑的特点

定向运动的越野跑实际上是一种长距离的间歇式赛跑（在途中常常需要停下来看图或定向）。这种在野外清新环境中的奔跑，可以使肌肉的紧张与放松、身体的负荷与精神的专注不断地交替进行。在这种情况下，所有参加者的全身，特别是呼吸与心血管系统都将得到较大的锻炼。

2. 基本要求

定向运动的越野跑同其他长跑项目一样，要求一方面能够尽可能减少能量的消耗，维持一定的跑速，另一方面又能根据比赛的情况，具有加速度的能力。在比赛过程中应始终注意以下方面：

（1）姿势。主要采用身体微向前倾或正直的姿势。要尽量使身体各部分（头、躯干、臂、臀、腿、足）的动作协调配合，并且善于利用跑中产生的支撑反作用力与惯性不断前进，使身体保持平稳，提高速度。

（2）呼吸。最好利用鼻子与半张开的嘴（用舌尖顶住硬腭）共同呼吸。除在跑中出现生理“极点”现象时可以变化呼吸的频率与深度（用多呼气的方法提高气体的交换率）外，一般情况下应自然、适当并有节奏地呼吸。

（3）体力分配。一般按选择的路段或者按比赛的阶段（起点、途中、终点），或者以自身体能状况来确定。通过工作阶段（肌肉的紧张）和休息阶段（肌肉的放松）适时交替的方法，达到既跑得快，又跑得省力的目的。

（4）速度。一般来讲，跑速不宜过快。过快或在途中加速太猛不仅会影响体力的正常发挥，而且会严重地影响判断力。有人曾做过试验：同样难度的数学题，在奔跑中需要用比在静止时多几倍的时间才能算出来；如果再加速，需要的时间不仅会更长，错误也会更多。但对于一名有经验的运动员来说，当地形有利（如参照物多、道路平坦等）时，则应尽可能快跑。

（5）节奏。较为适宜的跑步节奏是每分钟70~90次。有节奏的动作不仅能节省能量的消耗，而且能达到动作协调。协调而富有节奏的动作，能给人以轻松自如的感觉和美的享受。

（6）距离感。在越野跑中保持一定的距离感是必要的，应通过练习不断提高距离感。它不仅可以帮助提高找点的速度，也有利于体力的计划与分配。在野外，宜用同样的步速奔跑，但由于地形的变化，步长的区别却较大。表5-1简略地列出了不同地形、不同行进方式行进时的速度。这表明在丘陵起伏、森林密布的地区行进，比在公路上要多约2倍的时间。

表5-1　不同地形、不同行进方式行进时的速度　min/km

行进方式	地形			
	公路	草地	森林	丘陵森林地带
行走	12	17	22	27
慢跑	6	8	10	14
跑步	4	6	8	12

（7）间歇时的正确方法。除非是迷失了方向，在间歇时采取放松性的慢跑要比走好，走又比站着或坐着好。

3. 越野跑的技术

越野跑时，由于跑的地点和环境在变化，所以跑的技术也要因条件的改变而变化。下面介绍的仅是在几种常见地形上的越野跑技术：

（1）在道路上，采用基本与中、长距离跑相同的技术，并尽量注意在路面平坦的地方奔跑。

（2）在草地上，用全脚掌着地，同时留心向前下方看，以免陷入坑洼或碰在石头上。

（3）上坡时，上体应前倾，大腿高抬一些，并用前脚掌着地，小步跑上去。遇到较陡的斜坡，可改用走步的方法或用“之”字形跑法（走法）。必要时可用单手或双手辅助攀登。

（4）下坡时，上体应稍后倾，并以全脚掌或脚跟着地的方法行进。遇到较陡的下坡或坡面很滑的斜坡，可用侧脚掌着地，甚至采用蹲状的并用手在体后牵拉（草、树）、撑（地）的方式行进。到达下坡的末端（一般8~10m），便顺坡势疾跑至平地。

（5）从稍高的地方（1.50m以下）往下跳时，可用跨步跳的动作：踏在高处的腿（支撑腿）必须弯曲，另一腿则向前下方伸出，跳下，两脚着地并以深屈膝来缓和冲击的力量。同时，在落地时，两脚应稍微前后分开，以便继续前跑。从很高的地方往下跳时，应设法降低下跳的高差，根据情况采用坐地双手撑跳下或侧身单手撑跳下的方法。落地时要注意两腿深屈。

（6）在树林中奔跑时，注意不要被树枝、树叶、藤蔓等剐伤，特别要防止被树枝戳伤眼睛。此时，一般都用一手或两手随时护住脸部。

（7）遇到小的沟渠、壕坑、矮的灌木丛或倒伏树木时，要增加跑速，大步跨跳而过；在落地的同时，上体稍向前倾，以便保护腰部与便于继续向前跑。在通过较宽的（2.5~4m）沟渠时，需用15~25m/s的加速跑，采用大跨步跳和跳远的方法越过。应注意落地动作，防止后倒。遇到大的倒伏树木、其他矮障碍物时，可以用踏过它们的方法越过。

（8）遇到较高的障碍物（不超过2m），如矮围栏、土垣等，可用正面助跑蹲跳和一手或双手支撑的方法翻越。

（9）通过独木桥等狭窄悬空的障碍物时，应采取使脚面外转成“八”字的跑法。如果这类障碍物很长，就不应跑，而应平稳地走过。

第四节　定向运动教学与训练

学习如何使用地图和指北针的理论知识后，在做定向运动时，除了掌握读图技巧和如何使用指北针，一定要结合实地练习，学习如何选择最佳行进路线最快抵达目的地。

一、实地识图

第一步：跟着老师认知地物符号

认知地图上的符号在实际地形中是怎样的，看它们在地图上是如何用不同的符号和颜色表示的。

第二步：沿指定路线走，保持地图定向。

在沿指定路线行进时，时刻保持用指北针给地图定向。同时，进一步认知地图上的符号和实际地物，并用圆圈标出沿途所经过的明显的地物。

第三步：峰顶俯视学习等高线。

找一片高地，到峰顶去四处环视。注意哪些地方陡峭，哪些地方的斜坡平缓，再学习它们是怎样在地图上用等高线表示的。去观察一个山谷、一座山岭或一个河谷，看它们是怎样在地图上表示的。转移视线，认识一下建筑物和其他显著的物体在地图上的位置。

第四步：用指北针定向找到点标。

练习标定指北针的方向，并顺其方向而行。从地图上的一个定点开始，在一定距离标出5~6个点标。这些点标应是明显而不易错过的，如公路的交叉点，或田野的边缘。取定方向朝一个目标走，然后回到起始点，再定向，到另一个目标。

第五步：路线的选择。

找一个起点和三四个要经过的点标，为每两个点标之间选两条不同的路线。走一条路线到访每个目标后，回到起点，用另一条路线再练习一遍。

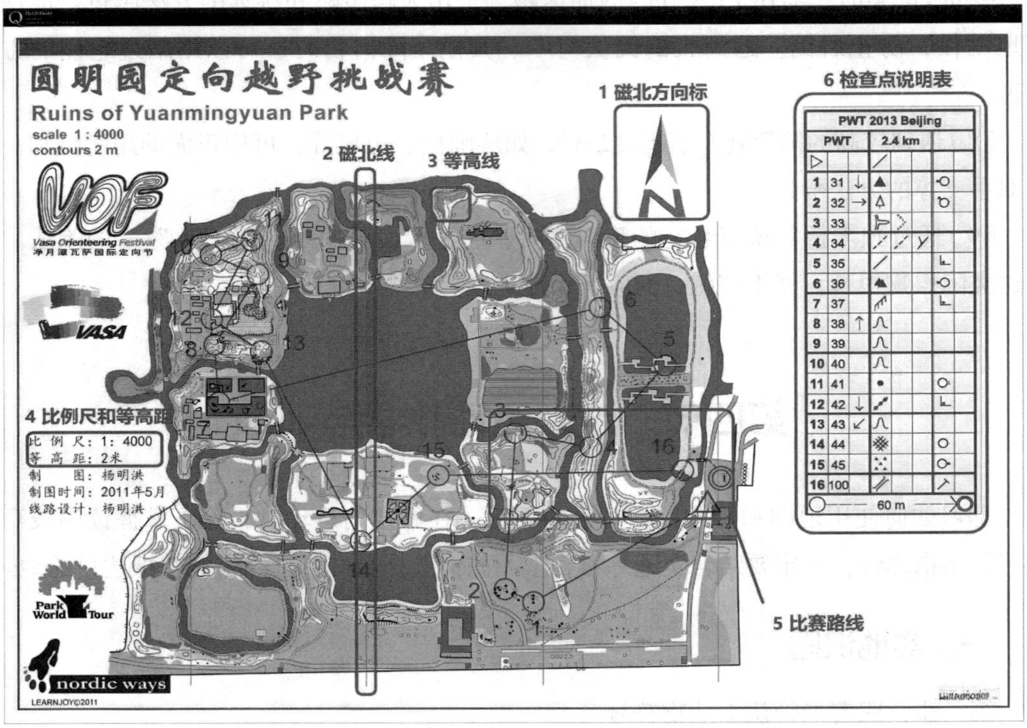

路线选择即为从一点到另一点决定要走的路。这里所指的路线并不是通常所说的公路或小道。在两点之间，通常有许多条路线可供选择，一条好的路线取决于它是一条安全性能最高以及体能消耗最少的路线。当然，在探险、高级野外训练、精英赛和其他高难度行进训练中，人们往往不惜冒险。在日常生活中，我们或多或少下意识地进行过很多种路线选择。从家到学校或办公室，有多条路线可供选择，你可以走平坦大道，也可以穿越林间小路或选择一条沿途自然风光秀丽的小径。你的选择取决于各种因素：如果是急着赶路，通常会选择一条宽敞平坦的大道；如果你想沿途欣赏一下风景，可能就会选择从公园里穿行。

虽然公路有它的优势，但你也可以选择一条虽然距离很短却蜿蜒曲折的碎石路，因为这样可以欣赏沿途乡村的怡人风光。

当在森林中行进，登山、跋涉沼泽或穿越公园或林地时，你会依照地图上所给出的信息，以类似的方式做出判断。每时每刻你都必须做出选择，以最佳的路线到达目的地。两点之间的最短距离就是直线距离，但走直线并不总是最佳选择。

当你选择路线时，最简单的莫过于沿线形地貌走。它们可能是公路、小径、输电线、田野边界、石头墙、湖滨、溪流或壕沟。但通向目的地的路上并不总是线形地貌。因此，你必须利用其他实物，选择一些必须经过又有明显特征的地形。

请看下图，走直线就意味着你将要消耗很大的体能去翻越山顶，如果选择左边的路线，什么地方转弯是问题；而选择右边的路线，从较低的鞍部穿过，线路较为明晰，然后抵达一个明显的小路就可以左转，在小路90° 右转的拐弯处直行就会到达目标点。在选择路线之前，必须考虑各种选择的可能性。

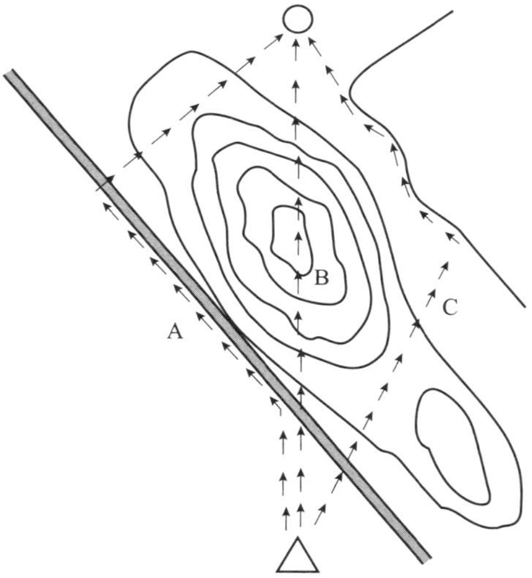

除爬山以外，你还会遇到其他阻碍速度的地形，如湖泊、植被茂密区、大的洼地以及其他阻碍物。当然，最佳路线选择应该是安全与快速并重。

二、跟随同伴带路练习

这个练习需要 2 ~ 4 人一组。其中一个人拿着地图，并决定到达点标的路线选择。其他人持图跟随其后，并记住一路上明显的地物地貌。当到达目的地后，跟随者必须在地图上标出他们此刻在哪里，以及是何时到达的。然后，换另一个人选择一个新的点标，并带路前行。

三、偏向瞄准概述

如果你要经过一段既无线形地貌又无明显地物特征的地带到一个小路岔口，只能用指北针定向，然后尽可能精确地沿其而行。

1. 偏向瞄准

当你在行进中不得不绕开灌木丛或类似物体时，往往要冒偏离正轨的风险。当你最终到达小路上时，却不知道岔口是在左边还是右边。相反，如果用指北针定准的是岔口的左边（而不是正对目的地），等到达小路时，就知道往右转弯一定会到达。

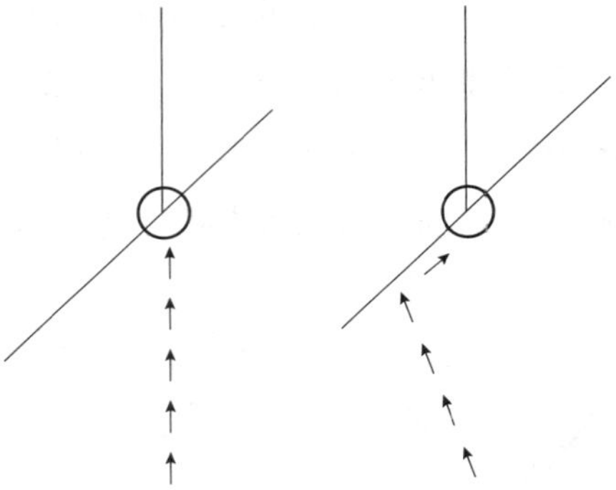

2. 扩大视野

当目的地较小时，尽力从较大的角度去看地形，而不要把视线只集中在目的地上。

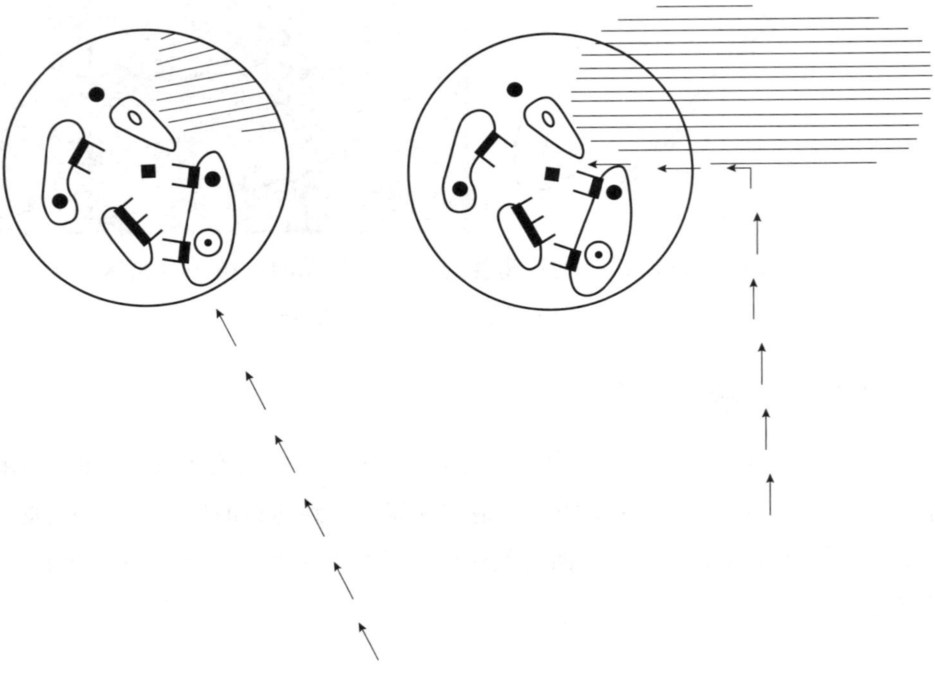

3. 简化视图

优秀的定向运动员在读图时，往往把图简化，只读重要的部分，而略去不必要的细节。

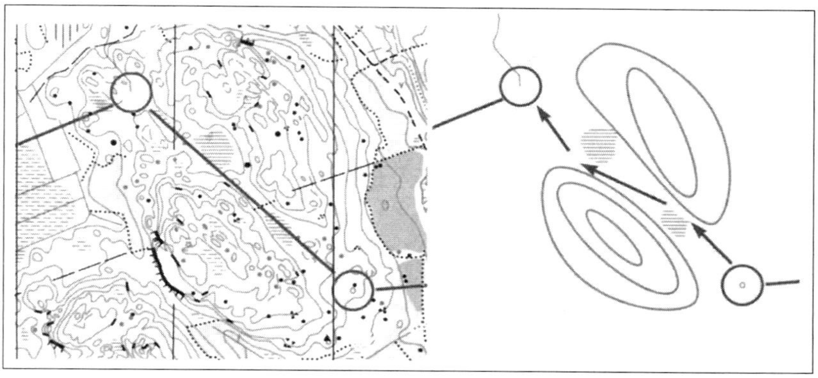

第六章

野外行走的知识

第一节　野外徒步的知识和要领

野外徒步是许多探险者和户外爱好者喜欢的活动之一。要谨记，无论是自主野外旅游还是野外工作，安全永远都是第一位的。在进行这项活动时，你需要掌握一些重要的知识来保证安全。

一、做好热身准备，起步放慢循序渐进

徒步登山、健步走、跑步、游泳、骑行等体育健身运动都应该先行热身。热身有利于增加肌肉的血液供应，有利于关节滑液的渗出，增加关节灵活性，提高肌肉和关节韧带的弹性，增强抗拉能力，使运动的健身效果更为明显。对于健步走、徒步登山、跑步的人来说，运动前热身不足，没有充分暖身、拉筋，往往会加重足跟负担，易造成足底筋膜炎。因此，每次徒步活动前，利用15min做伸拉热身运动，是科学的锻炼方法及健

康运动所必需的。徒步是路程较远、时间较长的运动，刚开始徒步的时候，速度要慢，逐步提高步频和步幅。这样可以把身体调整成适合徒步的运动状态，重要的是这样的热身运动，还可以预防很多突发状况及意外受伤。

在此提醒大家：徒步是一个长时间的运动过程，运动中应避免疲劳状态过早地出现；在单位时间内提高运动效率的同时，保持在运动过程中感觉最舒服的节奏是非常重要的。行前的热身、行进中的主动休息、结束后的放松恢复，都是非常讲求运动生理学的大学问。

二、徒步行进队形有规律

通常，一次徒步活动都有1名正领队、1~2名副领队或者协作者。队伍前面由1名副领队开路，担任向导的角色；队伍后面由1名副领队收队，担任殿后收容的角色。正领队穿插在队伍中间，保持一个合适的前中后呼应距离，注意整个队员的行动情况。在开始行动前要说明注意事项，特别是关于队伍安全的纪律要求等，如所有队员最快不能超过前面的副领队、所有队员最后不要落后于后面副领队等安全与纪律要求。

三、上下坡行有技巧

（一）上坡

一般来说，上坡时消耗的能量是走平路时的好几倍：爬倾斜度为10°~25°的坡道所消耗的能量是走平地时的3倍；如果爬倾斜度为25°~35°的坡道，爬坡的感觉像攀岩一样。这时就一定要注意节省体力，以及防止膝盖的运动损伤。

要减轻上坡时的疲劳感，可以缩小步幅增加步行数，如果加大步幅，就会加速心脏的跳动，这样就会消耗更多的能量。为了上坡时步伐轻松，应慢慢行走，切勿与同伴相互攀比。换句话说，你要按照最适合自己的节奏去走，如果节奏乱了，消耗的体能会大幅增加。

上坡时小步走

上坡时，行走重心应在脚掌前部，身体稍向前倾，使双脚充分承受体重。当一只脚站立另一只脚跨出时，站立的这只脚就会承担自身的全部体重和背负行李的重量，所以容易感到疲劳。

（二）下坡

下坡的步行方法，如果是短距离下坡就与走平地一样；若是持续一个小时以上的长距离下坡，所消耗的能量就是走平地时的2倍以上。无论以怎样的速度下坡，氧气的消耗量都会增加，步行时的下坡比上坡难。如果长距离下坡，膝盖就会打战，在陡坡处还容易扭伤脚踝，疲劳的肌肉容易导致痉挛抽筋。伸拉徒步中常使用到的小腿肚、大腿、背部等部位的肌肉群，即使花十几秒的时间做一做，也对预防疲劳很有帮助。同时，队员之间可以互相按摩腿部、腰部、肩部等肌肉群。另外，有条件的尽量抬高腿部高于心脏，让充血的腿部血液尽量回流心脏，这样非常有利于防止精神疲劳。

使用登山杖

扣好背包

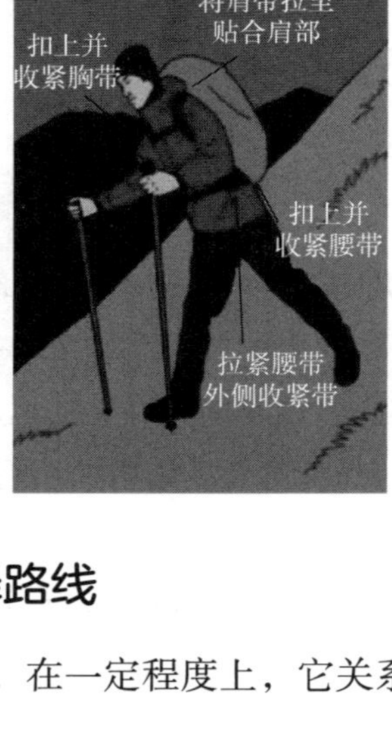

迂回前进

四、了解环境，合理选择路线

野外行进路线的选择十分重要，在一定程度上，它关系到自助旅行或野外工作的成败。因此，野外旅行前，一定要认真研究拟去地区的自然和人文地理环境，对各种行进的路线方案进行综合评价，选择其中综合行进条件好的路线和路面作为实际旅行的行进路线。

具体选择标准应是：走直道，不走弯道；走大路，不走小路；走主干道，避免走支道、岔道；走常行道，避免走人不常走的道路；走有人行痕迹的道，避免走自创道，不走兽道；尽量选择安全的路线，避免走险道；尽量选择适走性好的路面行走，避免走过于难行的劣地路面。但在公路和小路之间，应选择走小路，即使无奈必须走公路，也不走平坦的中心路面，而是走高低不平的路边，这样人和脚不易产生重复性机械疲劳。

五、结伴同行，避免单独行动

自助野游，精选同行者十分重要。你同伴的心理和身体条件好坏，常决定你们的野游能否成功，或能去何处野游。另外，在野外如果不是非常必要，最好不要单独行动，如需单独行动，也应告知同伴去向、路线、相会地点或往返总共所需的大致时间，以及其间的联系方式，切忌擅自行动。

六、选择白天行进，少走夜路

在野外旅行时，通常应在白天行进，一般不要走夜路。自助野游和野外工作的实践都表明，走夜路常常容易迷失方向和迷路，即便是“老野外”亦如此。因此，一般常跑野外的人不到万不得已，都不会选择在夜晚行进。

七、使用正确步姿，注意节奏和速度的配合，合理分配行进和休息时间

正确的步姿可以使行进者的脚不易疲劳和磨伤。正确的步行姿态：用脚尖踢出，然后以脚跟着地，两手以适当幅度前后摆动。在野外，长时间步行是比较容易疲劳的，有经验的“老野外”在行进中比较注意协调行进的步幅节奏和快慢节奏，注意适当休息，以延迟疲劳期的过早来到。避免疲劳的要领：选择最适合自己的步幅大小，以同节奏速度来走路。容易疲劳的原因大多是在平地刻意跨出过大的步幅，加快速度走路，这破坏了有规律的节奏性。另外，也可以适当大些步幅，放慢步频，保持速度不变。一切都应

根据各人平时走路的习惯和感觉而定。眼睛看前方，不要看鞋子，手轻握，脚踏出后，膝部伸直。不要将一只手插在口袋里，而另一只手拿着行李，否则遇到意外时很容易跌倒受伤（手冷可以戴手套）。

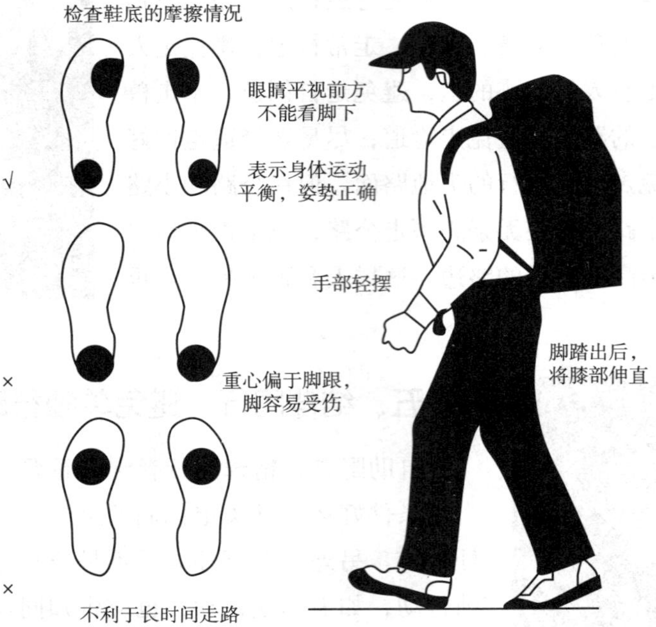

野外旅行途中，如果碰到天气不佳，不得不在雨天行进时，泥土沾在鞋子上是不可避免的，因此要将鞋带系紧，以免碰到泥坑将鞋子粘脱下来。在泥泞地里爬坡时，最好用鞋爬子（防滑作用）或手杖，或穿向当地农民买的草鞋，这样在泥泞路行走会轻松些。

在长时间的步行后，应当适当休息，补充体力，休息多久应视具体情况而定。一般大概平地走50min，休息10min；山坡路走30min，休息10min。如果一味冒进，走到累得不能再走才休息，不仅体力恢复很慢，而且行进者容易因为过于疲劳、注意力无法集中而跌倒或发生事故。如果休息时间过长，又会使身体刚刚活动的机能变得迟钝。休息时不必直接坐在地面上，可坐在高一些的石块上，这样血液不会完全降到臀部。可以借用身边的树墩、大石或粗树枝支撑背包，避免放下背囊，因为身体已经习惯了背包的重量，否则休息后反而会感到不适。休息时和出发前，做些轻微的屈伸运动，以帮助身体活动，例如：膝部屈伸运动可消除疲劳。休息时如果口渴，可以小口喝少量水，大量饮水不仅不能止渴，还会使体内盐分迅速下降、全身乏力，水分没有得到充分吸收就流失了。

如果是组队野游，要成队而行，队伍最前面的是向导或领队，其主要责任是确定路线和控制行进速度。体力弱的队员和女队员在行进队伍的中前部，殿后的队员应该体力较好，保证没有任何成员掉队。在有虫蛇出没的丛林中行走时，排在第二、三名的队员容易被蛇袭击，所以最好让装备较好的队员处在这种位置。队员在行进途中必须保持一定的间距，一般在2~3m。领队和殿后队员应该经常保持对讲机通话联系，当小组首尾队员距离太远时，必须及时处理，要保持队形，保证队伍的安全。小组的行进速度根据队中最慢的成员而定，这样的队员要安排在队伍的前部。

八、徒步中体力分配“三三法则”

登山中对体能分配的“三三法则”，同样适用于徒步的穿越活动。“三三法则”即登上山顶用全部体能的三分之一，到达山下安全位置再用掉三分之一的体能，余下的三分之一体能留着应付突发的意外情况。中国登山协会的统计显示，户外的山难事故多发生在下山途中。主要原因：已经登上顶峰，急于返回，心态不稳；或者体能分配不当，上山已经花费过多体力，导致下山体能不足、意志力不集中和动作变形，从而发生意外。

九、注意力集中，保持良好心态

野外自助旅游，是一件耗费体力和精力的事，因此，集中精力，保存体力，不无谓消耗精力和体力是行进中要遵守的原则之一。行走时要养成一个良好的习惯，即集中精力，不要边走边说笑和打闹。行走过程中应尽量少讲话，更不宜大声唱歌，这样会消耗你的体力。对于“老野外”来说，走夜路、走长路是常有的事，能够泰然处之。之所以如此，是因为他们在野外行进时遵循了基本原则，即保持良好心态。其实，走路和呼吸一样都是非常自由的事情，不要让自己的大脑为了走路耗费太多的精力。刚开始训练走路，在平地上，最少要走15min；练习快走时，你的呼吸会加快，会出汗，小腿肚、脚底、腹侧都会发痛；逐步练习以后，你的感觉则会越来越好。走路和赛跑一样，都需要掌握技巧。

十、给亲友留下你的行进路线规划和时间表

野外旅行，应给家人或朋友留下你行进路线的安排和时间，相约定时联系的日子和时间，经常与外界保持联系。一旦联系中断，就表明你可能有意外发生。你留给家人和

朋友的行进路线和时间安排，就是外界查明原因、确定你的基本方位和组织救援的重要凭据。

以下是一些更具体的建议，有助于在野外行走时更好地应对各种情况。

（1）选择合适的装备：穿着舒适、合适的鞋子和衣服，以及携带必要的装备，如背包、食物、水、急救箱等。

（2）了解地形和天气状况：在出发前，需要了解目的地的地形、天气状况、温度、湿度等信息，以便更好地应对各种情况。

（3）保持平衡和稳定：行走时，要注意保持身体的平衡和稳定，避免摔倒或滑倒。特别是在山区或湿滑的地面上行走时，要更加小心。

（4）遵循正确的步态：正确的步态可以提高行走效率和安全性。要注意保持身体直立，挺胸收腹，脚步迈得适中，不要过大或过小。

（5）合理安排休息时间：在长时间的行走中，需要合理安排休息时间，避免过度疲劳。可以适时休息，缓解脚部和身体的疲劳感。

（6）注意饮食和补水：在行走过程中，需要注意饮食和补水，保持身体的水分和能量。同时，要避免食用不洁或野生动物等食物，以免发生食物中毒或感染疾病。

（7）观察周围环境：行走时，要注意观察周围环境，特别是要注意周围的野生动物和植物。要避免触碰或食用未知的植物和动物，以免发生过敏或中毒。

（8）保持联系：在长时间的行走中，要保持与家人或朋友的联系，及时告知行踪和安全状况。同时，也要注意接收外界的信息，避免错过重要信息或紧急情况。

（9）了解植物和动物：在野外行走时，需要注意周围的植物和动物。了解一些基本的植物和动物知识，可以避免触碰有毒或有刺的植物，以及避免被动物咬伤或攻击。

（10）保持冷静和镇定：在遇到困难或危险时，要保持冷静和镇定，不要惊慌失措。要认真分析情况，采取适当的应对措施。

（11）注意避让风险：在行走过程中，需要注意避让风险，如悬崖、陡坡、河流等危险地带。要选择安全的路线行走，避免冒险行为。

（12）尊重自然和生态环境：在野外行走时，要尊重自然和生态环境，不要破坏植被、捕杀动物、乱扔垃圾等，要保持环境的整洁和美观。

（13）做好应急准备：在行走前，需要做好应急准备，如准备急救药品、手机、刀具等应急工具。同时，也要了解一些基本的急救知识，以便在遇到紧急情况时能够及时处理。

（14）学会使用地图和指南针：在野外行走时，地图和指南针是必不可少的工具。学会如何正确使用它们，可以更好地找到方向和定位自己的位置。

（15）学会辨别方向：在野外行走时，要注意辨别方向，保持正确的路线。可以通过观察太阳、北极星、树木的生长方向等方式来辨别方向。

（16）保持身体状态良好：在行走前，要注意保持良好的身体状态，进行适当的锻炼和休息。

（17）注意保持安静：在行走时，要注意保持安静，避免惊扰野生动物。同时，也要注意观察周围的动静，避免遇到危险。

（18）注意保护眼睛：在野外行走时，阳光和风沙等容易伤害眼睛，要注意保护眼睛，可以佩戴太阳镜、帽子等防护用品。

（19）注意保护皮肤：在野外行走时，阳光和紫外线等容易伤害皮肤。要注意保护皮肤，可以涂抹防晒霜、穿长袖衣物等。

总之，在野外行走时，需要注意安全和效率。要选择合适的装备，了解地形和天气状况，保持平衡和稳定，遵循正确的步态，合理安排休息时间，注意饮食和补水，观察周围环境，保持与家人或朋友联系。只有做好了这些准备和注意事项，才能更好地享受和应对野外行走的乐趣和挑战。

第二节　野外各种地形的徒步行走

一、简单路面行走

公路、马路、石板路的路面较硬，走路时不宜步幅过大，不宜脚掌用力着地，以防过早疲劳和脚掌脚趾打泡。田埂小路上行走，步幅要小，有时可两臂伸开保持平衡。阴雨天，两脚掌稍向外，以防滑倒。软地、河滩行走，要全脚掌落地，步幅要小，着地要轻。

二、复杂路面的行走

在野外徒步中，我们可能会遇到各种复杂的地形。掌握应对不同地形的方法，对于保证徒步安全至关重要。以下是一些常见的特殊地形及其应对策略。

（1）山地：山地是地面起伏显著、群山连绵交错的地形。在山地行走时，要特别注意保持身体平衡，避免滑倒。遇到陡峭的山坡时，可以选择较平缓的路或斜坡通过。同时，要注意观察周围环境，避开可能发生塌方的区域。尽量走梁不走沟，走纵不走横。为了防止意外，最好提前了解山地的地形特点，并准备好必要的装备，如登山鞋和防滑手套。

（2）土路：这种路面是很常见的，形成原因主要是石头风化和没有植被覆盖的山皮经过人们的长时间踩踏。雨季时，这种路面便会成为烂泥路，非常容易跌倒，伤到膝盖。应注意，大雨后，经过太阳的暴晒，土路表面已经被晒干，但实际上已经吸足了水分。这个时候，上下山是很容易出现危险的，走这种路面时鞋底一定要抓地，要充分利用登山杖作为支点，以免一脚踩进很深的烂泥里。另外，春秋两季昼夜温差大，雨雪天后土路面非常容易结冰，危险系数比较高。遇到这种情况，上下山时要充分利用登山杖和可以攀扶的物体，注意攀扶物体时要先确保该支点是牢固的。

（3）泥泞地：在泥泞地行走时，应选择较为坚实的地段通过，避免深陷其中。可以借助树枝、树叶等辅助物品来保持身体平衡。在穿越泥泞地时，要注意观察天空状况，避免在雷雨天气中行走。为了更好地应对泥泞地，可以提前准备好防水鞋和防水衣物。

（4）沙漠：在沙漠中行走时，要注意保护好自己的身体，避免中暑和脱水。同时，要选择较为平坦的路线行走，避免走错方向。在遇到沙丘地带时，可以选择绕行或者翻越，但应避免在太阳直射时行走。为了更好地应对沙漠地形，可以提前准备好防晒霜、遮阳帽和充足的饮用水。

（5）森林：在森林中行走时，要注意观察路标和地图，避免迷路。同时，要注意保护好自己的身体，避免被树枝划伤或者被昆虫叮咬。在穿越森林时，要注意保持安静，避免惊扰野生动物。为了更好地应对森林地形，可以提前准备好防虫喷雾、锋利的砍刀和可靠的指北针。

（6）碎石路：在踏上碎石路之前，仔细观察并选择那些看起来比较稳固、能够承重的石头，慎重选择落脚点，避免选择那些松散、不平整或者明显已经移动过的石头。在走每一步之前，先用脚尖轻轻试探石头的稳定性，同时观察周围石头的分布和状态，以便预测下一步的最佳位置。保持平衡，尽量保持身体直立，不要过于前倾或后仰，这样可以减少对石头的压力，降低滑倒的风险；小步前进，时刻保持对脚下的关注，观察石头的状态和自己的步伐，以便及时调整；利用手杖或探棒提供额外的支撑和稳定性。

（7）雪地：在雪地中行走，保持平衡是关键。行走时，身体稍微向前倾斜，双脚分开与肩同宽，这样能够更好地分散身体的重量，增加稳定性。行走在雪地中需要消耗大量的体力，因此，适当地控制步伐和速度是很重要的。慢慢地行走能够节省体力，避免过度消耗。尽量避免在深雪中行走，尽量沿着有人行走过的路径或选择相对坚实的雪地。

（8）通过草丛灌木：茂密的植被可能给我们的行进带来困难，甚至威胁我们的安全。在进入草丛和灌木之前，应穿着长袖衣物、长裤和坚固的鞋子，并携带手套和帽子等防护用品。仔细观察地形，寻找较为空旷或植被较少的路径。同时，尽量选择已经被踩踏过的路径或靠近人迹的地方。携带适当的砍刀、手斧或其他工具，可以帮助清除阻挡道路的灌木和荆棘，但请小心使用，避免误伤自己或周围植物。穿越草丛和灌木可能需要耗费一定的时间和精力，应保持耐心和谨慎，不要急于求成；适时休息，保持体力和良好的精神状态。

第三节　野外生存中的体能训练

一、体能训练的目的和意义

野外生存中的体能训练承载着多重目的并具有深远的意义，它既关乎个体能力的提升，也关乎生存技能和精神意志的锤炼。

首先，体能训练能够显著提高个体的适应能力和生存技能。在野外环境中，人们需要面对复杂多变的地形和气候条件，而良好的体能基础能够使个体更好地适应环境。通过增强肌肉力量、提高身体协调性和耐力，人们可以更加轻松地穿越崎岖的山路，攀爬陡峭的峭壁，以及在恶劣的气候条件下保持稳定的身体状态。这些技能对于野外生存至关重要，能够帮助人们在遇到紧急情况时迅速做出反应，保护自己的生命安全。

其次，体能训练有助于增强个体的意志品质和心理素质。在野外生存中，人们需要面对各种困难和挑战，如食物短缺、疲惫不堪等。通过体能训练中的耐力训练和抗压训练，人们可以培养坚韧不拔、勇往直前的精神品质，学会在困境中保持冷静和乐观的心态。这种心理素质的培养对于应对野外生存中的种种困难至关重要，能够帮助人们在压力之下保持清晰的思维和坚定的信念。

最后，体能训练还能够培养个体的团队合作精神和协作能力。在野外生存环境中，人们往往需要与他人一起合作完成任务，如搭建临时住所、寻找食物和水源等。通过体能训练中的团队项目和协作训练，人们可以学会如何与他人有效沟通、分工合作，发挥集体的智慧和力量，共同应对野外生存中的各种挑战。这种团队合作精神的培养不仅有助于个体在野外生存中提升生存能力，也对个体的社会生活和职业发展具有积极的促进作用。

综上所述，野外生存中的体能训练对于提升个体的适应能力、生存技能、意志品质和团队合作精神具有重要意义。它不仅能够帮助个体更好地适应野外环境，也能够在心理层面为个体提供强大的支持，使个体在面对困难和挑战时更加坚定和勇敢。

二、野外生存对体能的基本要求

（一）基本耐力要求

基本耐力是人体长时间进行肌肉活动的能力，是人类活动能力和运动能力的基础。参加野外生存活动的人群，可以通过开展野外生存活动来提高自己的基本耐力水平。野外生存活动没有交通工具，没有方便的生活设施，一切都得靠自己。靠自己基本的身体能力，靠自己长时间的远足能力、攀登能力、负重能力、抗疲劳能力，以及在野外耐热、耐寒适应各种气候条件的忍耐能力。提高身体最大摄氧能力，有助于增强身体适应野外生存活动所有体能的要求。

（二）基本力量要求

力量是肌肉紧张或收缩时所表现出来的能力。在野外生存活动中，几乎所有的户外身体活动都与力量素质有关。当进行野外生存活动中的跑、跳、攀登、攀爬、悬垂、远

足、游泳时，身体各部分必须表现出很大的力量，没有基本的力量做保障，参加野外生存活动是很困难的。对人的下肢力量，特别是髋关节、膝关节的肌群有着较高要求，对背部肌群以及肩带肌群也有一定的要求。尤其是崎岖山地的蹬山远足活动，常常伴有攀登、攀爬等动作，甚至要做一些悬垂动作。以上这些动作对人的手指、手腕、手臂、肩带以及腰部和腹部肌群的力量要求很高，若缺乏基本力量训练，在野外生存活动中，不宜安排类似的活动，以防止发生危险和伤害事故。

（三）对抗疲劳和攀爬能力的要求

疲劳是人们超负荷工作或人体运动过程中发生的生理现象，它是一种警报性信号，或者说是人类保持健康的保险阀。由于野外生存活动需要连续在野外跋山涉水、远足露营，活动和生存条件比较艰苦。特别是经过一段时间的体力活动后，会出现运动能力和体力状况的暂时性下降，易引起机体抗病能力下降。在野外生存之前，有目的地开展一些体能训练和抗疲劳锻炼，能够在野外生存活动中保持良好的体能。攀爬特别需要手指、手腕、脚趾、脚腕和强大的腰腹力量。在野外生存活动中，要善于在较长时间的运动中及时进行短暂的休息和调整，以恢复体能，为后续生存活动蓄力。

三、提高力量和耐力实用的体能锻炼方法

（一）从较短的路程开始锻炼耐力

提高远足能力的最好方法就是出去远行，从较短、难度较低的小路开始，让你的身体逐渐适应远足。随着能力的提高，你可以不断挑战自己，挑战越来越多的难度。随着时间的推移，你的技术、耐力和综合能力都会得到提高。

（二）爬楼梯可以提高耐力

徒步旅行是一项艰苦的活动，需要足够的耐力才能继续前进。爬楼梯会挑战你的肌肉力量，增加你的心血管调节能力，同时大致模拟徒步旅行的动作。只要有机会，尽量走楼梯而不是电梯或自动扶梯，这非常有助于提高你的耐力。

（三）加强心血管锻炼来改善身体状况

增强有氧运动有助于你进行更长时间、更高要求的徒步旅行。如果你的身体状况良好，在外出时就不会感觉太疲劳，尝试每周进行2~3次心血管锻炼，以保持体型并增强体能。例如，跑步、骑自行车、游泳、跳绳、划船等都是心血管锻炼的好方式。即使你不打算远足，保持良好的身体状态也很有必要。

（四）进行力量训练以建立更强壮的肌肉

长距离徒步旅行对你的肌肉有很多要求，因此，在健身方案中增加举重将有助于增强你的肌肉，使它们足够强壮，可以应对徒步过程中的很多困难。每周可增加1~2次举重锻炼，以增加你的力量并提高你在艰难的穿行路线上徒步的能力。举重练习要使用适合的重量哑铃，举起太重的哑铃很容易受伤，得不偿失。

（五）定期拉伸以提高柔韧性和肺活量

每天至少拉伸一次肌肉会增加你的灵活性和活动能力，这将使你能够应对不断变化的远足需求。伸展运动还有助于扩展胸腔和膈的肌肉，这将有助于增强远足时的肺活量。长时间远足或进行具有挑战性的锻炼后，伸展运动还有助于释放肌肉的紧绷感。另外，做瑜伽可以伸展肌肉，改善平衡，增强呼吸能力。

徒步与登山并不适合所有人，对身体素质和精神层面都提出了较高要求，并且需要特定的技能。因此，在进行野外生存、探险活动前，你要全方面评估自己的身体状况是否适合此项活动。不同类型的山地攀登需要不同的能力，因此，想要成为一名优秀的登山者，你还需要掌握使用安全带、系绳等技能。学习攀登的基础知识，是一个背包客必备的技能。掌握徒步的基本技能，不断提高自身的肌肉力量与耐力，携带合适的装备，是一个优秀的背包客的安全保障。此外，拥有的生存技能包括对周围环境的认识、对所面临危险的理解以及想办法逃避威胁的能力，都是在不断的户外活动中积累提高的。

第七章

野外生活技能

当现代生活的便捷帷幕在野外环境中缓缓落下时，我们便踏入了一个截然不同的世界——一个原始而充满挑战的世界。在这片广袤无垠的天地里，每一个行动、每一项决策都与生存息息相关，野外生活技能则是开启这扇生存之门的钥匙。

水，生命之源，在野外却常常隐匿身形。它可能是高山峡谷中潺潺流淌的溪流，需要我们翻山越岭去寻觅；也可能是干旱沙漠深处难以捉摸的地下水，考验着我们的洞察力与挖掘能力。从收集纯净的雨水、凝聚于草叶的露水，到净化浑浊的水源，野外取水的每一个环节都蕴含着对自然规律的深刻理解与巧妙运用。只有掌握这些技巧，才能在干渴的威胁下觅得生机。

火，文明之光，在野外更是温暖与希望的象征。寒冷的黑夜中，一堆旺盛的篝火能驱散彻骨的寒冷，给予我们身心的慰藉；潮湿的环境里，它可以烘干衣物，让身体恢复干爽舒适；而在烹饪食物时，火又将大自然的馈赠转化为滋养我们的能量。然而，从小心翼翼地保存火种，到精准地选择引火物，再到熟练运用各种生火方法，在野外成功生火需要我们熟知自然材料的特性，克服多变环境带来的重重困难。

食物，生存之基，在野外等待着我们去探索与获取。大自然的餐桌丰盛却又暗藏玄机，识别可食用的植物是一场知识与经验的考验，区分无毒与有毒的果实、根茎、嫩叶，是保障生命安全的首要任务。此外，捕鱼与狩猎则要求我们深入了解动物的习性与行踪，运用智慧与技巧在遵循生态平衡的前提下获取足够的蛋白质。

本章将详细阐述野外取水、野外取火以及获取食物的技能与方法，为每一位渴望探索野外世界的读者提供实用指南。无论你是热衷于挑战自我的户外探险家，还是对大自然充满敬畏与好奇的旅行者，这些技能都将成为你在野外生存的得力助手。让我们一同开启这段充满挑战与惊喜的学习之旅，在大自然的怀抱中凭借智慧与勇气，书写属于自己的野外生存篇章，拥抱与自然深度交融的奇妙体验。

第一节　野外取水

一、水源寻找

（一）地形地貌线索

在户外，我们经常会遇见不同的环境和地形，如山谷、山脚、冲击扇等地形。这就需要我们在户外生存的时候根据不同地形，做出不同的判断，成功地寻找到水源。

1. 山谷

（1）寻找原理。

山谷是地势较低的区域，周围山坡上的雨水会在重力作用下向山谷汇聚，形成溪流或在山谷底部形成水洼等水源。

（2）判断方法。

观察植被：山谷中植被通常较为茂盛，尤其是靠近水源的地方，植物生长更为旺盛。如果发现某一区域的草更绿、树木更繁茂，那么其附近很可能有水源。

寻找潮湿迹象：查看山谷地面是否有潮湿的土壤、泥泞的区域或水渍等，这些都是水源存在的明显迹象。

顺流而下：若在山谷较高处发现细小水流，可沿着水流方向寻找，往往能找到更大的水源，如溪流、水潭等。

2. 山脚

（1）寻找原理。

山体中的地下水会在山脚处渗出，形成泉眼或使山脚的土壤保持较高湿度，从而有利于水源的聚集。

（2）判断方法。

检查土壤湿度：用手或工具挖掘山脚的土壤，若土壤较为湿润，甚至能看到水分渗出，则表明附近可能有地下水。

寻找泉眼：仔细观察山脚的岩石缝隙、草丛等地方，看是否有泉水涌出。泉眼周围通常会有潮湿的地面、青苔生长等特征。

留意动物踪迹：动物也需要到水源地饮水，所以山脚附近若有较多动物的脚印、粪便等踪迹，那么在不远处可能就有水源。

3. 冲击扇

（1）寻找原理。

冲积扇是河流出山口处的扇形堆积体，由河水携带的泥沙、砾石等物质堆积而成。

在冲积扇的边缘，地下水往往比较丰富，容易形成泉水或渗出水洼。

（2）判断方法。

观察地形特征：冲积扇一般呈扇形，从山口向平原逐渐展开。其边缘地带地势相对较低，是地下水容易渗出的位置，可以重点在这些区域寻找水源。

分析土壤质地：冲积扇上的土壤颗粒通常由山口向边缘逐渐变细，在边缘处土壤较为细腻，保水性较好，有利于水分的储存和渗出。如果发现某一区域的土壤质地符合这种特征，且较为湿润，那么此地可能存在水源。

参考周边植被：与山谷类似，冲积扇边缘水源丰富的地方，植被也会更加茂盛。观察植被的生长状况，可以初步判断水源的大致位置。

在野外根据地形地貌寻找水源时，需要综合运用多种方法和线索，并结合当地的气候、地质条件等进行判断，以提高找到水源的准确性和成功率。

（二）植被与动物指示

1. 植物与水源的关联

许多植物的生长习性与水源紧密相连，它们能够成为野外寻找水源的重要指示物。以芦苇和菖蒲为例，这两种植物通常生长在潮湿环境中。芦苇是多年生草本植物，它具有发达的根系，能够深入地下吸收水分。菖蒲也是喜水植物，多生长在沼泽地、溪边或浅水区。当在野外看到大片的芦苇荡或菖蒲丛时，其地下很可能存在地下水。因为这些植物的根系为了获取足够的水分，会不断地向有水的地层延伸。它们的存在暗示了附近区域的土壤含水量较高，甚至有地下水位较浅的水源，如地下泉水或浅层地下水渗出形成的湿地环境。

除了芦苇和菖蒲，还有一些植物也可作为水源指示物。例如，柳树也是一种对水较为敏感的植物，它的根系发达且倾向于靠近水源生长。在一些干旱地区，如果发现有柳树生长，那么在其周围挖掘一定深度可能会找到地下水。还有水蕨，这种蕨类植物通常生长在潮湿且富含水分的环境中，多见于溪边、池塘边或者地下水渗出的区域。在野外看到水蕨，就意味着周边较大概率存在可供利用的水源。

2. 动物活动与水源的关系

动物在野外生存，水源是其生命活动不可或缺的要素，因此，它们的活动踪迹往往能为我们寻找水源提供线索。鸟类在清晨通常会飞往水源地饮水。经过一夜的栖息，鸟类在清晨时分需要补充水分以维持身体机能。它们具有敏锐的方向感和对水源气息的感知能力，会朝着水源的方向飞行。如果在野外观察到鸟类在清晨集体朝某个方向飞行，那么沿着这个方向探寻，就有较大机会找到水源，如溪流、湖泊或者水洼等。

蚂蚁的巢穴附近也可能有地下水源渗出。蚂蚁在筑巢时会选择相对适宜的环境，其中水分条件是一个重要因素。虽然蚂蚁可以从食物中获取部分水分，但它们仍需要相对稳定的水源供应。当在野外发现成群的蚂蚁巢穴时，仔细观察巢穴周边的土壤，如果发现有潮湿甚至有水渍迹象，那么在附近挖掘可能会找到地下水源。需要注意的是，挖掘时要避免破坏蚂蚁巢穴，以免引起蚂蚁的攻击。

此外，像大型哺乳动物如鹿、羚羊等，它们每天都需要大量饮水，通常会在固定的时间前往水源地。如果在野外发现这些动物频繁出没的路径或者它们粪便集中的区域，沿着这些踪迹探寻，往往也能找到水源。蜜蜂的蜂巢虽然不是直接指示水源，但蜜蜂采水通常会在距离蜂巢较近的水源处，一般在半径 5km 以内。观察蜜蜂飞行的方向和距离，也可以大致推断水源的方位。在野外活动时，留意动物的这些活动特征和踪迹，能够帮助我们有效地找到水源，增加在野外生存的机会。

二、取水方法

野外取水的方法大致可以分为三种，包括直接收集、从水源取水和植物取水。

（一）直接收集

1. 雨水收集

（1）雨布的选择与准备。

选择材质轻便、防水性能好的雨布，如聚乙烯雨布或尼龙雨布等。在使用前，检查雨布是否有破损或漏洞，如有需要及时修补，以确保雨水收集的效果。

（2）雨布的铺设角度与位置选择。

角度：一般来说，雨布的铺设角度应根据当地的降雨方向和地形来确定，尽量使雨布与雨水下落的方向垂直，以最大限度地接收雨水。如果无法确定降雨方向，可以将雨布铺设成中间略低、四周略高的浅漏斗状，这样无论雨水从哪个方向落下，都能较好地汇集到雨布中心。

位置：选择开阔、没有障碍物遮挡的地方铺设雨布，如山顶、空旷的草地或没有树木遮挡的山坡等。同时，要避免在有污染源的地方收集雨水，如工厂附近、垃圾堆放场等，以免收集到受污染的雨水。

（3）容器的放置与固定。

放置：将收集雨水的容器放置在雨布的最低处，即漏斗状雨布的中心位置。容器的开口要足够大，以方便雨水流入，但也要注意防止杂物进入容器。如果使用多个容器，可以用导管将它们连接起来，以便更好地收集和储存雨水。

固定：为了防止容器被风吹倒或移动，需要对容器进行固定。可以使用绳子或石块等将容器固定在地面上，确保其在收集雨水的过程中保持稳定。如果在山区或风大的地方收集雨水，还可以在容器周围设置防风屏障，如用树枝或石块搭建简易的防风墙，以减少风对雨水收集的影响。

2. 露水收集

（1）材料的选择与准备。

选择吸水性强的材料，如干净的棉布、海绵、毛巾等。使用前，将这些材料清洗干净并晾干，以免杂质混入露水中而影响水质。

（2）收集技巧。

选择合适的植物：并非所有植物都适合收集露水，一般选择叶片较大、表面光滑且无绒毛的植物，如阔叶树的叶片、草本植物的叶片等。这些植物的叶片表面积较大，能够更好地凝结露水。

收集时间：露水通常在清晨时分最为丰富，此时温度较低，空气中的水汽容易在植物叶片上凝结成露水。因此，最好在清晨太阳尚未升起之前进行露水收集，以获取更多的露水。

收集方法：将准备好的吸水性材料轻轻地在植物叶片上擦拭或按压，使露水被材料吸收。可以从植物的叶片尖端开始，逐步向叶片基部擦拭，以充分收集露水。对于一些较高的植物，可以使用长杆或树枝等工具固定吸水性材料，然后伸到植物叶片处进行收集。

（3）拧出或挤出露水。

拧出：将收集了露水的棉布或毛巾等材料卷成一团，然后用双手握住两端，向相反方向用力拧转，使露水从材料中流出并收集到容器中。拧转时要注意力度适中，避免将材料拧破或损坏。

挤出：如果使用海绵等材料收集露水，可以将海绵放入一个容器中，然后用手或其他工具挤压海绵，使露水被挤出并流入容器中。也可以将海绵放在一个有网眼的容器中，通过按压海绵让露水通过网眼流入下方的容器，这样可以过滤掉一些杂质。

利用以上方法，可以在野外有效地收集雨水和露水，为野外生存提供必要的水源保障。在收集过程中，要注意保持收集工具的清洁和卫生，以确保取水质量安全。

（二）从水源取水

1. 溪流与河流取水

（1）安全取水点选择。

观察水流速度：寻找水流相对平缓的区域，避免在瀑布附近、狭窄河道的急流段或水坝下方等水流湍急的地方取水，以免发生危险。可以通过观察水面的波纹、水流冲击石头或岸边的力度来判断水流速度。

检查水质状况：避开有明显污染迹象的区域，如靠近工厂排污口下游、垃圾漂浮物聚集处、有异味或变色的水域。同时，也要留意上游是否有牲畜活动频繁的区域，防止动物粪便污染水源。选择水质清澈、无异味、无浑浊物的地方作为取水点。

考虑河岸稳定性：优先选择河岸坚固、不易坍塌的地方，避免在土质松软、容易滑坡的河岸取水，防止因河岸坍塌而危及人身安全。

（2）容器取水操作要点。

固定容器：如果在水流较缓但仍有一定流速的地方取水，可以使用绳索将容器系好，一端固定在岸边的牢固物体上，如大树、大石头等，防止容器被水流冲走。

辅助工具使用：对于较深或较宽的溪流与河流，可以使用长柄勺、瓢或自制的简易取水工具（如绑在长杆上的容器）来取水，增加取水的便利性和安全性，避免身体过度靠近水面。

2. 湖泊与池塘取水

（1）岸边取水注意事项。

避开藻类密集区：藻类过多的区域可能会使水带有异味、颜色变绿，并且藻类死亡后分解会消耗水中氧气，导致水质变差。因此，要观察湖面或池塘表面，避开有大片藻类漂浮的区域。

靠近活水流入处：选择靠近有溪流或泉水流入的湖泊、池塘，这样的区域水质相对较好，因为活水的流入会带来新鲜的水源并增加水中的含氧量，同时有助于稀释可能存在的污染物。

（2）简易过滤装置使用。

制作简易过滤器：可以用一个较大的容器（如塑料瓶）制作简易过滤器。在瓶底扎一些小孔，从下往上依次填充不同的过滤材料，如一层干净的细沙、一层活性炭（可由燃烧后的木炭代替）、一层小石子。细沙可以过滤掉较小的颗粒杂质，活性炭能吸附部分异味和有害物质，小石子则起到支撑和初步过滤较大颗粒的作用。

过滤操作：将湖水或池塘水缓慢倒入简易过滤器中，让水通过过滤材料流入下方的接水容器。过滤后的水虽然不能达到完全纯净，但可以去除大部分悬浮杂质和部分异味，提高水质，使其更适合饮用或其他用途。

3. 地下水取水

（1）挖掘地点选择。

依据植被判断：寻找植被生长相对茂盛特别是有喜水植物（如芦苇、菖蒲等）生长的区域，这些植物的存在往往暗示地下水位较浅。另外，观察树木的生长情况，如树木的根系发达且部分根系露出地面，也可能表示地下水位较浅。

参考土壤湿度：用手或工具挖掘一些浅坑，检查土壤的湿度。如果挖到一定深度后土壤明显湿润，甚至有积水渗出，那么这个区域是比较理想的挖掘地点。同时，注意土壤的质地，一般来说，沙质土壤比黏土更容易挖掘且透水性较好，有利于地下水的渗出。

挖掘深度预估：在挖掘过程中，要根据土壤的湿度变化和是否有地下水渗出的迹象来预估挖掘深度。如果在挖掘到一定深度后，土壤一直保持干燥，可能需要重新评估挖掘地点或考虑采用其他取水方法。一般情况下，在地下水位较浅的地区，挖掘数米深可能就会有地下水渗出，但在一些干旱地区或地下水位较深的地方，可能需要挖掘更深。

（2）防止井壁坍塌。

井壁加固：随着挖掘深度的增加，要及时对井壁进行加固。可以使用木板、树枝或石块等材料沿井壁堆砌，形成支撑结构，防止井壁坍塌。对于较浅的井，可以采用简单的“井字形”框架结构，将木板或树枝交叉放置在井壁四周，然后用绳索或藤蔓固定。

合理挖掘形状：挖掘的井坑形状尽量保持垂直或略微向内倾斜，避免井壁形成外凸的形状，这样可以减少井壁坍塌的风险。

（3）使用吸管或简易泵取水操作。

吸管取水：当挖掘到有地下水渗出的深度后，如果水位较浅，可以使用吸管直接吸取井水。选择一根足够长且直径适中的吸管（如塑料吸管或竹管），将一端放入井水中，然后用嘴吸出吸管内的空气，使水在大气压的作用下上升并流出吸管。在吸水过程中，要注意保持吸管的清洁，避免杂物进入吸管堵塞水流。

简易泵制作与使用：如果水位较深或需要大量取水，可以制作简易泵。一种常见的简易泵是利用活塞原理制作的。准备一个较大的空心管（如竹筒或 PVC 管）作为泵筒，一个活塞（可以用木头或橡胶制作，大小与泵筒内径相匹配），一根长杆连接活塞并伸出泵筒顶部作为手柄。将泵筒底部放入井水中，通过上下拉动长杆带动活塞运动，使泵筒内形成负压，从而将地下水抽上来。在使用简易泵时，要确保泵筒与井壁之间密封良好，防止漏气影响抽水效果，同时要定期检查和维护简易泵的各个部件，保证其正常运行。

在野外取水时，无论采用哪种方法，都要优先考虑安全因素，并尽可能对获取的水进行净化处理，以确保饮用水的安全卫生。

（三）植物取水

1. 从肉质植物中获取水分

可获取水分的肉质植物：仙人掌是常见的可提供水分的肉质植物之一。它的茎部储存了大量水分，以适应干旱环境。此外，一些大戟科的肉质植物，如霸王鞭等，也含有一定量的可利用水分，但在获取水分时需要格外小心，因为部分大戟科植物具有毒性。

获取水分的方法：以仙人掌为例，使用锋利的刀具小心地切割仙人掌的茎部。切割时要注意避免被仙人掌的刺扎伤。将切割下来的部分仙人掌放在干净的容器中，用手或其他工具轻轻挤压，使其中的汁液流出并收集到容器中。需要注意的是，这种汁液并非完全纯净的水，可能含有一些植物的营养成分和其他物质，但在紧急情况下可以作为补充水分的来源。

有毒植物的区分：在野外，并非所有的肉质植物都可以安全地获取水分。某些大戟科植物，如狼毒大戟等，外观与普通的肉质植物相似，但含有毒素，其汁液接触皮肤可能会引起过敏反应，误食则可能导致中毒。因此，在选择肉质植物获取水分时，要准确识别植物种类，避免误取有毒植物。一般来说，颜色过于鲜艳、形态奇特且与常见可食用植物差异较大的肉质植物，需要谨慎对待，不要轻易尝试从中获取水分或食用。如果无法确定植物是否有毒，最好不要使用。

2. 利用植物蒸腾作用取水

（1）简易装置的制作。

材料准备：选择一个较大的透明塑料袋或塑料薄膜、一些细绳或胶带、一根树枝或木棍。

制作步骤：首先，选择生长健康、枝叶繁茂的植物，最好是叶片较大且表面光滑的植物，如阔叶树的树枝等，将塑料袋或塑料薄膜套在植物的枝叶上。然后，用细绳或胶带将塑料袋口紧紧地扎在树枝或植物的茎干上，确保密封良好。最后，用木棍或树枝支撑起塑料袋，使塑料袋内有足够的空间，便于水汽凝结和收集。

（2）装置的使用与注意事项。

放置位置：将制作好的简易装置放置在阳光充足的地方，因为阳光可以加速植物的蒸腾作用，使更多的水汽在塑料袋内凝结成水滴；但要避免将装置放置在过于炎热或干燥的地方，以免植物因过度失水而受损，影响蒸腾作用的持续进行。

收集水分：随着时间的推移，塑料袋内会逐渐出现水汽凝结成的水滴。当水滴足够多时，可以小心地解开塑料袋口，将水滴收集到干净的容器中。在收集水滴时，要尽量避免将塑料袋内的杂质混入水中，可以使用干净的吸管或勺子等工具进行收集。

保护植物：在使用植物蒸腾作用取水后，要及时将装置拆除，避免对植物造成长期的伤害。如果需要多次使用同一植物进行取水，应给植物足够的时间恢复，不要过于频繁地使用，以保证植物的正常生长和生存。

利用植物获取水分是野外生存的一种应急方法，在操作过程中要注意保护植物资源，遵循可持续利用的原则，同时确保自身的安全和健康。

三、水的净化处理

（一）过滤

1. 制作简易过滤器

（1）材料选择。

木炭：木炭具有良好的吸附性能，可以吸附水中的异味、颜色和部分有害物质。选择经过充分燃烧、质地较硬且无明火残留的木炭，将其敲碎成小块或研磨成粉末状备用。

沙子：沙子能过滤掉水中较大颗粒的杂质。选用干净的细沙，先用清水冲洗去除其中的泥土等杂质，然后在阳光下晒干或用其他方式烘干，以保证沙子的清洁和干燥。

石子：石子主要起到支撑和初步过滤的作用，防止上层的沙子和木炭在过滤过程中塌陷。选择大小适中、表面相对光滑的石子，洗净后备用。

棉布：棉布用于过滤的最上层，能够拦截一些较大的漂浮物和杂质，同时使水均匀地渗透到下层的过滤材料中。使用干净的棉布，剪成适当大小，以便覆盖在过滤器的顶部。

（2）组装顺序。

底层：取一个较大的容器，如塑料瓶、竹筒或水桶等作为过滤器的外壳。在容器的底部先铺上一层洗净的石子，石子层的厚度宜为容器高度的1/4~1/3，以形成稳定的支撑结构。

中层：在石子层上方均匀地铺上一层细沙，细沙层的厚度约为容器高度的1/3。注意要使沙子表面平整，以便更好地过滤水分。

上层：将准备好的木炭碎末或粉末均匀地铺在细沙层之上，木炭层的厚度约为容器高度的1/4。木炭的细小颗粒能够进一步吸附水中的杂质和异味。

顶层：将剪成合适大小的棉布覆盖在木炭层上，并用绳子或其他固定物将棉布固定在容器口，防止其在过滤过程中移动或脱落。

2. 过滤次数与效果提升

单次过滤效果：经过上述材料和顺序组装的简易过滤器，单次过滤能够去除水中的大部分悬浮颗粒、泥沙、杂质以及部分异味和颜色，使水的清澈度得到明显提高，但这并不能完全达到饮用水的标准。

多次过滤：为了进一步提升过滤效果，可以将经过第一次过滤的水再次倒入过滤器中进行多次过滤。随着过滤次数的增加，水中的杂质含量会越来越少，水质也会更加纯净。在一般情况下，经过2~3次过滤后，水的质量能够满足基本的饮用需求，但如果条件允许，进行更多次的过滤会使水质更加可靠。

3. 利用自然材料构建临时过滤系统

材料收集：在河边等自然环境中，可以收集到细沙、落叶、小树枝、苔藓等材料。细沙可用于过滤较大颗粒的杂质；落叶和苔藓具有一定的吸附能力，能够帮助去除水中的部分有机物和异味；小树枝则可用于搭建过滤系统的框架结构。

框架搭建：选择一处相对平坦且靠近水源的地方，用小树枝搭建一个简易的框架，可以是三角形、方形或其他稳定的形状。框架的大小根据需要过滤的水量和使用的容器大小来确定。

分层填充：在框架的底部铺上一层较厚的落叶，落叶的厚度宜为10~15cm，尽量压实，以形成初步的过滤层。然后在落叶层上方铺上一层细沙，细沙层的厚度宜为5~10cm，使水能够缓慢地渗透通过。如果有苔藓，可以将苔藓铺在细沙层之上，进一步增强过滤效果。

引导水流：在临时过滤系统的上方设置一个简单的导流装置，如用树叶或树皮制作一个倾斜的导流槽，将水源引入过滤系统的顶部，使水能够均匀地分布在过滤层上，缓慢地渗透过滤后流入下方的容器中。

4. 注意事项

材料清洁：在使用自然材料构建过滤系统之前，要尽量确保所收集的材料相对清洁，避免引入过多的杂质和污染物。例如，可以将细沙和落叶等材料在河边的清水中简单冲洗后再使用。

定期更换：由于自然材料的吸附和过滤能力有限，经过一段时间的使用后，过滤效果会逐渐下降。因此，需要根据过滤的水量和水质情况，定期更换过滤层中的材料，以保证过滤系统的持续有效。

补充水源：在过滤过程中，要注意保持水源的供应，防止因水源不足导致过滤中断。如果水源流量较小，可以设置一个小型的蓄水池或采用分批过滤的方式，以确保水源过滤与收集效果。

制作简易过滤器和利用自然材料构建临时过滤系统，可以在野外环境中对获取的水源进行初步的净化处理，提高水的质量，保障饮用水的安全。在实际操作过程中，可根据具体的环境、材料条件灵活选择和调整过滤方法，以达到最佳的过滤效果。

（二）消毒

1. 化学消毒法

净水药片的剂量与作用时间：不同品牌和类型的净水药片，其有效成分和含量有所不同，因此，使用剂量和作用时间也存在差异。以常见的二氧化氯净水药片为例，在一般情况下，每升水使用1~2片净水药片，具体用量可根据水质的污染程度适当调整。如果水质较浑浊或污染严重，可适当增加药片数量。作用时间通常为30min至1小时。在这段时间内，药片会充分释放有效成分，对水中的细菌、病毒和寄生虫等病原体进行杀灭，从而达到消毒净化的目的。

净水药片的正确储存方法：净水药片应储存在干燥、阴凉、避光的地方，避免受潮和阳光直射。因为潮湿的环境可能会导致药片提前溶解或变质，影响其消毒效果。同时，应将其放在儿童无法触及的地方，防止误服。一般来说，未开封的净水药片保质期较长，但开封后应尽快使用，并注意密封保存，以保证其性能稳定。

2. 煮沸消毒

时间要求：在正常大气压下，将水煮沸后持续保持沸腾状态5~10min，即可达到较好的消毒效果，能够有效杀灭大多数细菌、病毒和寄生虫卵等病原体；但如果是对一些抵抗力较强的病原体，如芽孢杆菌等，则需要适当延长煮沸时间至15~20min。

煮沸消毒时需要注意以下方面。

确保物品完全浸没：在进行煮沸消毒时，要确保待消毒的物品完全浸没在水中，否则未被水浸没的部分无法达到消毒效果。

选择合适的容器：应使用耐腐蚀、耐高温的容器进行煮沸消毒，如不锈钢锅、搪瓷盆等，尽量不用普通塑料容器，以免因高温导致容器变形甚至释放有害物质。

防止暴沸：在加热过程中，要注意防止水暴沸，可以在水中加入一些沸石或使用小火慢慢加热，以避免热水溅出造成烫伤。

高海拔地区的特殊要求：在高海拔地区，由于气压较低，水的沸点会降低，这会影响消毒效果。一般来说，海拔每升高1000m，水的沸点会降低约3℃。因此，在高海拔地区进行煮沸消毒时，需要根据当地的海拔高度适当延长煮沸时间，以保证达到有效的消毒温度和时间。例如，在海拔3000m左右的地区，水的沸点约为90℃，此时需要将水煮沸后持续保持沸腾状态15~20min甚至更长时间，从而达到与平原地区相似的消毒效果。

3. 紫外线消毒笔

准备工作：在使用紫外线消毒笔之前，首先要确保消毒笔的电量充足，然后将需要消毒的物品表面清洁干净，去除表面的污垢和杂质，以便紫外线能够更好地发挥消毒作用。

消毒操作：打开紫外线消毒笔的开关，将消毒笔的紫外线发射头对准需要消毒的物体表面，保持适当的距离，一般距离物体表面5~10cm为宜。然后缓慢移动消毒笔，使紫外线能够均匀地照射到物体表面的每一个部位，确保消毒全面无死角。消毒时间根据物体的材质和污染程度而定，一般每个部位照射30s至2min不等。

使用后注意事项：使用完毕后，关闭紫外线消毒笔的开关，并及时将其放置在安全的地方，避免紫外线对人体造成伤害。同时，要注意定期对消毒笔进行清洁和维护，保持其紫外线发射头的清洁，以保证消毒效果。

不同的消毒方法各有优缺点，在实际应用中，可以根据具体情况选择合适的消毒方法或多种方法结合使用，以确保达到良好的消毒效果，保障人们的健康和安全。

四、水的储存与运输

（一）容器选择

1. 塑料容器

（1）优点。

重量轻：通常，塑料的密度较小，使得塑料容器相比其他材质的容器重量更轻，便于在野外携带，减轻了徒步者或旅行者的负担。

耐腐蚀：塑料具有较好的耐腐蚀性，不易被水、酸、碱等物质腐蚀。因此，在不同的野外环境中，如潮湿的雨林或水质偏酸的山区，塑料容器能够保持较好的稳定性，使用寿命相对较长。

价格便宜：一般来说，塑料容器的生产成本较低，市场价格相对较为亲民，容易购买和更换，适合不同预算的野外活动者。

（2）缺点。

耐热性有限：大部分塑料在高温下可能会变形，甚至释放出有害物质。因此，在靠近火源或高温环境下使用时需要格外小心，不能直接用于盛装高温液体或放置在高温物体旁边。

容易产生划痕：塑料表面相对较软，在野外使用过程中容易被尖锐物体划伤。划痕可能会破坏容器的结构完整性，降低其耐用性，并且划痕处也容易滋生细菌。

对水质可能有影响：一些低质量的塑料容器可能会向水中释放微量的化学物质，如塑化剂等，长期使用可能会对人体健康产生潜在危害。不过，现在也有许多食品级塑料容器可供选择，其安全性相对较高。

2. 金属容器

（1）优点。

坚固耐用：金属材质具有较高的强度和硬度，金属容器能够承受较大的外力冲击，不易破裂或损坏，在野外复杂的环境中，如崎岖的山路或岩石较多的地方，更能经受住考验，保证储水的安全。

耐高温：金属的熔点较高，能够承受高温，可直接用于加热水或在靠近火源的地方使用，方便在野外进行烧水、煮食等活动，增加了容器的多功能性。

对水质影响小：优质的金属容器，如不锈钢容器，通常不会向水中释放有害物质，能够较好地保持水质的纯净，适合长期储存饮用水。

（2）缺点。

重量较大：金属的密度较大，导致金属容器相对较重，在野外活动中会增加携带者的体力消耗，不利于长时间的徒步旅行或长途跋涉。

易生锈：除不锈钢等少数耐腐蚀金属外，大多数金属容器在潮湿的野外环境中容易生锈。锈质不仅会影响容器的外观和使用寿命，还可能会污染水质，对人体健康造成威胁。

导电性强：金属是良好的导电体，在雷雨天或靠近高压电的地方使用金属容器，存在一定的安全风险，容易引发触电事故。

3. 皮囊容器

（1）优点。

重量轻且可折叠：皮囊容器通常由轻便的材料制成，如橡胶、皮革等，重量较轻，而且可以折叠成较小的体积，便于携带和收纳，在空间有限的背包中能够节省大量空间，适合需要轻装出行的野外活动。

柔韧性好：皮囊具有良好的柔韧性，能够适应不同的形状和空间。在一些不规则的容器中或需要灵活调整储水容器形状的情况下，皮囊容器更具优势。

（2）缺点。

耐用性差：皮囊容器相对脆弱，容易被尖锐物体刺破或划破导致漏水，在野外使用时需要特别小心保护，避免与尖锐的石头、树枝等接触。

不易清洁：皮囊的表面和内部材质容易吸附污垢和细菌，且清洁起来相对困难，尤其是内部难以彻底清洗干净，容易滋生细菌，影响水质卫生。

对水质有一定影响：一些皮囊容器可能会有轻微的异味，并且其材质可能会与水发生一定的化学反应，从而对水质产生影响。虽然这种影响通常较小，但对水质要求较高的情况可能不太适用。

（二）容器的密封处理方法

1. 使用橡胶密封圈

原理：橡胶密封圈具有良好的弹性和密封性能，当容器盖子拧紧时，密封圈会被压缩，填充盖子与容器之间的微小间隙，从而阻止水的泄漏和外界污染物的进入。

操作方法：选择与容器口径相匹配的橡胶密封圈，将其放置在容器盖子的密封槽内，确保密封圈安装平整，无扭曲或变形。然后将盖子紧密地拧在容器上，使密封圈充分发挥密封作用。在安装过程中，要注意检查密封圈是否有损坏或老化现象，如有问题应及时更换。

2. 塑料薄膜包裹

原理：塑料薄膜具有良好的柔韧性和阻隔性，能够在容器口部形成一层额外的密封层，防止水从盖子与容器之间的缝隙渗出，同时也能阻挡外界的灰尘、细菌等污染物进入容器。

操作方法：先将容器盖子拧紧，然后取一块足够大的塑料薄膜，将其覆盖在容器口部，并将薄膜紧紧地包裹在容器和盖子的连接处，可用橡皮筋或绳子等将薄膜扎紧，确保密封牢固。在使用塑料薄膜包裹时，要注意选择质量较好、无破损的薄膜，并尽量避免薄膜与水直接接触，以免影响密封效果。

3. 其他密封方法

使用密封胶：对于一些有轻微裂缝或密封不严的容器，可以使用密封胶进行修补和密封。将密封胶均匀地涂抹在裂缝或密封不良的部位，然后等待其干燥固化，形成密封层。不过，使用密封胶后，需要确保其对水质无不良影响，并且在下次使用前要仔细检查密封胶是否有脱落或损坏。

自制密封装置：在野外环境中，如果没有现成的密封材料，也可以利用一些自然资源或现有的物品自制密封装置。例如，用树叶、草等柔软的植物材料填充盖子与容器之间的缝隙，然后用布条或藤蔓等将其绑扎固定，从而起到一定的密封作用。虽然这种方法的密封效果可能不如专业的密封材料，但在紧急情况下也能暂时解决漏水和污染问题。

在选择野外储水容器时，需要综合考虑各种因素，根据不同的野外环境和个人需求来确定最合适的容器材质。同时，对容器进行良好的密封处理也是保证水质安全和防止漏水的关键。可根据实际情况选择合适的密封方法或多种方法结合使用，以确保在野外能够获得安全、可靠的饮用水。

五、特殊环境与水源获取

（一）极地地区

获取冰雪融水的方法：可使用容器收集冰雪，放置在阳光下利用太阳能自然融化，也可将冰雪放入容器后，用身体热量焐热融化。

辨别可食用的干净冰雪：选择远离动物栖息地、人类活动区域以及污染源头的新鲜、洁白且质地均匀的冰雪，避免食用颜色发黄、发灰或有异味的冰雪。

注意事项：切勿食用含有大量杂质、被污染或可能受工业污染的冰雪，以防对身体造成危害。

（二）干旱沙漠地区

寻找隐藏水源的方法：观察干河床底部的低洼处、岩石裂缝等地方，可能存在地下水渗出形成的水源。

太阳能蒸馏装置提取水分原理与制作步骤：原理是利用太阳能使水蒸发后遇冷在容器壁凝结成水滴收集。制作时，在地面挖一个较深的坑，坑底放置一个收集容器，坑上覆盖一块透明塑料薄膜并用石头等固定，薄膜中央放置一块小石子使薄膜形成一个向下的锥形凹陷。阳光照射使坑内水分蒸发并在薄膜上凝结成水滴，沿锥形凹陷流入收集容器。

（三）丛林地区

从藤蔓植物中获取可饮用水：选择较粗且水分饱满的藤蔓，在其合适部位切开一个小口，让水自然流出收集到容器中。

判断藤蔓水是否安全：观察藤蔓水的颜色是否清澈透明、无异味、无明显杂质，如水呈现异常颜色，有怪味或浑浊，则不宜饮用。

注意事项：丛林水源可能携带病菌与寄生虫，需通过煮沸、使用净水药片等净化处理措施来确保饮水安全。

第二节　野外取火

一、基础知识

（一）火在野外生存中的重要性

1. 取暖

在野外，尤其是寒冷的夜晚或高海拔、高纬度地区，气温可能会急剧下降。火能够产生热量，帮助人体保持温暖，防止失温症的发生。失温症是一种极其危险的状况，会导致身体机能逐渐下降，严重时可危及生命。通过生火，人们可以围坐在火边，让身体吸收热量，保持核心体温稳定，从而能够在寒冷环境中安然度过。例如，在冬季的雪山地区，探险者可依靠篝火来抵御严寒，确保自身的生存和健康。

2. 烹饪食物

未经烹饪的许多食物可能携带病菌、寄生虫或难以消化，而火的高温可以对食物进行加热处理，杀死有害微生物，使食物变得安全可食并且更易于消化。烹饪还能改善食物的口感和风味，增加食物的多样性。比如，捕获的鱼类、采集的野菜或猎取的小型动物，经过烤制、炖煮等烹饪方式后，不仅能去除腥味，还能提升其营养价值的吸收效率。此外，烹饪可以使一些原本难以咀嚼和消化的食物，如坚韧的肉类或某些植物块茎，变得松软可口，有助于人体更好地摄取能量和营养物质，维持身体在野外的活动需求。

3. 驱赶野兽

在野外，人类可能会遭遇各种野兽的威胁。大多数野兽对火存在本能的恐惧，熊熊燃烧的火焰及其散发的光亮和热量能够有效驱赶野兽，为人类创造一个相对安全的休息和活动空间。例如，在非洲的草原或丛林中露营时，点燃篝火可以阻止狮子、豹子等猛兽靠近营地。即使在一些相对温和的野外环境，如森林或山区，篝火也能防止蛇类、啮齿类动物等靠近，减少被咬伤或食物被偷吃的风险。

4. 发出求救信号

在迷失方向或遭遇困境需要救援时，火是一种非常有效的求救信号。浓烟在白天能够引起远处救援人员的注意，而明亮的火焰在夜晚也极易被发现。通过有规律地燃烧火堆，如按照国际通用的求救信号模式，间隔一定时间添加燃料使火焰或浓烟产生明显变化，可以向外界传达求救信息，增加被救援人员发现的概率，提高生存的希望。例如，在海上遇难的船员在荒岛上点燃巨大的篝火，并配合使用其他信号手段，如挥舞鲜艳的衣物等，能够吸引过往船只或飞机的注意。

（二）不同燃料的特点及收集方法

1. 干燥的树枝

易燃程度：干燥的树枝易燃程度较高，尤其是较细的树枝，因为其表面积相对较大，与氧气接触充分，在火源的引燃下能够迅速燃烧起来。

燃烧时长：燃烧时长取决于树枝的粗细和密度。一般来说，较细的树枝燃烧速度快，持续时间较短，可能仅能维持几分钟到十几分钟的燃烧；而较粗的树枝则可以燃烧较长时间，从半小时到数小时不等。例如，直径为2~3cm的树枝可能燃烧 20~30min，而直径为5~6cm的树枝可能持续燃烧1~2小时。

火焰强度：火焰强度适中，能够提供稳定的热量和光亮。较细的树枝在燃烧初期，火焰相对较小但较为集中；随着燃烧的进行，火焰会逐渐变大并变得较为分散；较粗的树枝燃烧时火焰较大且较为稳定，适用于维持较大规模的篝火或长时间的取暖。

收集方法：在野外寻找干燥的树枝时，应优先选择地面上已经掉落且明显干燥、无霉变和虫蛀迹象的树枝。可以在树林中、灌木丛旁或者枯树周围寻找。对于一些较高位置的树枝，如果安全且必要，可以使用长杆工具（如自制的简易长钩）将其钩落。收集到的树枝应按照粗细分类存放，便于在生火时根据不同需求取用。

2. 树叶

易燃程度：树叶通常易燃，特别是干燥、轻薄的树叶，如松针、白杨树叶等。这些树叶由于质地疏松，水分含量低，在接触火源时能够迅速被点燃，产生明火并迅速蔓延。

燃烧时长：树叶的燃烧时长较短，一般仅能燃烧数分钟。由于其体积小、密度低，所含的可燃物质有限，燃烧过程较为迅速，很快就会化为灰烬。

火焰强度：火焰强度相对较弱，但在生火初期能够提供快速的引火作用。大量干燥树叶堆积在一起燃烧时，火焰会较为旺盛，但持续时间较短，主要用于快速引燃其他更耐烧的燃料，如树枝、木块等。

收集方法：可以在树林的地面上直接收集落叶，选择那些颜色金黄或褐色、干燥易碎的树叶。同时，也可以从树上采摘一些新鲜但较薄且容易干燥的树叶，将其放置在通风良好的地方晾干后收集备用。收集时可使用布袋或较大的树叶将其包裹起来，防止被风吹散。

3. 干草

易燃程度：干草易燃，其干燥的纤维结构使得它在火源的作用下容易着火。与树叶类似，干草中的水分含量低，能够快速被点燃并产生火焰。

燃烧时长：燃烧时长较短，通常在几分钟到十几分钟。干草燃烧速度较快，虽然其体积相对树叶较大，但由于其纤维结构较为松散，燃烧过程中会迅速消耗，难以长时间维持火势。

火焰强度：火焰强度一般，在引火阶段有较好的效果。干草燃烧时火焰较为明亮，但热量输出相对有限，主要用于辅助其他燃料的引燃，或者在短时间内提供一定的光亮和温暖。

收集方法：在草原、草地或田野等环境中可以找到大量的干草。可以用手直接将干草拔起或割取，然后整理成捆。收集时应注意选择干燥、无霉变的干草，避免收集到潮湿或被雨水浸泡过的干草，因为潮湿的干草不易点燃且会产生大量烟雾。

4. 动物粪便

易燃程度：一些食草动物的粪便，如牛粪、羊粪等，具有一定的易燃性。这是因为它们在动物体内经过消化后，形成了较为干燥且含有一定有机物质的结构，在适当的条件下能够被点燃。

燃烧时长：燃烧时长因粪便的大小和干燥程度而异，一般可以燃烧10~30min。较大块且干燥的动物粪便燃烧时间相对较长，能够持续释放热量和烟雾。

火焰强度：火焰强度相对较弱，但燃烧较为稳定，且会产生较多的烟雾。这种烟雾在某些情况下具有特殊的用途，例如可以用来驱赶蚊虫或作为信号烟雾使用。

收集方法：在有食草动物活动的区域，如牧场、草原、山区等，可以在地面上发现动物粪便。收集时应使用工具（如树枝、石块）将其铲起或捡起，放入容器或布袋中。由于动物粪便可能携带病菌，在处理和使用过程中应尽量避免直接接触皮肤，并在使用后彻底洗手。

5. 苔藓

易燃程度：苔藓的易燃程度因种类和生长环境而异。一般来说，干燥的苔藓比较易燃，尤其是那些生长在阳光充足、良好通风环境中的苔藓，其水分含量较低，容易被点燃。

燃烧时长：燃烧时长较短，通常在几分钟以内。苔藓的体积较小，所含的可燃物质有限，燃烧速度较快，主要用于引火或在短时间内提供少量热量。

火焰强度：火焰强度较弱，火焰通常较小且不稳定；但在引火时，苔藓可以作为一种辅助材料，与其他易燃物一起使用，提高引火的成功率。

收集方法：苔藓多生长在树木的树干、岩石表面或潮湿的地面上。可以用手轻轻地将其从附着物上剥离下来，收集时应尽量选择干燥、蓬松的苔藓。由于苔藓生长较为缓慢，采集时应避免过度采集，以免对生态环境造成破坏。

6. 枯木

易燃程度：枯木的易燃程度取决于其干燥程度和材质。干燥的枯木相对容易点燃，尤其是一些质地疏松的木材，如松木、杉木等。但如果枯木内部仍然含有较多水分，或者表面有苔藓、霉菌等覆盖，会影响其易燃性，只有进行预处理（如劈开、晾干），才能更好地燃烧。

燃烧时长：燃烧时长较长，粗的枯木可以持续燃烧数小时甚至数天。枯木由于体积较大，含有较多的可燃物质，一旦被点燃，能够长时间稳定地燃烧，提供持续的热量和光亮，适用于维持较大规模的篝火或在较长时间内取暖、烹饪等。

火焰强度：火焰强度较大，能够产生较强的热量。粗的枯木燃烧时火焰旺盛，热量输出高，可用于烤制较大的食物或加热大量的水等。

收集方法：在森林中可以寻找已经枯死倒下的树木。较小的枯木段，可以直接搬运收集；较大的枯木，可以使用斧头、锯子等工具将其分解成合适的大小。在收集枯木时，要注意观察周围环境，避免因搬运枯木引发危险，如树木倒下砸伤人或破坏周边的植被生态等。

二、取火工具

（一）原始工具

1. 钻木取火工具

（1）制作材料选择。

钻杆：应选择质地坚硬、干燥且表面光滑的木材，如硬木中的山毛榉、橡木等。钻杆的直径一般在1~2cm，长度20~30cm较为合适。这样的尺寸和材质便于手持操作，且在高速旋转时不易折断或过度磨损。

钻板：钻板通常选用相对较软但又有一定韧性的木材，例如白杨木、松木等。其尺寸大小可根据实际需求确定，一般长30~40cm，宽10~15cm，厚2~3cm。钻板表面需要平整，在其中心位置要挖出一个浅浅的凹槽，用于放置引火物并承接钻杆旋转产生的木屑。

弓钻：弓的制作材料可以是有弹性的树枝或藤条，长度为60~80cm。弓弦则可利用动物的筋腱、植物纤维或细皮绳制作，要保证弓弦有一定的韧性和强度，能在拉动过程中带动钻杆快速旋转。

（2）制作方法。

钻杆制作：将选好的硬木材料截成合适的长度，然后用刀或其他锋利工具将其一端削尖，使其成为一个类似圆锥的形状，以便在钻板上更好地旋转摩擦；另一端则要加工成便于手握的形状，如稍微加粗或刻出一些防滑的纹路。

钻板制作：把软木材料按照要求的尺寸切割好，用刀或石片在其中心位置仔细挖出一个直径2~3cm、深度0.5~1cm的凹槽。凹槽的内壁要尽量光滑，避免在钻杆旋转时产生过多阻力。

弓钻制作：将弹性树枝或藤条弯曲成弓形，两端修整整齐。把弓弦系在弓的两端，注意要系紧，并且弓弦的长度要调整到合适的程度。当把钻杆放在弓弦中间并拉紧弓弦时，钻杆能够被弓弦带动快速旋转。

（3）使用技巧。

准备引火物：在使用钻木取火工具前，先准备好引火物。引火物可以是干燥的树叶、细碎的树皮、干燥的草屑或鸟巢等易燃的材料。将引火物放置在钻板的凹槽内，并稍微压实。

放置钻杆与操作姿势：把钻杆的尖端对准钻板凹槽中的引火物，然后将钻杆垂直放置在钻板上。操作者可采用跪姿或坐姿，双脚踩住钻板的两端以固定钻板，用双手握住钻杆的上端。

双手用力方式与旋转速度：一只手握住钻杆保持其稳定，另一只手来回拉动弓钻，使钻杆在钻板上快速旋转。开始时，拉动的速度可以稍慢，力度适中，主要目的是让钻杆在钻板上形成一个初始的摩擦点并产生一些木屑。随着木屑的增多，逐渐加快拉动弓钻的速度，同时加大双手的力度，使钻杆高速旋转并产生足够的热量。双手用力度要均匀且协调，避免钻杆晃动或偏离凹槽中心位置。在拉动弓钻的过程中，要注意观察钻板凹槽内木屑的变化，当看到有大量木屑被加热变黑并开始冒烟时，说明温度已经足够高。

引火操作：此时，停止拉动弓钻，小心地将钻板凹槽内带有火星的木屑和引火物一起倒在事先准备好的更大一团引火物上（如干燥的树叶堆或干草堆），然后用嘴轻轻吹或用手扇风，为其提供氧气，使火星逐渐引燃引火物，最终形成火焰。

2. 燧石和钢铁取火

（1）原理。

燧石是一种坚硬的石头，当用钢铁敲击它时，会产生火星。这些火星具有较高的温度和能量，能够点燃一些易燃的引火物，从而引发火焰。其原理基于摩擦生热以及钢铁与燧石碰撞时产生的微小金属颗粒在空气中迅速氧化燃烧。

（2）操作方法。

选择材料：燧石要选择质地坚硬、表面有一定粗糙度的石头，常见的有石英石等。钢铁可以是刀、斧头等金属工具的刃部或专门的打火钢片。引火物则可选用干燥的棉絮、烧焦的布料、干燥的苔藓等易燃且容易捕捉火星的材料。

操作姿势与敲击要点：一只手握住燧石，将其固定在一个稳定的位置，如放在一块较大的石头上或用手指紧紧捏住。另一只手拿着钢铁工具，将钢铁的刃部对准燧石的边缘，以一定的角度（30°~45°）和力度快速敲击燧石，使钢铁与燧石碰撞产生火星。敲击时要注意力度的控制，太轻可能无法产生足够的火星，太重则可能损坏钢铁工具或使燧石破碎。

引火物放置与引燃：在敲击燧石之前，将引火物放置在燧石下方靠近敲击点的位置，以便火星能够直接落在引火物上。当看到有火星产生并落在引火物上时，迅速用嘴轻轻吹或用手扇动引火物，为火星提供氧气，帮助其引燃引火物。如果第一次敲击没有成功引燃引火物，可以多次敲击燧石，直到引火物被成功引燃并产生火焰。

（二）现代工具

1. 打火机

（1）使用方法。

普通打火机：大多数普通打火机通过按压打火机顶部的点火按钮来产生火焰。使用时，用拇指或其他手指按下点火按钮，同时将打火机的火焰出口对准需要点燃的物体，如燃料堆、蜡烛芯等。一些打火机可能需要先将其盖子打开才能进行点火操作。

防风打火机：防风打火机的点火方式与普通打火机类似，但由于其特殊的设计结构，能够在有风的环境下更好地保持火焰稳定。在使用防风打火机时，同样是按下点火按钮，火焰会从特殊的防风罩中喷出，即使在较强的风中也能持续燃烧。

（2）注意事项。

燃料补充：打火机使用的燃料通常有丁烷、丙烷等。打火机的火焰变弱或无法点燃，可能原因是燃料不足，需要进行燃料补充。在补充燃料时，要按照打火机的说明书要求进行操作，一般是将打火机倒置，将燃料罐的喷嘴对准打火机的燃料注入口，缓慢注入燃料，避免燃料泄漏或过度填充。

安全存放：打火机属于易燃物品，应存放在干燥、阴凉、远离火源和热源的地方，避免阳光直射或高温环境导致打火机爆炸或自燃。同时，要将打火机放在儿童无法触及的地方，防止儿童误操作引发危险。

防风性能与使用环境：虽然防风打火机在一定程度上能够抵御风的影响，但在强风环境下（如狂风、飓风等），其火焰仍然可能被吹灭或燃烧不稳定。在这种情况下，可以寻找避风的地方使用打火机，或者采用其他取火方法。

2. 火柴

（1）使用方法。

普通火柴：使用普通火柴时，将火柴盒的侧面（含有磷涂层）对着火柴头，然后用手指捏住火柴杆，在火柴盒侧面快速划动火柴头，使火柴头与磷涂层摩擦产生热量并点燃火柴。在划动火柴时，要注意力度和角度，力度太轻可能无法点燃火柴，角度不对可能导致火柴头折断或无法与磷涂层充分接触。

安全火柴：安全火柴的点火方式与普通火柴类似，但它的磷涂层通常只在火柴盒的特定位置，火柴头则含有其他易燃物质。在使用安全火柴时，同样是在火柴盒的磷涂层处划动火柴头来点燃火柴。

（2）注意事项。

防潮保存：火柴容易受潮，一旦受潮，火柴头的易燃物质会被水分浸湿，导致无法点燃。因此，火柴应存放在干燥、密封的容器中，如密封的塑料袋、金属盒内。可以在存放火柴的容器中放置一些干燥剂（如硅胶干燥剂），以吸收空气中的水分，保持火柴的干燥。

使用环境：在潮湿或有风的环境中使用火柴时，要尽量寻找避风、干燥的地方，如在山洞内、大树下。同时，可以将火柴头在干燥的头发或衣物上摩擦几下，去除火柴头表面的水分，提高点燃的成功率。

数量控制与备用：在野外活动时，应根据活动的时间和需求合理携带火柴数量，并将火柴分成多个小份分别存放，避免因一盒火柴全部受潮或丢失而导致无法取火。同时，最好携带多种取火工具作为备用，如打火机、镁棒等，以增加在野外取火的可靠性。

3. 镁棒取火工具

（1）使用方法。

准备引火物：先准备好引火物，如干燥的树叶、干草、细碎的树皮等易燃材料，将引火物放置在一个干燥、避风的地方，如在石头的凹槽内或用手围成一个小坑。

刮镁屑：用镁棒附带的刮刀或其他锋利的金属工具，沿着镁棒的表面用力刮下一些镁屑，将镁屑堆积在引火物上。刮镁屑时，刮刀与镁棒的角度宜为30° ~45° ，力度要适中，使刮下的镁屑细小且均匀。

产生火花引燃镁屑：将镁棒的一端对准镁屑堆，然后用刮刀快速刮擦镁棒的侧面，产生强烈的火花。这些火花会点燃镁屑，从而引燃引火物。在刮擦镁棒时，动作要迅速且连续，确保产生足够多的火花落在镁屑上。

（2）优势与操作要点。

潮湿环境优势：镁棒取火工具在潮湿环境下具有很大的优势，因为镁本身是一种活泼的金属，其表面的氧化层可以被刮刀轻易刮掉，从而露出新鲜的镁金属继续产生火花。而且镁屑在燃烧时能够产生高温，即使引火物有一定的湿度，也能够将其引燃。

操作要点：在使用镁棒取火时，要注意保持镁棒和刮刀的干燥清洁，避免镁棒表面有油污或其他杂质影响火花的产生。同时，引火物的选择和放置也很重要，引火物要足够干燥且堆积紧密，以便更好地捕捉和保持镁屑燃烧产生的热量，从而顺利引燃引火物并形成火焰。

三、取火环境与准备工作

（一）环境评估

1. 潮湿的雨林环境

（1）引火材料获取困难：雨林中空气湿度极高，大部分植物和材料都饱含水分，这使得寻找干燥的引火材料成为一大挑战。地面上的树叶、树枝通常都被雨水打湿，难以直接用于引火。然而，可以从一些特定的地方寻找相对干燥的材料。例如，一些高大树木的树洞内部，可能会有因遮蔽而保持相对干燥的树叶、细枝或鸟巢材料；倒下的大树树干内部，尤其是靠近树心部分，可能存在干燥的木质纤维；还可以寻找生长在雨林较高位置、受雨水影响较小的藤蔓植物，将其外皮剥下，其内部的纤维相对干燥易燃。

（2）生火地点选择受限：雨林地面多为泥泞且植被茂密、积水较多，很难找到合适的生火地点。需要寻找地势相对较高、排水良好的区域，如凸起的岩石平台、大树根部的隆起部位等，以减少积水对火的影响。同时，要避开茂密的草丛和低垂的树枝等易燃物，防止火势蔓延引发森林火灾。由于雨林中空气流通相对不畅，生火时要考虑通风因素，尽量选择在较为开阔的林间空地或靠近溪流等通风较好的地方，这样有利于氧气供应，使火能够持续燃烧。

2. 高海拔寒冷地区

（1）低温影响：高海拔地区气温低，寒冷的环境会使人体的灵活性下降，操作取火工具变得困难，增加了取火难度。同时，低温也会导致燃料的物理性质发生变化（例如，一些木材可能变得更加脆硬，不易加工成合适的引火和燃烧材料），而且低温会使燃料的燃烧效率降低，需要更多的燃料来维持火势。

（2）强风干扰：高海拔地区往往风大，强风会迅速带走热量，使火难以点燃和持续燃烧。即使成功点燃了火，风也可能将火星吹散，或者将火焰吹向人体、帐篷等，造成安全隐患。在这种环境下取火，需要寻找避风的地方，如巨石背后、山谷的背风坡、悬崖的凹陷处等。如果没有天然的避风场所，可以利用雪堆、冰块等搭建临时的防风屏障，减少风对火的影响。此外，在强风环境下，引火物和燃料要放置在靠近火源且受风力影响较小的位置，例如在避风的角落里或用石块、衣物等遮挡物围成的小空间内。

（二）生火地点的选择

1. 根据风向选择

（1）背风生火：生火地点应选择在背风处，这样可以减少风对火的直接影响，使火焰能够稳定燃烧。可以通过观察周围的植被、尘土飞扬的方向或感受风在身体上的吹拂方向来确定风向，然后在风向的相反方向选择合适的地点。例如，风从西边吹来，那么生火地点应选择在东边的位置。在背风处生火还可以防止火焰被风吹向自己或其他重要物品，如帐篷、背包等，降低火灾风险。

（2）利用地形避风：结合地形特征来避风是选择生火地点的重要技巧。例如，在山坡上，选择在山的东坡生火（假设当地盛行西风），可以利用山坡阻挡西风的侵袭；在峡谷中，选择靠近峡谷一侧山体的位置，借助山体形成的天然屏障避风；在海边或湖边，尽量在靠近陆地且有沙丘、礁石等遮挡物的地方生火，避免海风直接吹灭火焰。

2. 根据地形选择

（1）平坦开阔且排水良好：生火地点应尽可能选择平坦开阔的地方，这样有利于火势的蔓延和控制，方便人们在周围活动和操作取火工具。同时，要确保地点排水良好，避免积水影响火的燃烧或导致生火区域过于潮湿。例如，在草原上选择微微隆起的高地，在森林中选择较为空旷的林间空地。如果在雨季或潮湿地区，可在地面上铺垫一些石块、干燥的树枝等，使火源与潮湿地面隔开，提高生火的成功率。

（2）远离易燃物和危险区域。

远离易燃植被：避免在茂密的草丛、干枯的灌木丛或大片的树林中生火，防止火势失控蔓延到周围的植被而引发火灾。一般来说，生火地点与周围易燃植被之间应保持5~10m的安全距离，具体距离可根据植被的干燥程度、密度以及风力大小等因素适当调整。如果周围植被特别茂密或干燥，应进一步扩大安全距离或寻找其他更合适的生火地点。

远离帐篷和露营设施：帐篷、睡袋、背包等露营设施大多由易燃材料制成，生火地点应与这些设施保持足够的安全距离，一般建议在3~5m。这样可以防止火星飞溅到露营设施上引发火灾，保障人员和装备的安全。同时，也要避免在帐篷的上风向生火，以防烟雾被风吹进帐篷，影响人员呼吸和居住舒适度。

远离危险地形：不要在陡峭的山坡、悬崖边缘、容易发生洪水的区域或地下有溶洞等不稳定地质结构的地方生火。在陡峭山坡生火可能会因火势蔓延引发山体滑坡等地质灾害；在悬崖边缘生火存在人员不慎坠落的风险；在易发生洪水区域生火，一旦水位突然上涨，可能会迅速淹没火源，导致危险情况发生；而在地下有溶洞等不稳定地质结构的地方生火，可能会地面受热不均引发塌陷等意外。

3. 靠近水源

选择靠近水源生火有诸多好处。首先，在发生火灾意外时，可以方便地取水灭火，降低火灾造成的损失和危险。水源可以是河流、湖泊、溪流或较大的水洼等。其次，在取水方便的情况下，人们可以更轻松地利用水进行烹饪、清洁。例如，在河边生火，可以直接从河中取水用于煮食、清洗餐具等。但要注意，生火地点不能过于靠近水边，尤其是在水位可能上涨的区域，要预留足够的安全空间，防止水源因涨水而淹没火源或引发其他危险。一般来说，与水源保持2~3m的距离较为合适，具体距离可根据当地的地形、水流情况以及季节变化等因素综合判断。

（三）准备工作

1. 引火物的准备

在野外取火，引火物的准备至关重要。干燥的树叶是常见且容易获取的引火物，像秋季掉落且经过一段时间晾晒的枫叶、白杨树叶等，其质地轻薄，易燃性强。收集时尽量选择完整、干燥且未霉变的叶片。草屑也是理想的引火材料，例如干枯的狗尾草，将其收集后可稍微揉搓，使其松散。细碎的树皮如桦树皮，含有油脂成分，极易点燃。收集这些引火物后，要将它们整理成蓬松的团状或堆状，这样能增大与空气的接触面积，以便在火源接触时快速引燃。

2. 燃料的预处理

对于燃料，尤其是较大的树枝，预处理能显著提高燃烧效率。当获得较粗的树枝时，使用斧头或刀具将其劈成小块，小块的树枝表面积更大，与氧气接触更充分，燃烧速度更快且更彻底。若遇到潮湿的木材，首先应将其放置在通风良好、阳光充足的地方晾干。比如在空旷的草地或岩石上，把潮湿木材摊开，让风吹拂、阳光照射，加速水分蒸发。若条件允许，还可搭建简易的烘干架，将木材架高，下方生火产生热量烘干木材，使木材达到较好的燃烧状态，从而在野外取火时提供稳定且持久的热量来源。

四、安全与善后

（一）取火安全

1. 防止火势失控

（1）了解环境风险：在生火前，务必对周围环境进行全面评估，包括植被类型、干燥程度、风向以及附近是否有易燃物堆积等。例如，在干燥的森林地区，尤其是在旱季，草木枯黄，火灾风险极高；而在草原上，草类植被蔓延迅速，一旦起火容易大面积燃烧。

（2）准备灭火工具。

土：在生火地点附近挖掘一些泥土，堆放在一旁备用。当火势有蔓延趋势时，可以迅速用土覆盖火焰，阻断氧气供应，达到灭火目的。

水：如果靠近水源，如河流、湖泊或溪流，提前准备好盛水容器，如桶、水壶等，装满水放在方便取用的位置。在火势失控时，用水浇灭火焰，但需注意水流的方向和力度，避免火势因水流冲击而扩大。

湿树枝：收集一些较粗的树枝，将其一端浸湿。当需要控制火势时，可用湿树枝拍打火焰边缘，这既能降低火焰温度，又能阻止火势蔓延。因为湿树枝在高温下会释放水蒸气，起到一定的灭火和隔离作用。

（3）监控火势：在燃料燃烧过程中，要时刻关注火势大小和方向变化。避免添加过多燃料导致火焰突然蹿升，同时根据风向调整火焰周围的防护措施，如用石块、泥土筑起简易的防风墙，防止火星被风吹向易燃区域。

2. 避免烫伤、烧伤

（1）正确使用工具。

使用钻木取火工具：在拉动弓钻时，要确保双手远离钻杆与钻板摩擦产生高温的部位，防止因摩擦生热导致手部烫伤。同时，在转移带有火星的木屑时，要使用干燥的树枝等工具辅助，避免直接用手接触高温木屑。

燧石和钢铁取火：敲击燧石时，注意钢铁工具的挥动方向，避免敲击过程中火星溅到手上、脸上或身体其他部位。持燧石的手也要保持稳定，防止因燧石滑动而受伤。

打火机和火柴：使用打火机时，不要将手过于靠近火焰出口，尤其是在点燃体积较大的燃料时，火焰可能会突然变大。使用火柴时，点燃后应迅速将火柴远离身体，避免火焰烧到手指。

（2）保持安全距离：无论是在生火过程中添加燃料，还是在火焰周围进行其他活动，如烹饪、取暖等，都要与火焰保持1~2m的安全距离。对于较大的篝火，安全距离应适当增加至3~5m，以防止火焰突然蹿出或火星飞溅而导致烫伤、烧伤。在夜间，由于光线较暗，更要格外小心，避免因看不清而靠近火焰。

（二）善后处理

1. 清理场地

（1）熄灭余火：在离开生火地点前，务必确保火完全熄灭。一方面，停止添加燃料，让火焰自然燃烧直至剩余少量炭火。另一方面，使用水将炭火彻底浇灭，确保没有火星残留。如果没有水，可以用土将炭火掩埋，并用石块压实，隔绝空气，防止复燃。

（2）检查未燃尽燃料：仔细检查生火区域内是否还有未燃尽的树枝、树叶等燃料。将这些未燃尽的燃料收集起来，如果是干燥且可再次利用的，可以带走以备下次生火使用；如果是潮湿或已被部分烧毁无法再次使用的，应将其分散在远离生火地点的区域，避免堆积在一起形成火灾隐患。

2. 恢复场地原貌

（1）清理灰烬和杂物：将生火过程中产生的灰烬收集起来，撒在周围的植被根部，灰烬中含有一定的矿物质，可以作为肥料滋养植物。同时，清理掉在生火过程中产生的其他杂物，如用过的引火物、破碎的树枝等，保持场地整洁。

（2）修复地表：如果在生火过程中对地表造成了破坏，如挖掘了土坑、翻动了石块等，应尽可能将地表恢复原状。用土填平土坑，将石块放回原来的位置，使场地看起来与生火前相似，减少对自然环境的人为影响。这样不仅可以保护生态环境，还能避免留下明显的生火痕迹，符合野外活动的环保原则。

第三节　获取食物

一、基础知识与前期准备

不同野外环境食物资源分布概况

1. 森林环境

野果：如蓝莓，多生长在阳光充足的开阔林地或林缘，果实呈蓝色或蓝紫色，成簇生长在低矮灌木上；野樱桃，常生长在山地森林中，果实小巧圆润，颜色鲜红，挂在树枝上。

坚果：像松子，主要产于松树，可在松树成熟季节于松树下寻找掉落的松子，松果外壳坚硬，松子藏于其中；榛子则生长在榛子树上，果实外包有带刺的果壳，成熟时果壳会微微开裂。

菌类：香菇状的某些野生菇常生长在腐木上，菇盖呈伞状，颜色多为褐色或棕色；而牛肝菌多在松树林等针叶林地下生长，菌体较厚实，颜色多样。

小动物：野兔常出没于草丛、灌木丛与树林边缘，其足迹呈长条形，粪便为颗粒状；松鼠活跃于树林间，常以树洞为巢穴，在树上跳跃穿梭寻找坚果等食物。

2. 沙漠环境

可食用仙人掌：如仙人球，球体上有尖锐的刺，其肉质茎可食用，内部多为水分和凝胶状物质；还有柱状仙人掌，茎干直立，部分种类的果实可食用，通常呈红色或黄色。

昆虫：蚂蚁在沙漠中的蚁巢附近活动，可挖掘蚁巢获取蚂蚁；还有沙漠蝗虫，常成群结队地在植被相对较多的沙漠绿洲边缘或有耐旱植物生长的区域活动。

3. 水域环境

鱼类：河流中常见鲫鱼，身体侧扁，呈银灰色，喜欢在水流相对平缓、水草丰茂的河段活动；湖泊里可能有鲤鱼，体型较大，鳞片较大且有须，常栖息在水底淤泥附近。

贝类：河蚌多栖息在河流、湖泊的泥底，外壳呈椭圆形，颜色多为黑色或棕色；田螺则常吸附在水边的石头、水草或岸边物体上，外壳呈螺旋状。

水鸟蛋：一些水鸟如野鸭，会在水域附近的草丛、芦苇丛中筑巢产卵，鸟蛋一般呈椭圆形，蛋壳颜色根据鸟的种类有所不同，如绿头鸭的蛋通常为白色或青绿色。

二、辨别可食用与有毒食物的方法

1. 观察外观

颜色：一般来说，颜色过于鲜艳且与常见可食用食物颜色差异较大的可能有毒。例如，毒蝇伞颜色鲜红，而可食用蘑菇颜色多较为暗淡或为常见的褐色、灰色等。

形状：形状怪异、不规则或有特殊凸起、凹陷的食物需谨慎。如一些有毒的菌类可能有独特的菌盖形状或菌柄特征，与普通食用菌有明显区别。

纹理：可食用食物的纹理通常较为自然、均匀。有毒食物可能有特殊的纹理，如某些毒果表面有奇怪的斑点或纹路。

2. 闻气味

有刺鼻、难闻气味或气味过于浓烈且不自然的食物可能有毒。例如，一些有毒植物会散发类似化学药剂或腐臭的气味，而正常的可食用野果、野菜等通常有清新的果香或草香。

3. 触摸质地

触摸时感觉过于滑腻、黏糊或有刺手感且伴有异样感觉的食物要小心。比如某些有毒植物的茎、叶可能有绒毛或分泌黏液，而可食用的植物质地相对正常、光滑。

4. 化学测试（如有条件）

可以用一些简单的化学试剂进行测试。例如，用银制品接触某些食物，食物使银制品迅速变黑，可能含有硫化物等有毒物质，但这种方法并非绝对准确，只能作为辅助判断手段。

三、寻找食物前携带工具及使用要点

1. 挖掘根茎的小铲子

使用要点：选择合适的挖掘位置，如植物根部周围土壤较为疏松的地方，将铲子垂直插入土壤，然后利用杠杆原理，下压铲柄，小心地将根茎挖出，避免损伤根茎。

维护方法：使用后及时清理铲子上的泥土，检查铲子刃口是否有损坏，如有磨损可利用磨刀石等工具进行打磨，保持刃口锋利，并将其存放在干燥的地方，防止生锈。

2. 捕捉小动物的简易陷阱制作材料

（1）使用要点。

套索陷阱：用细绳索或金属丝制作套索，将其设置在动物经常出没的路径上，如树洞前、草丛中的通道等。套索的大小要根据目标动物的体型来调整，高度适中，一般离地面10~20cm，确保动物头部能进入套索且触发机关后能迅速收紧。

捕鼠夹：将捕鼠夹放置在老鼠洞附近或有老鼠活动迹象（如鼠粪、咬痕）的地方，在夹上放置一些诱饵，如坚果碎屑、小块肉干等。设置好机关，注意安全，避免自己或其他非目标动物误触。

（2）维护方法：检查陷阱材料是否有损坏，如绳索是否断裂、捕鼠夹弹簧是否失灵等；定期更换诱饵，确保其吸引力；同时将陷阱材料存放在干燥、安全的地方，防止受潮、生锈或被其他动物破坏。

3. 捕鱼的网或钓具

（1）使用要点。

渔网：将渔网在水中缓慢展开，根据水域面积和鱼的分布情况选择合适的下网位置，如河流的弯道处、湖泊的浅滩与深水区交界处等，然后迅速收网，将鱼困在网中。

钓具：选择合适的钓竿和鱼线，根据目标鱼的大小调整鱼钩型号，将鱼饵（如蚯蚓、面团等）挂在鱼钩上抛入水中，通过观察鱼漂的动静来判断鱼是否上钩，当鱼漂下沉或剧烈晃动时，及时提竿收线。

（2）维护方法：渔网使用后要清洗干净，去除上面的水草、泥沙等杂物，晾干后存放，防止发霉。钓竿要检查竿体是否有裂纹、鱼线是否有磨损，如有问题及时更换；鱼钩要保持锋利，可定期用磨刀石或砂纸打磨；将钓具存放在干燥、通风的地方，避免阳光直射。

4. 处理食物的刀具

使用要点：用刀切割食物时，要保持稳定的姿势，握紧刀柄，根据食物的形状和质地选择合适的切割方式，如切片、切块、切丝等。对于肉类，要先去除皮毛、内脏等，再进行分割，切割过程中注意安全，避免刀刃伤人。

维护方法：使用后立即清洗刀具，去除上面的食物残渣、血迹等，用干布擦干水分，防止生锈；定期用磨刀石磨刀，保持刀刃锋利；刀鞘也要保持清洁，防止污垢进入刀鞘影响刀具保存。

四、植物类食物获取

（一）常见可食用野果采集及防误采

1. 常见可食用野果采集

蓝莓：多生长在阳光充足的山地、灌丛或林缘地带。成熟季节通常在夏季，果实呈深蓝色或蓝紫色，成串生长在低矮的灌木枝条上。采集时，用手指轻轻捏住果实，小心地将其从果柄上摘下，避免损伤植株。

野草莓：常见于草地、山坡及林边。果实一般在春末夏初成熟，外形类似草莓，色泽鲜红，表面有许多小颗粒状凸起。采摘时，直接用手将成熟果实连同果柄一起摘下，放入容器中。

2. 避免误采有毒类似果实

外观对比：一些有毒果实可能与可食用野果相似，但往往存在细节差异。例如，有毒的蛇莓与野草莓外形相近，但蛇莓果实表面的颗粒较为松散，颜色相对较淡，且其花为黄色，而野草莓花多为白色。采集时，需仔细观察果实的颜色、形状、表面纹理以及花的特征等，加以区分。

生长环境考量：某些可食用野果有其特定的生长环境偏好，了解这些偏好有助于避免误采。比如，蓝莓通常生长在酸性土壤的环境中，如果在不符合其生长环境的地方发现类似蓝莓的果实，就需要格外警惕，很可能是有毒的种类。

（二）野生坚果寻找、采集与储存

1. 寻找与采集

松子：主要来源于松树。在秋季，松树的球果成熟后会逐渐开裂，松子便会掉落。采集时，可以在松树下的地面寻找掉落的松子。对于尚未开裂的球果，可以用长杆工具将其从树上打下，然后放置在阳光下晾晒，待球果开裂后取出松子。

榛子：生长在榛子树上，榛子树多分布于山地阴坡的灌丛中。榛子成熟时，其果苞会变为黄褐色并微微开裂。可直接从树上采摘带有果苞的榛子，然后通过人工或借助简单工具去除果苞，得到榛子果实。

2. 储存方法

干燥储存：将采集到的坚果放在通风良好、干燥的地方晾晒，去除多余水分。之后，可将其装入密封的容器或袋子中，放置在阴凉干燥处。例如，用布袋装松子，扎紧袋口后放在干燥的木箱内，可有效防止受潮发霉。

防虫处理：为防止坚果被虫蛀，可以在储存容器中放入一些具有驱虫作用的植物，如干辣椒、花椒等；此外，也可以使用食品级的防虫剂，但要注意按照说明使用，避免污染坚果。

五、可食用野菜采集与烹饪处理

（一）可食用野菜采集

（1）蕨菜：多生长在山地阳坡或森林边缘的疏林下。蕨菜植株通常较高，可达1m，其幼嫩的茎芽可食用。采集时，选择茎芽尚未展开、呈卷曲状的蕨菜，用手从基部折断即可。注意不要过度采集同一区域的蕨菜，以保护其种群繁衍。

（2）荠菜：常见于田野、路边、庭院等地。荠菜植株矮小，贴地生长，叶片呈羽状分裂，有明显的齿状边缘。采集时，使用小刀或剪刀将整株荠菜齐根割下，放入容器中。

（二）烹饪处理要点

（1）焯水去毒：部分野菜含有微量毒素或有害物质，如蕨菜含有原蕨苷，荠菜可能含有草酸等。采集回来后，应先将野菜进行焯水。将野菜洗净后放入沸水中煮2~5min，捞出后用清水冲洗，这样可以去除大部分毒素和苦涩味。

（2）烹饪方式选择：经过焯水后的野菜可以根据个人口味进行烹饪，可以凉拌，加入蒜末、生抽、醋、香油等调料拌匀；也可以炒食，与鸡蛋、肉类等搭配炒制；还可以做汤，如荠菜鸡蛋汤等，使野菜更加美味可口且安全可食。

（三）野生菌类采集与辨别

1. 野生菌类采集

香菇状野生菇采集：这类野生菇多生长在阔叶树的倒木或枯树上。采集时，要选择菇体完整、菌盖厚实、颜色正常（多为褐色、棕色等）的个体。用刀或手轻轻将其从生长基质上摘下，注意不要破坏周围的菌丝体，以便其继续生长繁殖。

其他常见可食用野生菇采集：例如牛肝菌，常生长在松树林等针叶林下的土壤中。采集时，要留意其独特的菌盖形状（多为伞状且较厚实）和颜色（有多种颜色，如黄色、褐色等），用工具小心挖出，尽量保持菌根完整。

2. 与剧毒蘑菇的区别特征及采食警示

颜色与纹路：剧毒的鹅膏菌颜色鲜艳，如橙黄色、红色等，且菌盖上通常有明显的白色鳞片或疣突，菌柄上有明显的菌环和菌托。而常见可食用蘑菇颜色相对较为暗淡、朴素，纹路较为自然、均匀。

形态结构：可食用蘑菇的菌盖、菌柄比例相对协调，形态较为规整；剧毒蘑菇可能有特殊的形态，如某些鹅膏菌的菌盖边缘呈波浪状等。

采食警示：由于野生菌类的种类繁多，且部分有毒蘑菇与可食用蘑菇的特征差异较为细微，在没有十足把握准确辨别可食用与有毒蘑菇时，坚决不要采食野生菌。即使是经验丰富的采集者，在面对不熟悉的菌类时，也应谨慎对待，以免误食中毒，危及生命安全。

六、动物类食物获取

（一）捕鱼技巧

1. 工具制作与使用

简易鱼叉：可选用合适的树枝，将一端削尖并进行烤制使其变硬，用于叉鱼，适合在浅水区且鱼相对较大、行动较缓的水域操作。

鱼篓陷阱：利用竹片、树枝等编织成有入口且内部呈倒锥形的鱼篓，放置在水流相对平缓的溪流、河湾等水域，鱼易进难出。

钓竿与鱼饵：用细长且有弹性的树枝做钓竿，线可采用植物纤维或细麻绳；鱼饵可根据不同鱼的习性选择，如蚯蚓钓鲫鱼等。在静水区如池塘、湖泊垂钓效果较好。

2. 不同水域鱼的习性与捕鱼策略

河流：水流较快处鱼体力较好，可采用鱼篓陷阱或较大力量的鱼叉捕鱼；缓流区适合垂钓。

湖泊：深水区大鱼多，可尝试用较长钓线垂钓；浅水区可结合鱼叉和陷阱。

池塘：鱼相对集中，各种捕鱼方式均可，但注意不要过度惊扰鱼群。

3. 安全注意事项

捕鱼时要穿戴好救生装备，如救生衣，尤其是在较深或水流湍急的水域。不熟悉的水域不要贸然进入，先观察周围环境和水深情况。

（二）狩猎小型哺乳动物

1. 陷阱设置

捕鼠夹：放置在老鼠经常出没的洞口、墙角、粮食储存地附近等。

套索陷阱：对于野兔等，根据其活动路线，如草丛中的小路、树林间的通道，设置合适高度和松紧度的套索，用细钢丝绳或坚韧的植物纤维制作套索。

2. 踪迹判断

足迹：观察不同动物的足迹形状、大小和间距，判断其体型和行动速度，如野兔的足迹较大且跳跃间距长。

粪便：根据粪便的形状、大小、颜色和气味判断动物种类，如松鼠粪便较小呈椭圆形。

巢穴：野兔洞穴一般在草丛或土坡边，松鼠巢穴多在树洞或树枝间，根据这些来合理布置陷阱。

3. 法规与尊重

了解当地野生动物保护法律法规，明确哪些动物可以狩猎、哪些禁止，严格遵守规定。不进行滥捕，以满足基本生存需求为限，尊重野生动物的生存权利。

（三）捕捉鸟类与鸟蛋

1. 捕捉方法

简易捕鸟网：用细网眼的网布制作，支撑在鸟类经常飞过或栖息的区域，如树林边缘、果园等，但要注意避开候鸟迁徙路线等受保护区域。

触发式陷阱：利用树枝、绳索等制作，设置在鸟类觅食地附近，如撒有谷物的地面，当鸟触碰机关时触发陷阱，但这种方式在很多地区受到严格限制。

2. 法律与生态考量

大多数野生鸟类受法律保护，只有少数如麻雀等在特定情况下且合法合规才可适度捕捉。鸟蛋采集要谨慎，仅在合法且非繁殖期等特定条件下进行，采集后尽量保持鸟巢完整，避免破坏生态平衡。

（四）昆虫类食物的收集

1. 昆虫出没环境与捕捉

蚂蚱：多在草丛、农田中，可徒手捕捉或用网兜捕捉。

蝉：在树干上，可在其蜕壳时或用长杆粘胶捕捉。

白蚁：在潮湿的朽木、地下巢穴附近，可挖掘巢穴或在其外出觅食通道设陷阱捕捉。

2. 食用前处理

去除蚂蚱、蝉的翅膀、腿部硬壳等，可采用水煮、油炸等方式烹饪，以杀灭细菌和寄生虫，同时改善口感，帮助克服对食用昆虫的心理障碍。

七、食物的处理与保存

（一）植物类食物处理

1. 清洗与初步处理

野果：将采摘的野果放入清水中轻轻搅拌，去除表面的泥土、灰尘等杂质，对于一些有果柄或果蒂的野果，要小心摘除。

野菜：先抖落野菜上的泥土和杂物，然后用流动的清水反复冲洗，去除粘连的泥沙，尤其是根部和叶片褶皱处。

坚果：可使用石块等硬物砸开坚果外壳，取出可食用的果仁部分，如核桃、栗子等。操作时注意力度，避免果仁破碎。

2. 去毒处理

对于含毒素的野菜，如蕨菜（含有原蕨苷），先将其浸泡在清水中数小时，然后进行焯水，焯水时间一般在2~5min，可有效去除部分毒素。一些苦味野菜如苦苣菜，焯水也能减轻苦味并去除可能存在的少量有害物质。

（二）分类储存

干燥的种子类食物，如野豌豆等，可装入密封的容器或编织袋中，放在干燥通风处保存。含水量较高的野菜和野果，若短期保存，可放在阴凉通风处，用湿布覆盖；若想长期保存，可将野菜焯水后晾干、野果制成果干等形式，再装入防潮袋中储存。

（三）动物类食物处理

1. 宰杀与初步处理

小型哺乳动物（如野兔）：先将其固定好，用锋利的刀具割开颈部动脉放血，放血要彻底，这样可减少肉的腥味并利于保存；然后从腹部或腿部开始剥皮，小心地将皮与肉分离，剥下的皮可用于制作简易的衣物或工具；接着取出内脏，将内脏中的苦胆等有异味或有毒的部分小心摘除，避免弄破污染肉质；最后用清水清洗。

鸟类：一般先拧断脖子放血，然后拔毛或烫毛后拔毛，去除羽毛后开膛取出内脏，同样清洗干净。

2. 切割与加工

将处理好的肉类按照烹饪或储存需求进行切割，比如切成大小均匀的块状或条状。

制作肉干：将切好的肉条用盐、花椒等调料腌渍数小时，盐的用量可根据肉量适当调整，一般每斤肉用10~15g盐。腌渍后将肉条挂在通风良好且阳光充足的地方晾晒，其间要经常翻动，防止变质和发霉，晾晒至肉条水分大量减少，质地变硬即可。也可采用烟熏的方法，在密封的空间内用燃烧的木屑、树枝等产生烟雾，将肉悬挂其中。烟熏不仅能保存肉，还能赋予其独特的风味，烟熏时间根据肉量和烟熏的强度而定，一般2~5天不等。

（四）食物保存方法

1. 风干

操作要点：选择通风良好、干燥且阳光充足的地方，将肉干、晾干的野菜等食物悬挂起来，避免相互接触和堆积。

适用食物类型：肉类、部分野菜、水果干等。例如，牛肉、葡萄等通过风干可长时间保存，且能保持一定的风味和营养。

2. 烟熏

操作要点：搭建简易的烟熏房或利用密封的容器，在底部生火，放入木屑、树枝、稻壳等产生烟雾的材料，将食物挂在上方，控制好烟熏的温度和时间，温度一般保持在20~30℃，避免过高温度烤焦食物。

适用食物类型：肉类、鱼类等，如熏鱼、熏肉。烟熏后的食物不仅能延长保质期，还具有独特的烟熏香味。

3. 晾晒

操作要点：将食物均匀地铺在干净的席子、石板或晾晒架上，定期翻动，确保各部分都能充分接受阳光照射，晾晒场地要干燥且通风良好。

适用食物类型：水果、蔬菜、肉类等。像红薯、柿饼等通过晾晒可去除大量水分，抑制微生物生长。腌渍后的肉类晾晒后可制成腊肉等。

4. 低温山洞或雪地掩埋

操作要点：对于低温山洞，要确保山洞内温度稳定且较低，将食物用防潮的容器或包裹好后放置在山洞深处。雪地掩埋时，要选择积雪较深且不易融化的地方，将食物密封好后埋入雪中，可在食物上方标记位置。

适用食物类型：各种食物在冬季均可采用这种方式短期保存，如肉类、水果等，但要注意防止被其他动物挖掘。

八、特殊环境与应急获取食物

（一）极端环境下的食物获取

1. 极地地区

可食用资源：海豹和企鹅在极地地区是潜在的食物来源。海豹脂肪含量高，能提供大量热量，其肉也可食用；企鹅同样含有一定营养成分。需注意，许多极地动物受到严格的法规保护，只有在符合当地法律规定的生存必需情况下才可进行猎捕，且猎捕过程中要遵循安全准则，例如，避免激怒动物导致自身受伤，使用合适的工具和技巧确保捕杀的有效性与安全性，如使用锋利且坚固的刀具或特制的捕猎器具等。

寻找与捕获技巧：在冰面上寻找海豹的呼吸孔，耐心守候，待海豹露头时利用工具迅速捕杀，但这需要丰富的经验和对海豹习性的深入了解。对于企鹅，可在其繁殖地或栖息地周边，选择合适时机捕捉，但绝不能对企鹅种群造成大规模惊扰或伤害。

2. 沙漠地区

植物资源利用：沙漠中有一些仙人掌类植物，其肉质茎可以食用，如仙人球、量天尺等。食用前需去除表面的刺，可直接生食或简单处理后食用。还有一些沙漠灌木的果实，如沙棘，富含维生素和营养物质，成熟后可采摘食用。

昆虫资源利用：沙漠中的昆虫如蝎子、蚂蚁等虽然体型较小，但在极端情况下也可作为食物来源。蝎子可通过挖掘其洞穴或在夜晚其外出觅食时捕捉，捕捉后需去除毒刺和内脏，可烤或煮后食用。蚂蚁则可在蚁巢附近收集，一般可直接食用或与其他食物混合加工。需要注意区分有毒和无毒的昆虫种类，避免误食导致中毒。

（二）应急食物获取

1. 寻找被忽视的食物来源

树皮内层：像榆树、柳树等部分树种的树皮内层（形成层）是可以食用的。用刀小心地刮下树皮内层，可直接嚼食或煮成汤羹，其含有一定的淀粉和纤维，能提供少量能量。

昆虫幼虫：例如天牛幼虫、蝉的幼虫等，常栖息在树木的枝干或根部，可通过观察树木上的虫洞或挖掘树根附近的土壤来寻找。这些幼虫富含蛋白质，可烤、炸或水煮后食用。

水生藻类：在有水源的地方，一些淡水藻类如绿藻等是可食用的。它们通常附着在水底的石头、树枝或漂浮在水面上。收集后可洗净直接食用或加入汤中煮食，但要注意避免采集受污染的藻类。

2. 食物资源分配

制订计划：根据被困人员的身体状况、年龄、性别等因素，制订合理的食物分配计划。例如，身体虚弱或受伤较重的人员可能需要相对较多的食物来恢复体力和生命体征。一般按照每人每天最低限度的能量需求来分配，成年男性每天需要800~1200kcal，成年女性需要600~1000kcal，具体可根据实际情况调整。

控制食用量与频率：将有限的食物分成小份，按照计划定时定量发放。例如，将少量的应急食物分成每日3~4次分发，避免一次食用过多导致后续饥饿期过长，同时也有利于身体更好地吸收和利用食物中的营养成分，以维持较长时间的生命活动，等待救援人员的到来。

第八章

野外生存课程教学设计与组织

野外生存课程作为一门崭新的高校体育课程，与传统的体育课程相比，在教学计划、教学设施、教学模式、评价内容与标准以及组织考核等方面，无论是形式还是内容上，都存在很大的区别。因此，应当根据野外生存课程的专项知识、技能结构与功能特点，结合学校的实际情况、学校所处地区的地理特征，科学地设计、修订野外生存课程的教学方案及组织教学过程。

第一节　野外生存课程教学设计

一、课程目标设计

课程目标1：理解和掌握野外生存相关知识。

了解野外生存运动的特点及相关知识，基本掌握常见运动创伤的处置方法及危险环境中的自我保护和自救方法，学习野外活动常识、安全常识、环保常识，具备一定的野外生存经验。

课程目标2：掌握野外活动相关技能。

了解野外生活，掌握常见户外装备的使用以及野外宿营、野外行走、野外避险与救援、常见绳索的打结与捆绑等基本技能；通过野外生存训练知识的传授与实践，培养学生的野外生存技能，使其具备基本的独立野外生活、自我管理的能力。

课程目标3：全面提高身体素质，强健体魄。

培养学生对大自然的热爱和户外运动的兴趣，培养终身体育的意识。通过发展学生的力量、速度、耐力、协调、柔韧等素质，着重提高学生心肺功能，提高学生体质健康水平，全面发展体能，提高其科学锻炼的能力，练就强健的体魄。

课程思政目标：培养良好的心理健康素质和适应能力。

通过野外生存的户外实践活动，培养学生勇敢顽强和坚韧不拔的品质、良好的心理素质和适应能力，加强团队精神和合作意识。对学生开展户外安全教育，培养其环保意识，教育学生热爱自然、热爱生活、热爱社会。具体的课程思政元素如表8-1所示。

表8-1　课程思政元素

课程对价值观的引导以及所融入的主要课程思政教育元素	民族自信、制度自信、文化自信：爱国、爱校、民族精神
	健康意识：树立健康第一意识，科学健身，终身体育，为祖国健康工作50年
	安全意识：户外活动，处处都有危险，时刻谨记安全意识
	法治意识：纪律意识、责任意识、规则意识
	团队意识：只有团队合作、互帮互助，才能战胜困难
	意志品质：坚韧不拔、顽强拼搏
	环保意识：绿水青山就是金山银山

二、课程结构与内容设计

本课程分成校内学习和野外实践两个部分。

校内学习：①了解野外生存相关的基本知识；②学习掌握野外实践常用装备的使用方法和常见运动创伤的处置方法，以及危险环境中的自我保护和自救方法；③身体素质练习。

野外实践：通过野外实践活动，具备一定的野外生存经验；全面提高学生的身体素质，强健体魄；加强学生的团队精神和合作意识，培养环保意识，教育学生热爱自然、热爱生活、热爱社会。

三、教学进度与教学内容组织

本课程的教学内容及学时安排如表8-2所示。

表8-2　教学内容及学时安排

课次	教学内容	学时
1	一、理论部分 1.课程情况介绍及课堂常规 2.野外生存概述 3.野外生存的内容与分类 4.野外生存活动常识 5.野外生存价值与意义 6.课程思政：环保意识、生态文明建设、热爱祖国 二、体能部分 团队拓展及体能训练	2

续表

课次	教学内容	学时
2	一、理论部分 1.野外生存的常用装备介绍 2.课程思政：工匠精神、民族品牌 二、实践部分 登山杖、登山包的使用 三、体能部分 负重行进练习	2
3	一、理论部分 1.野外常见意外事故及分析 2.野外求救方法 3.野外常见疾病救治 4.野外常用食品药品准备 5.课程思政：顽强拼搏、团结协作、抗震救灾、众志成城 二、实践部分 踝关节包扎实践练习 三、体能部分 团队拓展及体能训练	2
4	一、理论部分 1.定向运动概述 2.学习如何使用指北针和看懂地图 3.迷失方向后的处置和辨别方向 4.课程思政：缅怀先烈、牢记使命、不忘初心 二、实践部分 校园定向越野实践 三、体能部分 定向体能练习	2
5	一、理论部分 1.野外生存活动的风险管理 2.野外行走的知识与要领 3.营地选择与帐篷搭建 4.课程思政：敬畏自然、珍爱生命 二、实践部分 露营装备使用练习 三、体能部分 团队拓展及体能训练	2
6	定向实践考核	2
7	一、模拟救护考核 二、体能训练	2
8	素质测试 1.男生：50米短跑，引体向上或双杠臂屈伸，1000米中距离跑 2.女生：50米短跑，一分钟仰卧起坐，800米中距离跑	2
9	野外生存综合训练 1.山地重装徒步穿越、野外宿营、团队建设 2.课程思政：环保行动，绿野无痕 3.野外实践训练总结	14
10	线上体育理论课学习及考试	2

四、野外生存课程专项部分考核

课程考核包括定向实践考核、实践操作考核、野外实践总结等环节。

定向实践考核占野外生存课程专项部分成绩的25%（考核内容：每人一张地图，按顺序到访点标，记录点标处的信息，按时间长短和点标正误进行评分）。

实践操作考核占野外生存课程专项部分成绩的25%（考核内容：模拟救护）。

野外实践总结占野外生存课程专项部分成绩的50%（考核内容：实践环节心得体会、对实践活动进行总结，提出需要改进的环节，以及对本课程的意见和建议）。

第二节　野外生存课程教学组织与实施

一、教学方式

（1）教学采用理论与实践以及身体素质训练相结合的方式在校内进行，野外实践安排在周末或假期在野外进行。

（2）理论课运用多媒体进行教学；实践课与身体素质训练则在满足教学需要的场所进行；野外实践是对学生学习效果及综合素质进行全面的检验，放在校内课程结束后进行。

（3）校内实践课，教师根据教学要求，根据性别、体能及技能情况，对学生进行分组，6人左右为1组，组长为班级干部，实行组长负责制进行练习，采取互动式教学方式。野外实践时，对各组成员可以微调，以达到最佳效果。

（4）身体素质练习贯穿校内教学的全过程，练习时间一般为45min。另外，每学期还布置了课外跑100公里的任务，锻炼学生的有氧能力。

（5）野外实践一般选择在复杂多变的山区，采用山地徒步重装穿越及露营的形式进行。

（6）野外实践时，各小组根据野外实践的具体安排，根据教师建议各组自行准备食物与饮用水以及个人药品。野外实践过程中，应注重培养学生的环保意识、团结互助及吃苦耐劳的意志品质。

二、教学措施与要求

（1）教师在贯彻执行教学大纲的过程中要将课程思政融入课堂，培养学生的公民意识，提升道德情操和素养，提高社会责任感，形成健康的价值观，增强团结协作精神，丰富和完善学生的知识结构，把教书育人放在教学工作的首位。根据大纲总体培养目标，突出野外生存课程的特点，培养适应国家需要的合格人才。

（2）教师在教学过程中，结合实际情况，严格贯彻执行学校规定的课堂教学常规，有计划、有目的地实施各项教学内容。教师以身作则、身体力行，发挥教师主导作用，提高学生学习积极性。

（3）教学中突出教学重点，力求使学生掌握野外生存的基本技术技能，提高学生的身体综合素质，并贯穿教学活动始终。

（4）有计划、有目的地指导学生完成野外生存实践训练。

（5）注重互动式教学，师生相互配合完成教学任务。

第三节　野外实践活动的策划、组织与实施

野外实践活动是在远离学校的自然环境中进行的，将会遇到许多意想不到的困难，也很难避免各类突发事件和伤害事故。因此，在活动开展之前制订一套详细的活动方案，是确保野外实践活动顺利完成的前提。

策划方案一方面能够明确野外实践的目的和任务，另一方面可以帮助组织教师考虑得更周全。策划得周密与否，将直接影响活动开展的效果。

一、野外实践的策划

组织野外实践活动之前，特别是组织有一定难度与一定强度的野外实践活动前，必须由有经验的带队教师成立策划小组，共同研究制订详细的策划方案。

野外实践活动的策划方案应主要包括以下内容。

（一）野外实践的目的、类别、对象与时间表

（1）野外实践的目的是增强体能、磨炼意志、突破自我、提高野外生存能力、增强环保意识、培养团队精神等。

（2）活动的类别是野外实践训练，需要明示活动强度等级。

（3）活动的对象是参与学生的界定。

（4）活动的时间表应包括准备期时间表及野外活动期间的时间安排表。

（二）野外活动的地点、线路及环境与气候说明

明确的地点、线路、环境与气候及天气情况说明将直接影响教师与学生的前期物质准备。

（三）所需设备、设施与物品

根据活动的内容、线路，确定好公用设备、物品清单、药品清单，提供个人携带物品建议清单。

（四）风险、保险与安全预案

“安全第一”是野外活动必须遵循的首要原则。无论是什么样的内容或形式的野外实践活动，都有可能出现意外，因此，安全是组织野外实践的前提。教师必须充分考虑各种危险因素，并预先采取防范措施，同时加强安全教育。

针对野外实践活动的性质与内容作出风险判断，教师应当向学生告知风险，并统一购买人身意外保险。

（五）成立相应的工作小组并进行人员分工

由于野外实践活动需要多方面、多部门的配合，组织活动的总负责教师应对其他参与的教师进行项目分工并成立相应的工作小组，明确各组的具体负责人，并对他们的岗位职责进行明确规定。

一般需要成立以下几个工作小组：

（1）活动保障小组，负责活动的交通、通信、联络、安全，采购所需物品、食品、药品等。

（2）紧急救援小组，负责对各种突发性紧急事故进行救援。

（3）宣传小组，负责摄影、摄像、文字等资料的收集与整理工作。

（4）勘探小组，负责对实践区域的路线、地形、动植物、气候等自然条件进行考察与评估，为确定最终实践方案提供参考。

二、野外实践活动的前期准备工作

（一）教师的前期工作

（1）成立工作小组并明确分工。

（2）线路的选择、勘察，并确定最终方案。

（3）各小组根据活动方案进行准备工作。

（4）对学生强调各种注意事项，例如安全、环境保护等。

（5）对参加野外实践的学生进行分组。

为确保野外实践能够顺利进行，需要将班级学生分成几个小组，每个小组组长由班级干部担任。在遇到一般性困难或突发事件时，组长能够处理时，由组长决定采取何种处理方法。各小组一般控制在6人左右，各组的学生安排需要做到男女搭配，体能、技能总体均衡，并明确每位成员在组内负责的具体工作。

（二）学生的前期准备工作

（1）学生应自我进行身体素质评价。

有心血管疾病、消化道疾病等人群不适合参加野外实践活动，经期的女学生不适合参加有一定强度的野外实践活动。其他情况要与教师进行沟通，并确定是否参加活动。

（2）个人物品及食物的准备。

个人物品的准备应以需要与实用为原则，可带可不带的物品尽可能不带，以减轻负重。

（三）野外实践装备准备

野外实践活动要求学生在野外生活两天，需要一些专用野外生存装备来完成整个实践过程。常规的野外生存装备包括以下几个方面。

（1）野餐用具。每个小组配备气罐炉1只、气罐2个、挡风板1个、套锅1副。

（2）野营用具。双人帐篷、单人睡袋、防潮垫、地垫、头灯及营地灯等。

（3）野外服装和生活用品。每人应配备冲锋衣1套、登山鞋1双、雨衣1件以及备用的内衣、袜子。另外，还应带一些简单的生活用品。

（4）每人配备登山包1只、登山杖2支、快挂3只、锁挂2只、哨子1只。

（5）每两组配备50米主绳1根、30米辅绳1根、安全帽2顶、安全带2副、2米扁带1根、上升器1只、下降器1只、工兵铲1把、对讲机1部。

（四）食品的准备

根据野外实践活动时间长短以及天气情况来准备食品。食品选择主要考虑营养、安全、便携及食用方便等因素。

1. 半成品

自热食品、米、面条、咸肉、羊肉片、汤料、调料、新鲜蔬菜等。

2. 成品

方便面、压缩饼干、榨菜、萝卜条、火腿肠、干果、牛肉干等。

（五）药品的准备

根据以往野外生存实践活动中出现的伤病统计，需要准备的药品有以下几类。这些药物由学校统一购买，学生个人需要的药品则由其个人准备。

（1）感冒类药品：板蓝根冲剂、白加黑、阿司匹林、芬必得等。

（2）抗菌类药品：诺氟沙星胶囊、阿莫西林等。

（3）外伤类药品：创可贴、云南白药喷雾剂、消毒酒精等。

（4）肠胃药品：保济丸、藿香正气水等。

（5）其他药品：清凉油、驱蛇粉等。

（6）器具：纱布、温度计。

三、野外实践活动的组织与实施

野外实践活动是在野外自然环境之中开展的，没有一致的运动规律，情况复杂多变，这决定了它是一项高风险的运动。野外实践要通过一些风险管理的手段，确保活动安全。

野外实践活动的组织要求教师具备良好的生理、运动、医学、地理、气候、气象、动植物、人文等方面的知识。同时教师需要具有良好的心态、沟通能力、团队精神、丰富的经验和果断的性格。

（一）野外实践活动前的工作

出发前，领队教师需与其他带队教师及各组组长，明确责任和义务，再次强调实践活动的纪律与安全方面的注意事项，最后要求大家积极配合，以便顺利完成野外实践工作。

上车前，带队教师与各组组长必须对携带的物资进行检查，对各类用具、食品、服装、宣传资料、野外装备、药品等进行逐项检查。检查工作要有充分的时间保证，检查方式有个人自查、两人对查、团队互查三种。

上车后，带队教师需要再次说明活动的起点、途经线路、终点、人文与地理环境及大致的时间安排，无特殊情况，则按原定计划进行。

下车后，带队教师先要集合各班队伍，清点学生人数，整理背包，安排携带人员分配公共用品（如燃气罐等先前不能下发的集体用品），在原地进行简单的准备活动后，再按照前期安排，组织各组按顺序呈一列纵队行进。

（二）野外实践活动中的工作及要点

（1）未经领队教师同意，任何人都不应擅自脱离队伍，不做计划外活动。

（2）队伍行进速度应该以最慢的学生为准，以保持队伍始终在一起而不分散。

（3）行进时，领队教师一般走在整个队伍最后面，途中根据队员的体能、宿营地距离等因素，适当调整整个队伍的前行速度。其间应阶段性查阅地图，保持与先锋带队教师进行沟通，确保行进路线正确，发现错误时应及时改正，必要时甚至应原路返回。

（4）队伍需经常停下来休息、喝水及补充能量。在炎热和潮湿的天气下尤其应该如此。再次出发时，各带队教师应要求各组清点人数，确认没人掉队。

（5）带队教师途中要观察学生的体能与身体状况，安排体能好的学生分担体能较差或身体状况出现问题的学生的行李，以确保队伍的整体行进速度不受到太大影响。

（6）遇到岔路口、有障碍或前进方向不明时，先锋带队教师必须立刻请示领队教师，由领队教师做出决定，不得擅作主张。

（7）在露营及野炊环节，带队教师要就营地的安全、防火、环境保护等环节对学生进行指导要求。

（8）出现突发事件时，领队教师可遵循“STOP原则”进行下一步行动。“STOP原则”即Stay（待在原地）、Think（冷静思考）、Observe（观察情况，寻找办法）、Plan（综合分析，计划行动）。一旦做出决定，全体人员必须坚决服从领队教师的统筹安排。如果发生意外或判断继续前进存在危险，领队教师必须具备能做出“立刻取消活动”这一抉择的胆识。

（三）领队教师在野外活动结束后的工作

安全结束野外实践活动后，领队教师的工作还没有结束，在野外实践活动结束后还有以下几个方面的工作：

（1）要求学生对装备进行清理并按时归还。

（2）收集学生对活动的反馈意见。

（3）召开带队教师会议，针对野外实践活动进行总结。

（4）撰写野外实践总结报告，对策划与组织实施情况进行分析总结。这些总结将对下一次策划起到重要作用。

四、野外实践活动中的环境保护

全球气候变暖，冰川不断消融，生态系统已经非常脆弱，环保问题不容乐观。每一次野外实践活动都会对自然环境造成破坏，每一次对环境破坏行为都将加大生态系统恢复难度。因此，最大限度地减少自然环境破坏是野外实践活动中不可或缺的一环。

（一）出发前的环境保护工作要点

教师在设计野外实践活动方案时要有一定的环保意识，明确环境保护是野外实践活动的一个组成部分，并将这种理念灌输给学生。活动过程中尽量选择符合环保要求的物品，并配发垃圾袋。

（二）行进间的环境保护要点

（1）有道路时应排成纵队沿着路走，不要贪图方便而走捷径。

（2）尽可能选择能耐受的地面行走，例如岩石裸露地或碎石坡等。

（3）无大路，走小路；无小路，走对地面破坏最小的路；尽量避开植被茂密、难走的地段。

（4）无路且有植被的地段应分散前进，以避免走出新路。

（5）遇到诸如文化、历史遗迹、人造雕塑、建筑等不要触碰，更不可踩踏。

（6）发现奇花异草、怪石等自然物体不要触碰、挪动，更不可据为己有。

（7）保护野生动物，观察野生动物要保持一段距离，避免干扰它们。无论野生动物多么可爱，绝对不要喂食。

（三）营地环境保护要点

1. 营地安置

（1）选择耐受地面作为露营地，而且至少离水源、溪流等50米以外的较高的地方。

（2）尽量选择固定的营地或别人用过的营地。

（3）尽量把营地建得小些，集中活动区域选择无植被的地区。

（4）分区域露营，避免队伍全部集中驻扎在一起。

2. 营地卫生与垃圾处理

（1）保护好营地周围的水源，切勿直接在水源中使用日化产品。

（2）临时厕所挖坑，定点设掩帐，离营区50米以上和远离水源30米以上，在撤营时应掩埋，并恢复原貌。

（3）污水要倒在离营地和水源60米开外的区域，并分散倒。

（4）使用的卫生纸或卫生巾应包装起来带走或者在允许的条件下用火烧毁。

（5）可降解的食物残渣、果核、果皮可以挖坑掩埋，不要在营区附近乱泼乱撒。不可降解的垃圾一定要全部带走。

最后用一句保护区都曾经使用过的标语来互勉：除了脚印什么也不要留下，除了照片什么也不要带走！

第九章

绳　结

在户外，绳子是重要的生存工具之一，尤其在山地地区，绳子常作为攀爬、速降和救援的工具，在扎营以及编制木筏的时候也常常会用到它。当你在户外使用绳索时，需要注意的一条重要原则是不要轻易将绳索截断。即使有很多根短绳，也比不了一根完整长绳的作用大。

利用绳索打结，使绳索之间或与其他装备、固定物相互连接的方法，称为结绳技术，所打的结称为绳结。在户外熟练地使用各种绳结可以发挥绳索的许多特殊用途。例如，捆绑各类物品或装备、攀岩时将绳索固定在岩壁的锚点上、释放或限制绳索的滑动长度以拉紧吊床或帐篷的防风绳、将两条绳索连接在一起使之变成更长的绳索等用途。经验丰富的探险家往往掌握多种绳结与套结的使用方法，这必须经常练习，做到熟能生巧。下面我们就来介绍一些常见的实用绳结。

第一节　基础绳结

一、反手结

反手结也叫单结、半结或死结，是绳结中最基本最简单的结，是形成其他许多绳结的基础，常用于加固绳头部分以防止散落。在野外的时候，哪怕你什么都不会，反复打几个反手结也能绑住东西。

反手结的缺点：如果打结太紧或弄湿绳结则很难解开。

二、8字结

这个结打好后会呈现出一个数字8的形状，因此得名8字结。由于8字结的结目比较大，因此在多数情况下，相比反手结，它更适合在绳子末尾作为绳端结来使用，起到固定防脱的作用。8字结的打法十分简单，仅比反手结多了从绳圈外面绕过再穿入的步骤，即使两端拉得再紧，依然可以轻松解开。

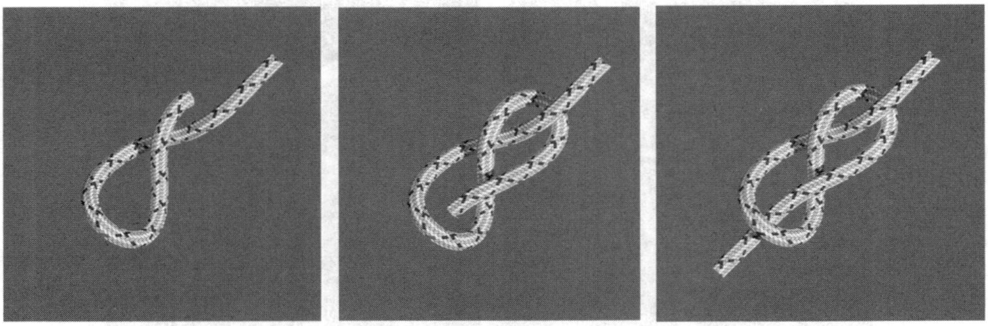

第二节　用以绳索之间互相连接的绳结

当一根绳索的长度不够时，我们往往需要将两根或更多的绳索连接在一起延长它们的长度，这是在户外活动中常常会遇到的情况。例如，延长船只的缆绳或钓鱼爱好者连接两条鱼线。同样，你也会遇到需要将一根绳索的两头系在一起的情况。学会下面的这些绳结打法将帮助你快速简单地连接绳索。

一、接绳结

接绳结的另一个名字叫单编结。这种结可以将两条绳索简单可靠地连接到一起，并且无论绳子拉得多么紧，拆解起来依然十分容易。接绳结最好用的地方就在于它可以连接两条粗细、尺寸不同的绳索而不会滑脱。只需要记住在连接时较粗的绳索要用作简单的绳圈。对于许多经验丰富的探险者来说，接绳结是必须“掌握在手”的绳结。

第一步：先将较粗的绳索末端对折一个绳圈。

第二步：把另一条绳索从下面穿过较粗绳圈，再绕过折叠的绳索背后一圈回来，从细绳下穿过打结拉紧即可完成。

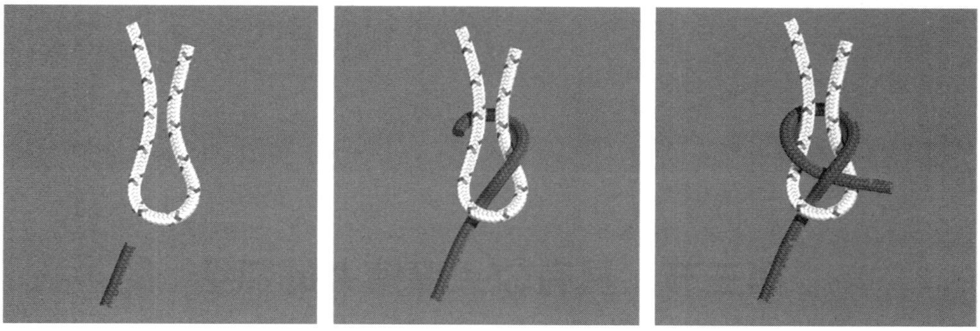

二、平结

平结是一种较为古老的绳结打法，在日常生活中的使用率特别高，因为它既可用来连接两条绳索，也可以用一条绳索将物体进行捆绑。平结的打法非常简单，常用于连接材质粗细相同的绳索，但不适用于较粗且表面光滑的绳索。由于平结系紧后很难解开，因此常用在系成以后不再需要解开的场景中。在打平结时，如果两个绳头的缠绕方法错误，就很有可能打出平结的另一个“兄弟”——外行平结。这种结很容易散开。在打平结时，记住第一个结按照自己常用的习惯顺序缠绕两绳头，第二个结则相反，用自己不习惯的顺序再打结一次两个绳头，即可避免错误的发生。

三、齐柏林结

齐柏林结又称飞艇结，因用于齐柏林飞艇上的绳索连接而闻名。齐柏林结具有牢固可靠、承载重拉后依然容易解开的独特优点。据说是连接两根绳头最好的方式。

第一步：左边绳索弯一个绳头在上的“6”，右边绳索弯一个绳头在下的“9”，6和9的两个绳圈叠放在一起。

第二步：将两绳头绕过对方绳圈后分别穿过共同叠放的绳圈，最后拉紧即可。

第三节　具有较大摩擦力的抓结

抓结因形状像个手爪而得名。此结多用于登山或速降的保护索，还能用于需要经常调整绳索的时候，比如帐篷的拉线。当向下突然受到较大的力量时，这种结可以牢牢抓住绳子。在承受重力的时候，它不打滑。力量放松时，它可以自由滑动。

一、普鲁士抓结

普鲁士抓结由奥地利登山探险家卡尔·普鲁士博士的名字命名，是一种摩擦结。

第一步：用绳子先绕过主绳打个系物结，注意先不要拉紧。

第二步：绳头一段围绕主绳再多绕两圈。

第三步：把绳头从另一端的绳环中穿下去，均衡地拉紧绳结，注意不要让线圈重叠。

二、克式抓结

第一步：将绳圈从上到下缠绕主绳多次，缠绕次数越多，克式抓结的摩擦力越大。

第二步：通常缠绕3~5圈即可。

第三步：将绳圈尾部穿过上方的绳圈头内并向下拉，一个克式抓结就完成了。

克式抓结在不受力的情况下，可以随意上下移动，但要注意克式抓结只可一个方向受力，因此可以用在向上攀登的攀爬系统中。

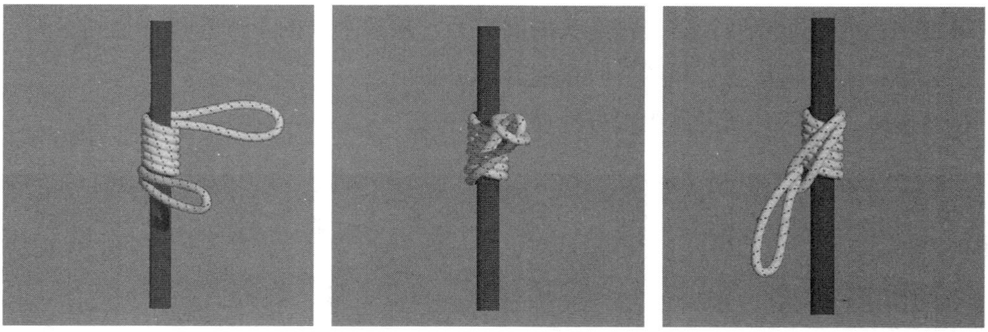

第四节　适合救援使用的绳结

一、单称人结

单称人结又叫作布林结或单套结，这种绳结具有受力时绳圈不会变形、不会滑脱，且受力后还可以轻松解开的优点，熟练时可以单手完成打结，因此被称为“绳结之王”。当单称人结用于救援场景时，围绕树干捆绑可以作为可靠的锚点进行滑降，或做成绳套，套在被困人员的躯干进行提升。

第一步：留出足够长的绳头，先在主绳上面弯出一个小绳圈。

第二步：把绳头穿过小绳圈后绕过主绳。

第三步：绳头再穿回小绳圈中，最后拉紧即可。

单称人结用于救生时，其不会变形和滑脱的特点使人可以放心使用，但如果被救人员伤势较重，一根绳圈不足以支撑身体，就需要用到双称人结或三称人结了。

二、双称人结

双称人结具有两个绳圈。别看只是多出了一个绳圈，在提升人员或重物时就会变得更加实用。

第一步：需要将绳索对折成两股，与单称人结一开始穿过小绳圈的步骤一样。

第二步：穿过绳圈后，需要把绳头的圈扩大，从整个结的下方套过并绕到主绳后方。

第三步：耐心调整两个绳圈，收紧绳套即可。

在救援时，双称人结可作为提升椅使用。

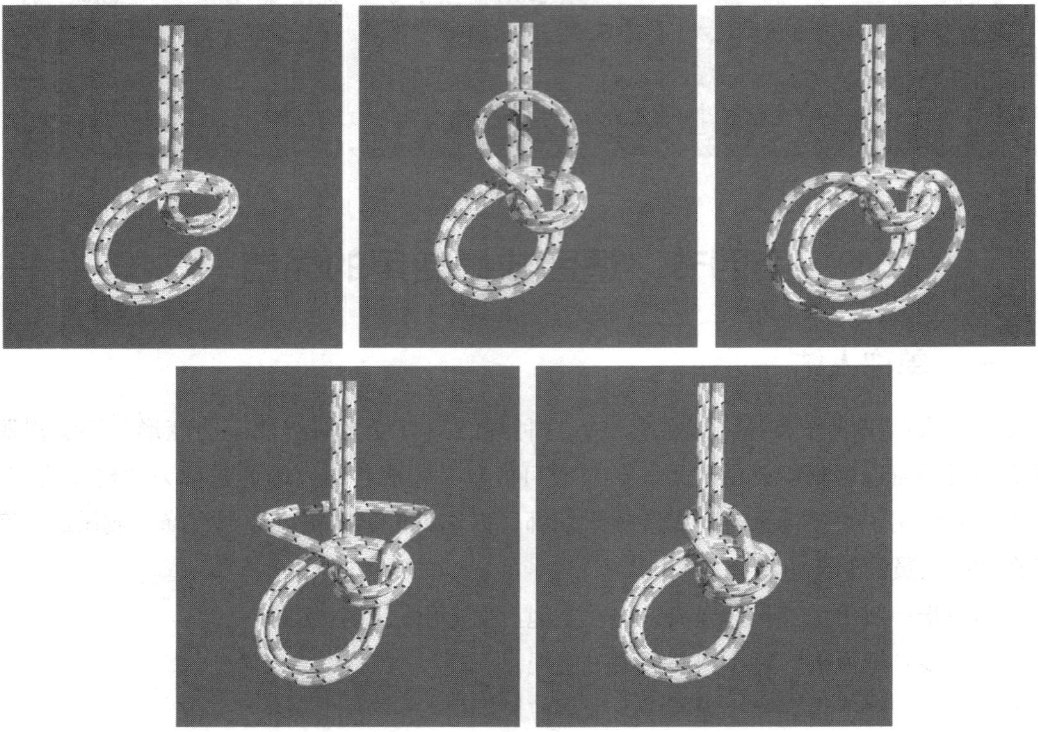

三、三称人结

三称人结的打法与单称人结一样简单，区别是使用折叠的两股绳头制作即可出现三个套环。在提升人员时，三称人结的稳固性更高，两个绳圈可以分别套住被救人员的下肢，第三个绳圈套住被救人员的躯干上部，形成三点拉力。

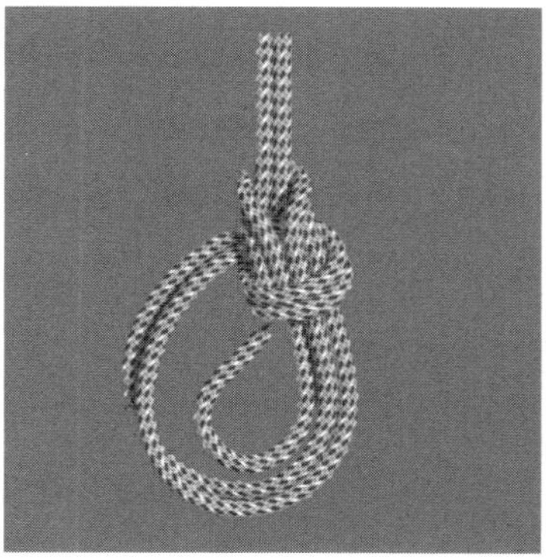

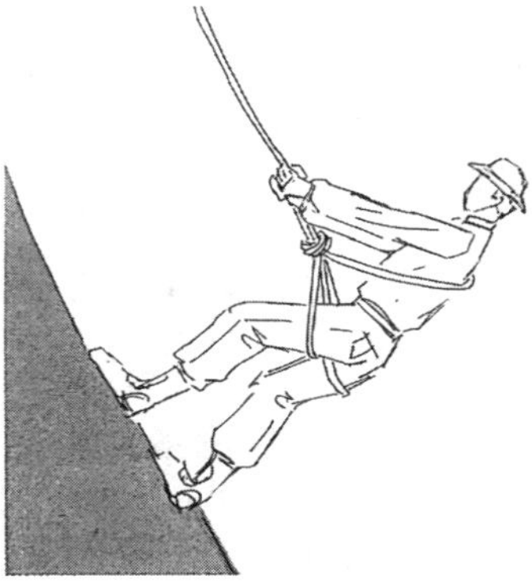

使用三称人结提升

第五节 可调节绳索长短张力的绳结

一、营钉结

光看名字就知道，营钉结适合在野外露营时将帐篷或吊床固定在树上或者地钉上。营钉结是摩擦结的一种，它可以轻松调节绳索的长度以保持绳索的拉力，具有打结和拆解容易的特点。营钉结配合地钉使用时，可以将帐篷拉扯得十分饱满，达到抗风的效果。

第一步：先将绳索绕过锚点形成一个绳圈。

第二步：绳头在绳圈内绕主绳两圈后，出来在绳圈外的主绳上打一个反手结，最后拉紧。

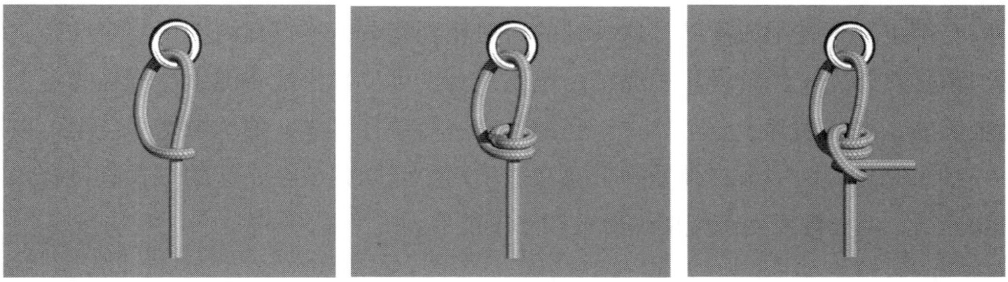

二、法里蒙摩擦结

法里蒙摩擦结的作用与营钉结相同，也是一种可调节绳索长短张力的摩擦结。它的打结方式虽稍复杂，却具有快速拆解释放的特点。

第一步：先用主绳弯一个绳圈。

第二步：绳圈再围绕主绳缠绕两圈形成一个小绳圈。

第三步：最后将绳头折叠后穿过小绳圈拉紧即可。

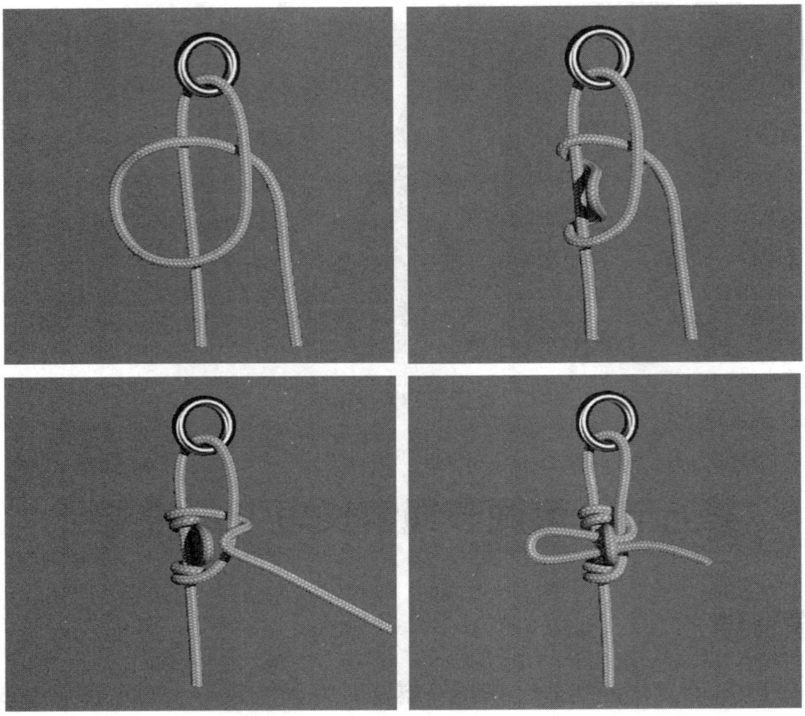

第六节 其他实用绳结

一、双套结

双套结也称丁香结或卷结，这种结的历史相当悠久，不仅在海上，甚至在露营、登山时，都是户外人士经常爱用的绳结。运用双套结可以轻松地将绳索卷绕在锚点上，哪怕是金属的光滑表面都十分可靠。双套结的打法简单且多样，熟练的老手甚至可以用单手在一秒内完成。大多数户外爱好者通常采用两个绳圈叠放在一起的方式直接套入锚点打出双套结，但要注意两个绳圈的叠放顺序不能有误。

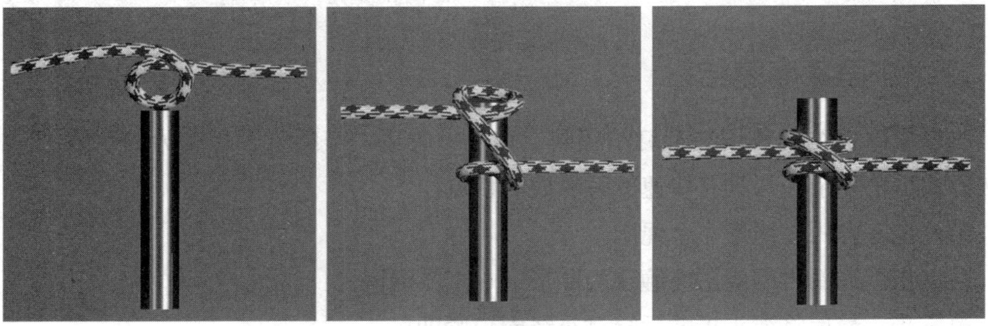

二、蝴蝶结

蝴蝶结可用于在没有绳头的绳索中间制作一个固定的绳环。在登山时经常用它做一个大的绳环套在中间人的身上，在野外也可利用蝴蝶结在一根绳上编出多个小绳圈，用来悬挂小件装备等。蝴蝶结的牢固可靠性使它可以承受任何方向的拉力而不会变形，甚至戴手套都可以轻松打出蝴蝶结。

第一步：制作一个8字绳圈后，把8字上面的绳圈向下折叠。

第二步：将折叠下来的绳圈向上穿过绳套。

第三步：穿过后拉紧即可完成。

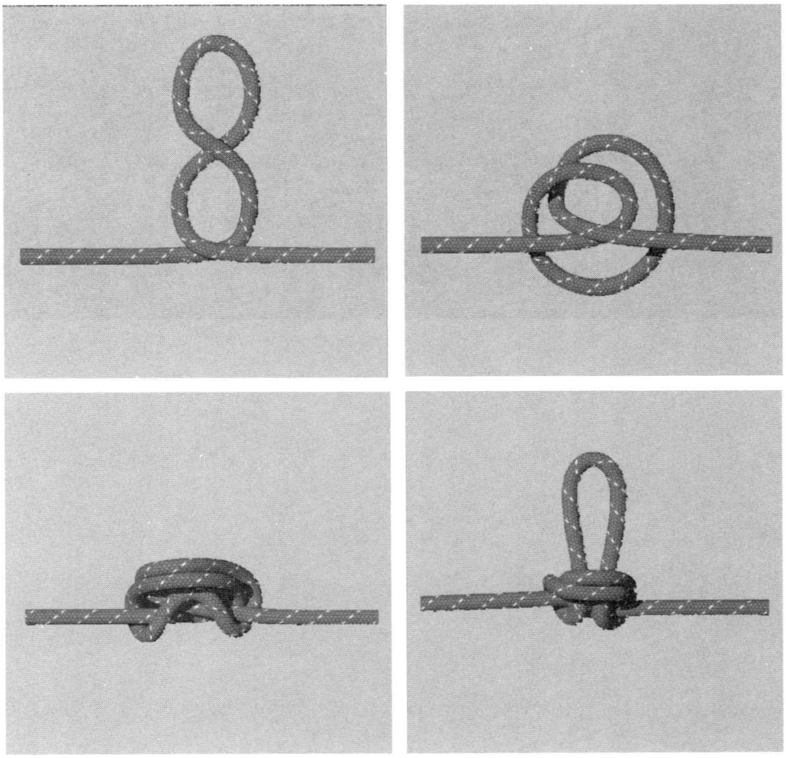

三、收绳结

收绳结可以看作一种绳索的收纳整理方式。在绳索使用前或使用完毕后，都可以将绳索进行收纳整理，以防打结影响下一次使用。

第一步：将绳索绕圈收起。

第二步：用绳头将绳圈缠绕数圈并缠紧。

第三步：绳头折叠穿过上方绳圈再套下来，最后拉紧即可。

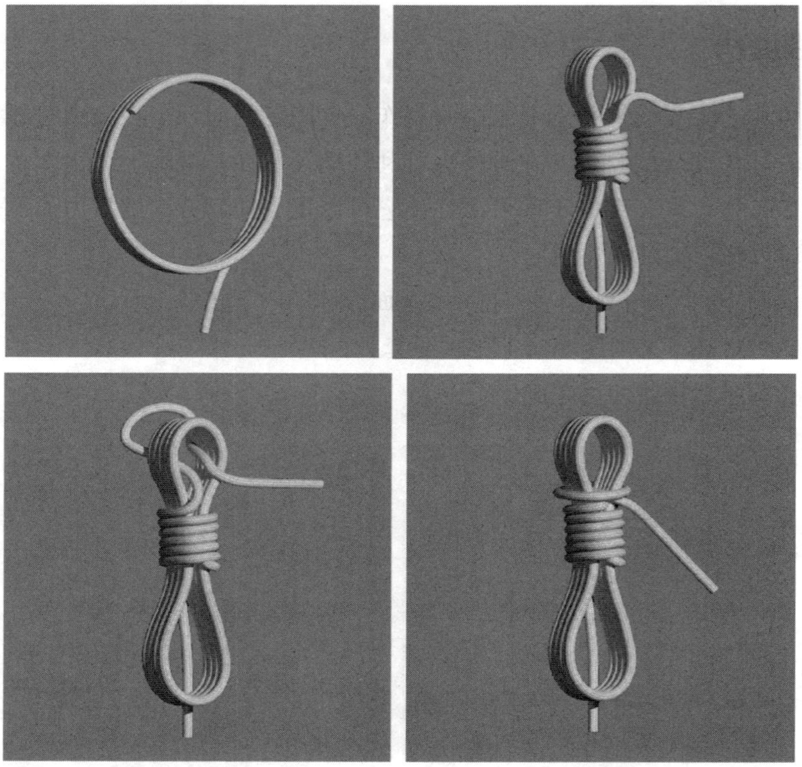

第十章

野外动植物的识别

第一节　野外常见植物识别

在广袤无垠的大自然中，野外是一座充满生机与奥秘的绿色宝库，植物则是这座宝库中最为璀璨的明珠。野外常见植物识别对我们深入了解自然、探索生态平衡以及丰富自身知识储备有着至关重要的意义。

当我们踏入野外，无论是山林间郁郁葱葱的树木，还是草丛中五彩斑斓的花草，每一种植物都有着独特的魅力和故事。它们是大自然的语言，通过形态、颜色、纹理等方式向我们传达信息。了解这些植物，可以帮助我们解读大自然的密码。

识别野外常见植物，是一次跨越知识与实践的奇妙之旅。它不仅能让我们在徒步、露营等户外活动中更好地欣赏周围的美景，更能使我们在遇到突发情况时，比如需要寻找可食用的植物或避免接触有毒植物，具备自我保护和生存的能力。

同时，这也是对生物多样性保护的一种积极参与。我们在认识这些植物后，更能意识到它们存在的价值，进而为保护它们的栖息地贡献自己的一份力量。在接下来的内容中，我们将一同开启野外常见植物识别的精彩旅程。以下是一些野外常见的植物。

一、可食用的野外常见植物

(一)野菜类

野菜类植物是大自然给予人类的珍贵礼物。在过去，它们是人们渡过饥荒的依靠，见证了人类生存的坚韧。如今，这些野菜因富含营养、绿色健康，重回大众视野。它们富含多种维生素、矿物质等。同时，识别野菜类植物是了解自然的途径，能让我们在野外更好地利用资源。这有助于保护它们，维护生态平衡。接下来，一起探索常见的野菜类植物吧。

1. 蒲公英（蒙古蒲公英、黄花地丁、婆婆丁、灯笼草、苦菜）

蒲公英为菊科蒲公英属下一种多年生草本植物，植株矮小，一般高10~25cm，全株含白色乳汁，具匍匐茎，根系为圆锥形，根深长，单一分枝，外皮黄棕色，叶基生，呈莲座状，倒披针形等，边缘有齿或裂。花葶一至数个，上部紫红有毛，头状花序，总苞钟状，舌状花黄色，瘦果有白色冠毛，可随风飘散。

蒲公英常见于草地、山坡、河边、河滩、田野、荒地和森林边缘等地。

蒲公英的叶子可直接生吃，但可能口感较苦，可搭配其他食材一起食用以减轻苦味；可进行炒食、做汤等，如蒲公英炒肉丝，不仅味道鲜美，还具有补中益气解毒的功效；可将蒲公英制成茶饮用，也可将蒲公英的花蕾泡在水中制成蒲公英茶，有一定的保健作用。

2. 荠菜（菱角菜、地菜）

荠菜为十字花科荠属一年生或二年生草本植物。株高一般在10~50cm，茎直立，不分枝或下部分枝，有单毛、叉状毛或星状毛，基生叶呈莲座状，大头羽状分裂，顶裂片大，卵形至长圆形，侧裂片较小。茎生叶窄披针形或披针形。总状花序顶生及腋生，花小，白色，花瓣呈卵形，有短爪。果实是倒三角形的短角果。

荠菜适应性强，喜冷凉湿润的气候，较耐寒，在肥沃、疏松、排水良好的土壤中生长良好，常见于山坡、田边、路旁、草地等。荠菜富含多种维生素，如维生素C含量比常见蔬菜高。同时，荠菜含有钙、铁、钾、镁等多种矿物质，其中钙含量较高，含有丰富的膳食纤维，有助于促进肠道蠕动，预防便秘。

荠菜的嫩株可洗净后直接凉拌，口感清爽，略带苦味，也可炒食（如荠菜炒鸡蛋，先将荠菜切段，与打散的鸡蛋一起炒制，营养丰富，色香味俱佳），还能做汤，如荠菜豆腐汤，清淡可口，具有清热利水的功效。

3. 马齿苋（马苋、五行草、长命菜、五方草、瓜子菜、麻绳菜）

马齿苋为一年生草本植物，植株矮小，多分枝，茎呈圆柱状，平卧或斜倚地面。叶子肉质，扁平，形状类似马齿，对生。花小，黄色，通常三五朵簇生于枝端。果实为蒴果，盖裂。

马齿苋广泛分布于全球温带和热带地区，在中国各地均有，常见于田间、地边、路旁、山坡草地、住宅附近等。全株植物均可食用，有清热解毒、凉血止血、止痢的功效。

4. 藜（灰灰菜、灰蓼头草、灰条菜）

藜是一年生草本植物，高30~150cm。茎直立，粗壮，具条棱及绿色或紫红色色条。叶片菱状卵形至宽披针形，先端急尖或微钝，基部楔形至宽楔形，上面通常无粉，有时嫩叶的上面有紫红色粉，下面多少有粉。花两性，花簇于枝上部排列成或大或小的穗状圆锥状或圆锥状花序。胞果包于花被内或顶端稍露，果皮薄，和种子贴生。种子横生，双凸镜状，边缘钝，黑色，有光泽。

藜在中国各地均有分布，尤其在北方地区更为常见，广泛生长于荒地、路边、田间、河岸、山坡等。藜一般在春季开始发芽生长，其生长旺季为夏季，能耐受一定程度的高温和干旱环境。在秋季，随着气温逐渐降低，藜会开花结果，完成其生命周期。它对环境的适应能力较强，在不同的气候条件和土壤类型中都能生长，但在温暖湿润、土壤肥沃的地方生长更为旺盛。

藜含有一定的毒性，食用时应适量，过量食用可能会引起中毒反应，如头晕、恶心、呕吐等。

5. 播娘蒿（麦蒿、大蒜芥、米米蒿）

播娘蒿是十字花科，一年生草本植物，高20~80cm。茎直立，多分枝。叶为三回羽状深裂，长2~12cm，宽1~8cm，末回裂片条形或长圆形，裂片先端钝，全缘，两面被分叉状短柔毛。总状花序顶生，花浅黄色，直径约2mm，萼片4片，早落，花瓣4片，长圆状倒卵形。长角果圆筒状，无毛，稍内曲，与果梗不成直线，果瓣中脉明显。种子每室一行，种子卵形，褐色。

播娘蒿在中国分布广泛，主要分布于华北、西北、华东、华中地区，常见于农田、荒地、山坡、路旁等。

播娘蒿的嫩苗可食用。在其生长初期，将嫩苗采摘后，洗净即可进行烹饪。播娘蒿具有泻肺定喘、祛痰止咳、行水消肿等功效。

6. 委陵菜（翻白草、白头翁、蛤蟆草）

委陵菜是蔷薇科委陵菜属多年生草本植物。根粗壮，圆柱形，稍木质化。花茎直立或上升，高20~70cm，被稀疏短柔毛及白色绢状长柔毛。

委陵菜在中国分布广泛，多生于山坡草地、沟谷、林缘、灌丛或疏林下，遍布东北、华北、西北、西南及华东地区。

委陵菜的嫩苗和嫩叶可食用，不过食用时需注意清洗和加工处理。有清热解毒、凉血止痢、祛风湿等功效。

7. 堇菜（野堇菜、光瓣堇菜、紫花地丁、二月兰、丁丁花）

堇菜为多年生草本植物，高5~20cm。根状茎短粗，地上茎数条丛生。基生叶宽心形等，边缘具浅波状圆齿，两面近无毛；茎生叶少，与基生叶相似。花白色或淡紫色，生于茎生叶叶腋，具花梗；萼片卵状披针形；花瓣长倒卵形等，下方花瓣有距；蒴果长圆形或椭圆形，种子卵球形，淡黄色。

堇菜多生于湿草地、山坡草丛、灌丛、杂木林林缘、田野、宅旁等处。

堇菜的嫩苗和嫩叶可食用，全草可入药，具有清热解毒等功效，可治痈疮、肿毒等症，对毒蛇咬伤、目赤肿痛、湿热泻痢等也有一定疗效。

8. 山芹（山芹菜、大叶芹）

山芹为多年生草本植物，茎直立，中空，具细棱，有较深的沟纹。基生叶有长柄，叶片轮廓为三角形，通常2~3回羽状分裂，末回裂片菱状卵形至卵状披针形，边缘有不整齐的尖齿或重锯齿；茎上部叶逐渐变小，简化为3裂。复伞形花序顶生和侧生，花白色，花瓣倒卵形，顶端内折；双悬果近圆形至阔卵形，长2.5~3mm，宽2~2.5mm，顶端有短糙毛，果棱有丝状细齿。

全株植物均可食用，可炒、煮或生吃，有清热解毒、散瘀消肿等功效。

9. 苦苣菜（苦菜、苦荬菜、小鹅菜）

苦苣菜为草本植物，茎直立，中空，有沟纹且多分枝。叶多为羽状深裂，叶片柔软，裂片边缘有尖齿，茎生叶互生且基部抱茎。花为黄色，呈头状花序，排列成伞房状。瘦果呈椭圆形，有纵肋，冠毛白色。

苦苣菜广泛分布于世界各地，在我国各地的田野、山坡、路旁、荒地、沟谷及林缘等地都能见到。

苦苣菜嫩茎叶可食用，性寒、味苦，具有清热解毒、凉血止血、消肿排脓等功效。

（二）果实类

野外的果实类植物是大自然的宝藏。它们形态、颜色多样，为动物供食。果实富含营养，风味各异。识别它们可满足好奇，能够规避误食危险。

1. 桑葚（桑果、桑葚子）

桑葚是桑树的果实，为聚花果，由多数小核果集合而成。果实呈长圆形或卵圆形，一般为紫黑色，也有白色、红色等品种。果粒表面有许多细小的颗粒状凸起，果柄短而细。

桑树在中国各地广泛分布，无论是南方还是北方都有种植，常见于田间地头、山坡、平原、丘陵等地。

桑葚可以食用，桑葚表面可能会有农药残留或灰尘，食用前应充分清洗。桑葚中含有丰富的铁元素和维生素C等营养成分。铁是合成血红蛋白的重要原料，维生素 C 可以促进铁的吸收，因此，桑葚具有一定的滋阴补血作用，可用于辅助治疗贫血等病症。

2. 悬钩子（覆盆子、刺泡儿、山莓）

悬钩子是一种灌木植物，茎直立或蔓生，常带有皮刺。叶子一般为卵形或掌状复叶，边缘有锯齿。花多为白色或粉红色，呈伞房状或圆锥状花序。果实是由多个小核果聚合而成的聚合果，形状近球形，颜色多样，常见红色、黑色、紫色等。

悬钩子在我国分布广泛，从东北到西南等大部分地区均有，多生长于山地、林缘、山谷、溪边、路旁等向阳或半阴处。

野外采摘的悬钩子要注意辨别是否受到污染，避免食用生长在污染环境中的果实。食用前需充分清洗，因为果实表面可能有灰尘、杂质。一般食用其成熟的果实，而茎、叶、花等部位通常不作为食用部分，因为口感不佳且可能含有一些不利于人体消化吸收或有轻微毒性的物质。

3. 榆树钱（榆钱儿、榆荚）

榆树钱是榆树的翅果，呈扁圆形，顶端有凹缺，中间鼓起，周围有薄翅，形似古代的铜钱，颜色通常为浅黄绿色或浅绿色，表面光滑，单个果实较小。

榆树在中国分布广泛，从东北到西北，再到华东、华北等地区均有大量种植，常见于平原、丘陵、山地及路旁、村庄附近等。榆树钱自然生长于榆树的枝条上，一般在春季出现。

榆树皮、叶、果实均可食用，无怪味，适口性好。其中，果实味道甜美，可直接食用，嫩皮和叶子常用水煮后食用。

4. 山楂（山里红、红果、酸楂）

山楂是落叶乔木，树皮粗糙，暗灰色或灰褐色。叶片呈宽卵形或三角状卵形，边缘有尖锐的重锯齿。花为白色或淡红色，呈伞房花序。果实近球形，直径1~1.5cm，成熟时红色或深红色，表面有浅色斑点，果柄较细短。

在中国，山楂主要分布于东北、华北、华东、华中及陕西、甘肃、四川、贵州等地，多生长于山坡林边或灌木丛中。秋季是果实成熟采摘的季节。

山楂的果实可食用，山楂的叶子等其他部位一般不作为食用部分。

5. 山杏（杏子）

山杏是一种落叶乔木或灌木，高可达5~10m。树皮呈暗灰色，纵裂。叶片宽卵形或近圆形，先端渐尖，基部圆形或近心形，边缘有细锯齿。花单生，先于叶开放，花瓣白色或粉红色。果实为核果，近球形，直径1.5~2.5cm，果皮多为黄色或橙黄色，成熟时有时会带有红晕，果核坚硬，表面有网纹。

山杏在中国分布广泛，主要分布于东北、华北、西北等地区，多生长在山坡、丘陵、草原、林缘等地。

山杏的果实可以食用，但果核内的苦杏仁需经过处理后才能食用，且不能过量食用。

6. 芡（芡实、鸡头米）

芡是一种一年生大型水生草本植物。它的叶有两种形态，初生叶为沉水叶，呈箭形或椭圆肾形，两面无刺；后生叶为浮水叶，圆形，盾状，直径可达1m，有褶皱，下面带紫红色，叶柄及花梗粗壮，皆有硬刺。花单生，紫红色，花萼呈筒状，花瓣多数，呈披针形。果实为浆果，球形，直径可达5cm，外面有密生的硬刺，顶端有宿存的萼片，形如鸡头，内有种子多数，即芡实。

芡在中国分布广泛，主要分布于黑龙江、吉林、辽宁、河北、河南、山东、江苏、安徽、浙江、江西、福建、台湾、广东、广西、湖南、湖北、四川、云南、贵州等省区，多生长于池塘、湖沼及水田中。

芡的果实即芡实可食用，但芡实的外壳及硬刺较硬，不能直接食用，需去除后食用内部的种子，芡的叶、茎等部位也可食用。芡实质地较硬，不易消化，一次不宜食用过多，否则可能会导致消化不良、腹胀等不适症状。

7. 火棘（火把果、救军粮）

火棘是一种常绿灌木，植株高度通常在1~3m。枝繁叶茂，枝条细长且有韧性，常呈拱形下垂。叶片为倒卵形或倒卵状长圆形，边缘有钝锯齿，表面深绿色且有光泽，背面则呈淡绿色。火棘的花为白色，呈复伞房花序，花朵小巧而密集。果实呈球形，直径5~6mm，成熟时为橘红色或深红色，成簇地挂满枝头，十分醒目。

火棘在中国分布广泛，主要分布于黄河以南及广大西南地区，包括四川、贵州、云南、湖北、湖南、江西、安徽、江苏、浙江、福建、广东、广西等地。它常生长在山地、丘陵地、灌丛草地及河沟路旁等开阔地带，具有较强的适应性，能在多种土壤条件下生长。

火棘的果实是主要的食用部位，虽然果实可食，但也需适量食用，不可过量。

8. 龙葵（黑星星、野海椒、石海椒、野伞子）

龙葵是一年生草本植物，植株较矮小，一般高30~100cm。茎直立，多分枝，茎和分枝都呈绿色或略带紫色，有纵棱。叶互生，叶片卵形或心形，先端短尖，基部楔形至阔楔形而下延至叶柄，全缘或具不规则波状粗齿，两面光滑或被疏短柔毛。花白色，蝎尾状花序腋外生，由3~10朵花组成，花冠呈辐状。果实为球形浆果，成熟时呈黑紫色，直径约8mm，有光泽，果柄下垂。

龙葵在中国各地均有分布，常见于田边、荒地、村庄附近、路旁及林下等地，尤其在温暖湿润、阳光充足的环境中生长较为旺盛。其生长季节主要集中在春、夏、秋三季，冬季寒冷时植株会死亡。

龙葵并非全株都可食用，主要食用部位为成熟的果实和嫩茎。未成熟的果实含有龙葵碱，有一定毒性，食用后可能会引起中毒，出现头晕、恶心、呕吐、腹痛、腹泻等症状，因此，一定要确保果实完全成熟后再食用。叶片含有较多的龙葵碱，一般不建议食用。

（三）根茎类

根茎类植物形态多样，有的粗壮肥硕，有的细长坚韧。它们是植物储存养分的重要部位，不少根茎富含淀粉、膳食纤维等，是野外求生时可利用的资源。同时，识别根茎类植物，能让我们区分可食用与不可食用种类，保障自身安全，更好地亲近自然。

1. 蕨菜（蕨儿菜、拳头菜、猫爪、龙头菜）

蕨菜属蕨类植物，是一种多年生草本植物。它的根茎粗壮，深埋地下，呈水平状生长。蕨菜的地上茎直立，高约1m，表面有细毛，颜色多为绿色或略带紫色。叶片为羽状复叶，长而大，通常呈三角形，小叶对生，叶片较薄，边缘有锯齿状。在蕨菜的生长初期，其嫩叶未完全展开时呈卷曲状，形似拳头或猫爪，这也是其“拳头菜”“猫爪”等俗名的由来。

蕨菜在世界范围内分布广泛，在中国主要分布于东北、华北、西北、西南等地区。它们多生长在海拔200~830m的山地阳坡及森林边缘阳光充足的地方，常见于山地草坡、稀疏灌丛或林缘空地等。

蕨菜并非全株都可食用，一般主要食用其嫩茎和嫩叶部分。随着蕨菜的生长，其老叶和茎干会逐渐纤维化，口感变差，且不易消化，不适合食用。蕨菜的根部和成熟的孢子体等部位也不作为食用部分。

2. 葛根（葛条、粉葛、甘葛、葛藤）

葛根是豆科葛属多年生落叶藤本植物。它的藤蔓较长，可达数米，常攀附在其他物体上生长。茎蔓呈绿色或略带褐色，有纵沟，有褐色短毛或杂有长硬毛。叶片为三出复叶，互生，叶片呈宽卵形或斜卵形，先端渐尖，基部圆形或楔形，全缘，两面均有白色柔毛。花为总状花序，腋生，花萼钟形，有黄色柔毛，花冠紫红色，旗瓣近圆形。果实为荚果，长椭圆形，扁平，有褐色长硬毛。葛根的根茎较为粗壮，呈圆柱形，有较多的纤维，外表皮呈褐色，内部呈白色或淡黄色。

葛根在我国分布广泛，主要分布于广东、广西、湖南、湖北、江西、浙江、安徽、河南、四川、云南、贵州等省区。它多生长在山坡草丛、路旁、疏林下及较阴湿的地方，常攀附于其他植物或岩石上。

葛根主要食用其根茎部分，藤蔓、叶片和果实一般不作为食用部位。

3. 山药（薯蓣、山芋、淮山、怀山药）

山药是薯蓣科薯蓣属多年生草本植物。它的根茎呈长圆柱形，垂直生长，肉质肥厚，通常为白色或淡黄色，表面有许多须根和不规则的瘤状突起。茎蔓生，细长，有纵沟，常带紫色，右旋缠绕在其他物体上生长。叶互生，叶片形状多变，通常为三角形或戟形，叶腋间常生有珠芽，称零余子，可用来繁殖或食用。花单性，雌雄异株，穗状花序，花小，黄绿色。果实为蒴果，三棱状扁圆形或三棱状圆形，有翅。

山药原产于中国，分布广泛，主要分布于河南、河北、山东、山西、陕西、甘肃、四川、云南、贵州、广西等地。它多生长在山坡、山谷、林下、溪边、路旁的灌丛中或杂草中。

山药主要食用其块茎部分，山药的块茎在食用前需洗净去皮。山药皮中含有皂角素等成分，容易引起皮肤过敏，在处理山药时最好戴上手套，避免直接接触皮肤。如果不小心接触到山药黏液导致皮肤瘙痒，可用清水冲洗，并涂抹适量的醋来缓解。

（四）可食用种子类

在野外，可食用的种子类植物是大自然赋予我们的宝贵资源。这些种子富含蛋白质、油脂、碳水化合物等营养成分。它们是人类在野外获取能量的来源之一，像松子、板栗等，能为我们补充体力。

1. 松子（海松子、罗松子）

松子是松树的种子，松树一般为常绿乔木。不同种类的松树所产松子形态略有差异，以常见的红松松子为例，其种子呈三角状卵形，种皮较硬，表面光滑，呈浅褐色或黑褐色，有光泽，种脐位于种子的底部，呈明显的白色或淡黄色。松子的一端有一个小尖嘴，另一端相对较钝，在种皮内包裹着富含油脂的白色胚乳和胚。

松子主要来源于红松、马尾松等松树。红松主要分布于我国东北长白山到小兴安岭一带；马尾松则分布于秦岭淮河以南广大地区，包括华中、华南等地。这些松树多生长在山地，一般在海拔较高、气候凉爽湿润的山区较为常见。

松子富含蛋白质和油脂等营养物质，可直接食用，熟食味道更美味。

2. 板栗（栗子、毛栗）

板栗是落叶乔木，树皮呈深灰色，有不规则的深裂。叶片为长椭圆形或长椭圆状披针形，边缘有锯齿，表面光滑，背面有绒毛。花单性，雌雄同株，雄花为葇荑花序，细长而柔软，雌花常生于雄花序的基部。果实为坚果，包藏在密生尖刺的总苞内，总苞呈球形，成熟时呈黄褐色或棕褐色。坚果即板栗，呈半球形或扁球形，褐色，表面光滑，顶端常有绒毛，底部有果脐。

板栗多生长在山地、丘陵的向阳坡地，在野外可直接食用。

3. 橡树（柞树、栎树）

橡树是落叶或常绿乔木，树干较为粗壮，树皮呈暗灰褐色，质地较硬，有不规则的深纵裂。叶片一般为倒卵形或椭圆形，边缘有锯齿或波状齿，叶片表面有光泽，通常为深绿色，背面颜色较浅，有的种类背面有绒毛。橡树的花为单性花，雌雄同株，雄花是柔荑花序，细长且下垂，雌花单生或数朵生于总苞内。果实为坚果，单生，果皮硬而光滑，多为褐色，形状常见为卵形或椭圆形，顶端有短尖，底部有明显的圆形果脐。

橡树在中国分布广泛，从东北到西南等大部分地区均有生长，常见于山地、丘陵、平原等的向阳山坡、林缘及灌丛中。

橡树主要食用其种子即橡子，种子内有丰富的淀粉，味道苦涩，可烤煮食用，因为其含有较多的淀粉等不易消化的成分，过量食用可能会导致消化不良、腹胀等不适症状。

4. 荞麦（荞子、三角麦）

荞麦是一年生草本植物。茎直立，上部分枝，绿色或红色，具纵棱。叶片三角形或卵状三角形，先端渐尖，基部心形，两面沿叶脉具乳头状突起。花序总状或圆锥状，顶生或腋生，花白色或淡红色，花呈椭圆形。果实为瘦果，三棱形，黑褐色，有光泽，顶端渐尖，基部近心形，表面有细小的点状突起。

荞麦在中国分布广泛，主要分布于西北、东北、华北以及西南一带的高寒山区。

荞麦的种子可食用，一般经过加工制成荞麦面、荞麦米等。在野外，可直接食用其种子，口感带甜和黏滞感。

二、常见的可食用的海藻类

从人类历史来看，可食用海藻类曾是沿海居民重要的食物来源，支撑着人们度过漫长岁月。它们富含多种对人体有益的营养物质，如矿物质、维生素、膳食纤维等。如今，这些海藻类更以健康、绿色的形象登上大众餐桌，成为备受人们青睐的美味。

（一）绿藻类

1. 石莼

石莼藻体呈片状，由两层细胞构成，通常为鲜绿色，长度一般在10~40cm，藻体中部较厚，边缘较薄，外形类似叶片，无柄，基部有固着器，可附着在岩石或其他物体表面。

常见于中潮带及低潮带的岩石上或石沼中。石莼可鲜食，也可晒干后食用。

2. 浒苔

浒苔的藻体呈绿色丝状体，细长如发丝，一般长度在20~50cm，最长可达1m。藻体单条或多条交织成束，分枝较多，主枝明显，分枝细长，呈圆柱形，藻体表面有许多细小的管状结构。

浒苔主要分布于我国辽宁、山东、江苏、浙江、福建等沿海省份的潮间带及浅海海域，尤其在河口、港湾等富营养化的海域容易大量繁殖。

浒苔可鲜食或加工后食用。

3. 礁膜

礁膜藻体呈绿色或黄绿色，薄膜状，质地柔软，一般由单层细胞构成，形状多样，有圆形、椭圆形、披针形等。藻体边缘有褶皱或波状，无柄，基部有盘状固着器，可附着在礁石或其他物体上。

礁膜在中国沿海各地均有分布，常见于潮间带的岩石上或浅海海域。礁膜可鲜食或制成干品后食用。

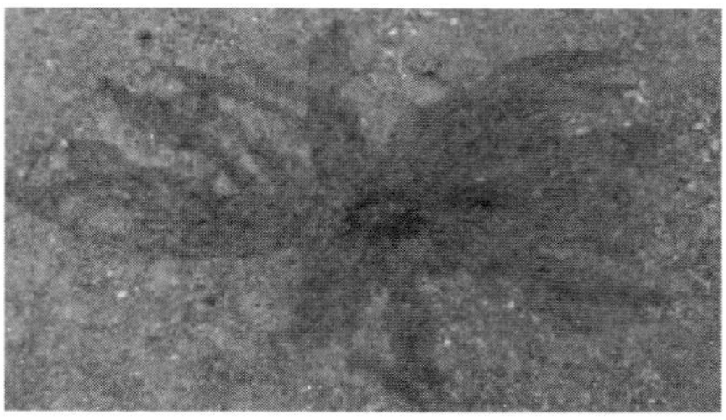

（二）红藻类

1. 紫菜

紫菜的藻体呈薄膜状，由单层或两层细胞构成，颜色有红紫、绿紫和黑紫等，形状多样，常见的有圆形、椭圆形、长盾形等。藻体边缘有褶皱，基部有盘状固着器，可附着在岩石等基质上。

紫菜多生长在潮间带的岩石上或浅海的礁石上，适应于风浪较大、潮流通畅的环境。

紫菜是常见的食用藻类，可直接食用，如将紫菜烤干后作为零食，口感香脆；也可用于制作紫菜蛋花汤、寿司、紫菜包饭等各种美食，味道鲜美，营养丰富。

2. 石花菜

石花菜是一种直立丛生的红藻，藻体呈紫红色或棕红色，一般高10~30cm。藻体由主枝和大小不等的分枝组成，分枝对生或互生，各分枝末端急尖，一般呈扁平状。

石花菜在中国主要分布于辽宁、山东、江苏、浙江、福建、台湾等沿海省份的潮间带至水深60m左右的浅海海域，多生长在水质清澈、透明度高、水流较急的岩石或珊瑚礁上。

石花菜可凉拌或加入甜品中食用。

3. 江蓠

江蓠藻体呈圆柱状或扁平状，紫红色或紫褐色，分枝多而细长，一般长度在20~50cm，最长可达1m。藻体表面有明显的纵纹，分枝互生或偏生，基部稍缢缩，末端渐尖，藻体较柔软，容易断裂。

江蓠多生长在潮间带至水深30m左右的浅海海域，常附着在岩石、贝壳、珊瑚礁等基质上，也可生长在泥沙底质的海域。

江蓠可鲜食或加工后食用。

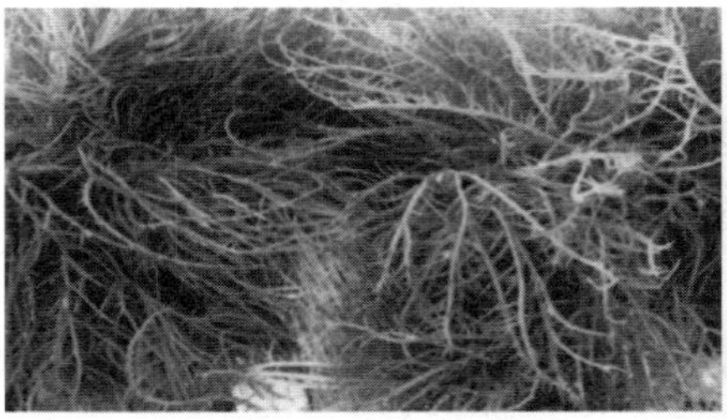

4. 麒麟菜

麒麟菜是一种多年生热带和亚热带红藻，藻体呈圆柱状或扁平状，紫红色或黄绿色，分枝不规则，互生、对生或偏生，分枝上又有小分枝，各分枝末端较尖细，呈刺状。藻体表面有许多小突起，质地较硬，一般长度在20~40cm。

麒麟菜主要分布在中国的海南、台湾等省份的海域，多生长在低潮线以下至水深20m左右的珊瑚礁上，是热带海洋中的典型藻类之一。

麒麟菜可鲜食或加工后食用。

（三）褐藻类

1. 海带

海带是一种大型褐藻，藻体明显地区分为固着器、柄部和叶片三个部分。固着器呈假根状，柄部粗短呈圆柱形，叶片狭长，全缘，无柄，中部稍厚，自其两侧一至二回羽状深裂，裂片长舌状，边缘较薄软，呈波浪褶，一般长度在1.5~3m，最长可达6m。

海带在中国主要分布于辽宁、山东、江苏、浙江等地的海洋中，一般生长在潮间带以下的浅海海底，尤其喜欢生长在水温较低、水质肥沃的海域，常附着在岩石或其他物体上。

海带是常见的食用藻类之一，食用方法多样，可凉拌，可炖汤。

2. 裙带菜

裙带菜的藻体呈褐色，外形像大破葵扇，也像裙带，故得其名。藻体明显地分化为固着器、柄部和叶片三个部分。固着器为叉状分枝的假根状，柄部稍长，扁圆形，中间略隆起，叶片的中部有从柄部伸长而来的中肋，两侧形成羽状裂片，叶片较薄，边缘有褶皱，一般高1~2m，宽50~100cm。

裙带菜在中国主要分布于辽宁、山东、浙江、福建等沿海省份的海洋中，多生长在潮间带至水深5m左右的浅海海域，适应于温暖海洋环境，常附着在岩石或其他物体上。

裙带菜可凉拌、做汤。

3. 马尾藻

马尾藻藻体分为固着器、主干和叶三个部分。主干圆柱状，表面有许多瘤状突起，叶扁平或丝状，一般长度在30~50cm，最长可达1m。藻体颜色为褐色或黑褐色，叶的边缘有锯齿状或波浪状的缺刻，分枝较多，呈互生或对生，藻体较为柔软，具有一定的弹性。

马尾藻在中国沿海地区广泛分布，从辽宁到广东沿海均有生长，尤其在浙江、福建、广东等省份的海域较为常见。它多生长在潮间带以下的浅海海域，常附着在岩石、珊瑚礁或其他物体上，也可漂浮在海面上。

马尾藻可鲜食或加工后食用。

4. 羊栖菜

羊栖菜藻体呈黄褐色，质地较软，多分枝，一般高30~50cm。藻体可分为固着器、主干和叶三个部分，固着器为假根状，主干圆柱形，周围有许多细长的分枝，叶呈棍棒状或匙形，基部有柄，顶端钝圆，叶片较薄，全缘，无中肋，藻体表面有许多小突起。

羊栖菜在中国主要分布于辽宁、山东、浙江、福建、广东等沿海省份的海洋中，多生长在潮间带至水深4m左右的浅海海域，常附着在岩石或其他物体上，尤其喜欢生长在风浪较大、水质肥沃的海域。

羊栖菜可鲜食或加工后食用。

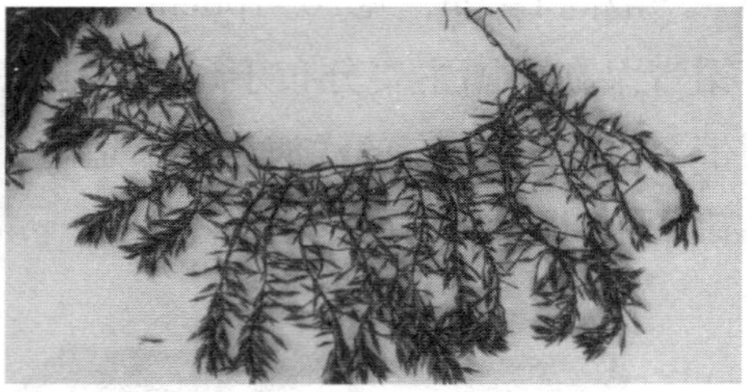

三、野外可药用的常见植物

野外是一座天然的药房，那些常见的可药用植物就是其中的宝贝。它们或在山间静卧，或于溪边轻舞。这些植物在传统医药里举足轻重，是先辈们治病的依靠。它们含多种药用成分，有的能清热去火，有的能止痛消肿。了解它们，当我们置身野外受伤或不适时，或许能找到缓解之法。

（一）清热解毒类

1. 金银花

金银花为多年生半常绿缠绕及匍匐茎的灌木。茎皮条状剥落，幼枝暗红褐色，有黄褐色开展的硬直糙毛、腺毛和短柔毛，枝中空。其花成对生于叶腋，初开时为白色，后变为黄色，因此得名。常生长在山坡灌丛、疏林中。

金银花有清热解毒、疏散风热的作用，可用于治疗外感风热、咽喉肿痛等病症。在野外，金银花可直接采摘晾干后泡茶饮用。

2. 鱼腥草

鱼腥草为多年生草本植物，高15~50cm，有明显的节，下部伏地，节上生根，上部直立。茎呈扁圆柱形，表面黄绿色至棕褐色，有纵棱数条，节明显，下部节上有残存须根。

鱼腥草多生长在阴湿的山坡、溪边及林下。它的叶子呈心形，有明显的叶脉。

鱼腥草全株有鱼腥味，可食用，同时具有清热解毒、消痈排脓等功效，可用于治疗肺热咳嗽、热毒疮疡等。在野外受伤或生病时，鱼腥草是一种有效的药用植物资源。

3. 野菊花

野菊花为菊科菊属多年生草本植物。茎直立或基部铺展，上部多分枝，有棱角，有柔毛。叶互生，卵形或长圆状卵形，羽状深裂，裂片三角形或披针形，边缘有锯齿，两面有毛。头状花序直径1.5~2.5cm，排成疏松的伞房状圆锥花序，花黄色，舌状花雌性，管状花两性。

在中国各地均有分布，多生于山坡草地、灌丛、河边水湿地、滨海盐渍地、田边及路旁等。

野菊花具有清热解毒、泻火平肝的功效。其主要成分黄酮类化合物等具有抗氧化、抗菌、抗炎等作用，能够清热解毒，对于热毒所致的疮疡肿毒、目赤肿痛等具有良好的治疗效果。

4. 夏枯草

夏枯草为唇形科夏枯草属多年生草本植物。根茎匍匐，茎上升，钝四棱形，具浅槽，紫红色，疏生糙伏毛或近于无毛。茎叶卵状长圆形或卵圆形，边缘具不明显的波状齿或几近全缘。轮伞花序密集组成顶生的假穗状花序，花萼钟形，花冠紫蓝色。

在中国各地均有分布，主要生长在荒地、路旁、田埂及山坡草丛中。

夏枯草具有清肝泻火、明目、散结消肿等功效。它含有三萜皂苷、黄酮类等成分，具有抗菌、抗炎、抗肿瘤、降血压等药理作用，可有效清除肝火，缓解目赤肿痛、头痛眩晕等症状。

（二）止血类

1. 白茅根

白茅根为禾本科白茅属多年生草本，根状茎粗壮，白色，横走，密生鳞片，秆直立，高30~80cm，具2~3节，叶鞘聚集于秆基，叶片线形或线状披针形，圆锥花序紧缩呈穗状，小穗长圆形，两性花，白色或淡黄色。

多生长在路旁、山坡、草地上。它的根茎呈白色，细长。

白茅根有凉血止血、清热利尿的功效，可用于治疗血热吐血、尿血等。在野外受伤出血时，如果附近有白茅根，可将其嚼碎敷在伤口上止血。

2. 地榆

蔷薇科地榆属多年生草本植物，根粗壮，多呈纺锤形，茎直立，有棱，无毛或基部有稀疏腺毛，奇数羽状复叶，小叶椭圆形或长圆形，花小，密集呈头状花序，紫红色。

地榆多生长在山坡草地、灌丛中。

地榆有凉血止血、解毒敛疮的功效，外用可治疗烧烫伤、湿疹等，内服可用于治疗便血、痔血等。在野外生存环境中，地榆是一种重要的药用植物。

3. 侧柏叶

侧柏叶为柏科侧柏属常绿乔木，树皮薄，浅灰褐色，纵裂成条片，小枝扁平，直展，排成一平面，叶鳞形，交互对生，紧贴小枝，先端微钝，背面中部有腺槽。

在中国分布极广，北起内蒙古、吉林，南至广东及广西北部，多为栽培，也有野生于山区的。

侧柏叶能凉血止血、化痰止咳、生发乌发。其含有的黄酮类等成分，可促进血小板聚集，缩短凝血时间，从而发挥止血作用，常用于吐血、衄血、咯血等出血症。

4. 小蓟

小蓟为菊科蓟属多年生草本植物，茎直立，高30~80cm，基生叶和中部茎叶呈椭圆形，头状花序单生茎端，小花为紫红色或白色。

我国大部分地区均有分布，常见于荒地、草地、山坡林缘及林下等。

小蓟具有凉血止血、散瘀解毒消痈的功效。其含有的止血成分，可使局部血管收缩，缩短凝血时间，从而达到止血目的，常用于咯血、吐血、衄血等多种出血症。

（三）跌打损伤类

1. 接骨草

接骨草为忍冬科接骨木属多年生草本或亚灌木植物，高可达2m，茎有棱条，羽状复叶，花小，白色或淡黄色，浆果状核果近球形，红色。

分布于中国多地，常生长于山坡、林下、沟边和草丛中。

接骨草具有祛风利湿、活血止血、散瘀止痛等功效，可促进跌打损伤后的瘀血消散和组织修复。在野外可捣烂外敷：将新鲜的接骨草洗净后，捣烂成泥状，直接敷在跌打损伤处，用纱布或其他干净的布包扎固定，可起到消肿止痛、促进瘀血消散的作用。一般每天换药一次。

2. 透骨草

透骨草为透骨草科透骨草属多年生草本植物，茎直立，高30~80cm，四棱形，不分枝或于上部有带花序的分枝，分枝叉开，绿色或淡紫色，遍布倒生短柔毛或于茎上部有开展的短柔毛，少数近无毛。

透骨草多生长在山坡、林下、沟边等阴湿处。

透骨草有祛风除湿、舒筋活络等功效，对于野外活动中因潮湿环境引起的关节疼痛等有一定的缓解作用，可外用煮水后热敷关节部位。

3. 红花

红花为菊科红花属一年生草本植物，高约1m。茎直立，上部多分枝，光滑无毛，基部木质化，淡红色或上部绿色。叶互生，质硬，纸质，长椭圆形或卵状披针形，长

7~15cm，宽2.5~6cm，先端尖，基部渐狭，边缘具不规则锯齿，齿端有针刺，两面无毛，上部叶较小，呈苞片状围绕头状花序。

在中国东北、华北、西北及山东、浙江、贵州、四川、西藏等地广泛栽培。

红花具有活血通经、散瘀止痛等功效，可改善跌打损伤后局部的血液循环，促进瘀血消散，减轻疼痛和肿胀。在野外可将红花采摘后，用干净的石头等工具将其捣碎，放入容器中，加入适量的植物油（如橄榄油、芝麻油等）浸泡一段时间，制成简易的红花油。

4. 伸筋草

伸筋草为石松科石松属多年生草本植物，匍匐茎呈细圆柱形，略弯曲，长可达2m，直径1~3mm，其下有黄白色细根。直立茎作二叉状分枝。叶密生茎上，螺旋状排列，皱缩弯曲，线形或针形，长3~5mm，黄绿色至淡黄棕色，无毛，先端芒状，全缘，易碎断。质柔软，断面皮部浅黄色，木部类白色。无臭，味淡。

分布于中国东北、华北、西北、华东、华中、华南及西南等地区，多生于山坡、林缘、疏林下及沟谷等潮湿处。

伸筋草具有祛风除湿、舒筋活络等功效，能缓解跌打损伤导致的肌肉痉挛、关节屈伸不利等情况。可采集新鲜的伸筋草或使用干燥的伸筋草，取适量放入锅中，加水煮20~30min，煮成药汤。一部分药汤可内服，以舒筋活络，缓解跌打损伤引起的身体不适；另一部分可用于外洗损伤部位，同样能起到促进血液循环、缓解肌肉痉挛的效果，内外兼用，可增强疗效。

四、可用于制作工具和庇护所的野外常见植物

在野外环境中，有这样一类常见植物，它们是我们生存的得力助手。这些植物可以帮助我们制作工具和搭建庇护所。

它们就像大自然备好的材料库，有的植物枝干粗壮、质地坚硬，适合打造坚固的框架；有的纤维柔韧，可编织成绳索或用于填充。认识这些植物，是野外生存的关键一步，能让我们在大自然中更好地保护自己。

（一）藤蔓类

1. 葛藤

葛藤的块根可食用，藤蔓可用于编织。它的藤蔓细长且坚韧，可编织成绳索，用于攀爬、捆绑物品或搭建简易的庇护所框架。

葛藤在野外分布广泛，尤其是在山地、丘陵的灌木丛中容易找到。

2. 紫藤

紫藤是一种大型藤本植物，多生长在山谷、溪边、山坡等地。其茎干粗壮，藤蔓扭曲盘旋，花朵呈紫色或深紫色，垂挂下来非常美丽。

紫藤的藤蔓可用于编织各种物品，如篮子、花环等，也可作为绳索使用。在搭建庇护所时，紫藤的藤蔓可以与树枝等配合，增强结构的稳定性。

（二）木本类

1. 柳树

柳树多生长在河边、溪边、湿地等环境。柳树的枝条柔软且有韧性，可用于编织。在野外，可以将柳树枝条编织成简易的筐、篱笆等。

柳树皮还可在一定程度上起到防水作用，可铺设在庇护所地面或覆盖在屋顶上。

2. 竹子

竹子在南方的野外较为常见，竹林常分布在山坡、山谷等地。

竹子可用于制作各种工具和搭建庇护所。竹竿可制作成竹筏用于渡河，竹枝可编织成席子、墙壁等，竹叶可用于铺床或覆盖屋顶。竹子是一种非常实用的野外植物资源。

五、野外有毒的常见植物

野外，是充满魅力与挑战的天地，然而，其中隐藏着不少危险，有毒的常见植物就是其中之一。

这些植物如同披着伪装的“杀手”，看似与其他植物无异，实则可能对我们造成严重伤害。它们广泛分布在山林、草地、溪边。无论是不小心触碰，还是误食，都可能引发中毒反应。了解这些有毒植物，能让我们在野外活动时更好地保护自己，安全地探索大自然。

（一）曼陀罗（洋金花、醉心花、大喇叭花）

曼陀罗植株高大，在0.5~2m。叶片呈卵形或宽卵形，花白色或紫色，果实表面有硬刺。它多生长在荒地、山坡等地方。

曼陀罗全株有毒，含有莨菪碱等毒素，误食后会出现兴奋、幻觉、抽搐等症状，严重者可导致死亡。

（二）夹竹桃（柳叶桃、半年红、红花夹竹桃、柳叶桃树）

夹竹桃常作为园林观赏植物，但在野外也有逸生。叶子狭长似柳，花朵有红、白等色。

夹竹桃全株有毒，包含多种毒素，误食后会引起严重的中毒反应，如心律失常、呕吐、腹泻等，甚至危及生命。即使是接触其汁液，也可能引起皮肤过敏等问题。

（三）毒芹（野芹菜、白头翁、毒人参）

毒芹的植株高70~100cm，茎单生，中空，有纵棱。叶片轮廓呈三角形或三角状披针形，2~3回羽状分裂，裂片线状披针形或窄披针形。花小，白色，复伞形花序顶生或腋生。

毒芹生长在潮湿的地方，叶像芹菜叶，全棵有恶臭，其根、茎、叶均有毒，含有一种名为毒芹碱的剧毒物质，误食后会出现恶心、呕吐、手脚发冷、四肢麻痹等症状，严重时可导致死亡。

（四）海芋（滴水观音）

海芋为大型常绿草本植物，具匍匐根茎，有直立的地上茎，茎高可达3m，粗2~4cm。叶大，叶片盾状着生，呈阔卵形，先端短尖，基部广心状箭头形，全缘，呈波状。佛焰苞管部席卷呈长圆状卵形或卵形，肉穗花序短于佛焰苞。

全株有毒，其汁液中含有草酸钙和生物碱等物质，误食或接触汁液后会引起口腔、咽喉、胃部等部位的不适，严重时可导致窒息、心脏麻痹等症状。

（五）苍耳（卷耳、葹、苓耳、地葵）

苍耳为一年生草本植物，高20~90cm。茎直立，粗糙，有短毛。叶互生，叶片呈三角状卵形或心形，边缘有不规则的粗锯齿，两面有贴生糙伏毛。果实为纺锤形或椭圆形的瘦果，表面有钩状硬刺，常附着在动物或人的衣物上。

苍耳是一种常见的田间杂草，全株有毒，以果实特别是种子毒性较大。苍耳子中毒，一般在食后2~3天发病，主要症状为头痛、头晕、恶心、呕吐、腹痛、腹泻等，严重者可出现惊厥、昏迷、休克等症状，甚至导致死亡。

(六)铃兰(君影草、山谷百合、风铃草)

铃兰是小巧的多年生草本植物。叶子椭圆形或卵状披针形，两两对生，深绿有光泽，叶背淡些，沿脉有毛。花白色，钟状下垂像铃铛，偏向一侧，花瓣呈6片对称排列，边缘常带有紫红色条纹，基部有两个披针形苞片。根茎粗壮、横走且多分枝，须根细长而密。果实是红色球形浆果。

铃兰味甜，其各部位均有毒，特别是叶子，甚至保存鲜花的水也有毒。中毒者会出现面部潮红、紧张易怒、头痛、幻觉、红斑、瞳孔放大、呕吐、胃痛、恶心、心跳减慢、心力衰竭、昏迷等症状，甚至死亡。

(七)泽漆(五朵云、猫眼草、五凤草)

泽漆为一年生草本植物，高10~30cm，全株含乳汁。茎基部分枝，紫红色，叶互生，倒卵形或匙形，先端钝圆，基部渐狭，边缘在中部以上有细锯齿。多歧聚伞花序顶生，每伞梗再生2~3个小伞梗，各小伞梗又第3回分为2叉。

全株有毒，其汁液中含有草酸钙和生物碱等物质，误食或接触汁液后会引起口腔、咽喉、胃部等部位的不适，严重时可导致窒息、心脏麻痹等症状。

至此，我们的野外常见植物识别之旅即将画上句号。希望这段旅程能为你打开一扇通往大自然奇妙世界的新窗口，让你在野外能轻易辨认出这些熟悉又陌生的植物朋友。

每一种植物都是大自然的杰作，它们承载着生命的密码和生态的奥秘。当你下次漫步野外时，无论是那随风摇曳的蒲公英、低调坚韧的荠菜，还是其他形形色色的植物，都不再只是路边的点缀，而是有故事的生命个体。

通过识别它们，我们能更好地欣赏大自然的画卷，也能在与自然的亲密接触中学会敬畏与保护。愿你怀揣这份对植物的新认知，继续探索野外，发现更多自然之美，成为大自然的知己，守护这片绿色的家园。

第二节　野外常见动物识别

野外，是一个神奇的动物乐园。踏入这片天地，仿佛开启一场奇妙的生命探索之旅。这里有各种各样的常见动物，它们是大自然的精灵。天空中，飞鸟展翅，姿态各异，有的羽毛绚丽，有的飞行敏捷。陆地上，兽类出没，有奔跑如飞的，有善于伪装的。水域里，鱼虾穿梭，灵动可爱。这些动物各具特色，它们的习性、外貌千差万别。了解它们的种类和特点，是野外探索的重要内容。这能让我们在欣赏动物之美的同时，避免干扰和伤害，更好地保护自己和这些珍贵的生命，与它们共享这片神奇的自然空间。

一、野外常见的无脊椎动物

无脊椎动物是一个庞大而多样的生物群体，在地球上占据着重要地位。

它们没有脊椎骨，形态和习性差异极大。从身体柔软、行动缓慢的软体动物，如河蚌、蜗牛，它们通常有着独特的外壳用于保护自己；到拥有分节的身体和附肢的节肢动物，像蜘蛛、蜈蚣、昆虫等，它们有的善于织网捕食，有的能快速奔跑或飞行。还有环节动物，蚯蚓就是典型代表，它们在土壤中穿梭，疏松土壤。这些无脊椎动物在生态系统中扮演着关键角色，有的是分解者，参与物质循环，有的是捕食者或被捕食者，维持食物链平衡。

（一）昆虫

昆虫是无脊椎动物的主要类群，其身体由头、胸、腹构成，头部有触角，胸部有三对足，多数还有两对翅膀。昆虫种类极多，如蝴蝶、蜜蜂、竹节虫等，它们有的授粉，有的采蜜，有的伪装躲避天敌。昆虫在生态系统中意义重大，是食物链中的重要环节，对物质循环和植物繁殖也有关键作用。

1. 相对安全的昆虫

（1）蝴蝶。

蝴蝶一般色彩鲜艳，翅膀上有各种花纹。它们通常以花蜜为食，不会主动攻击人类。大多数蝴蝶在吸食花蜜时，会将长长的口器伸入花蕊中，动作轻柔优雅。常见的有白色、黄色、橙色、蓝色、黑色等，翅膀形状也各有特点，如凤蝶的翅膀宽大且后翅常有尾突，粉蝶的翅膀多为白色或黄色且较圆润。

（2）蜻蜓。

蜻蜓身体细长，复眼大而突出，有两对透明的翅膀，飞行能力很强。它们是肉食性昆虫，主要以蚊子、苍蝇等小型昆虫为食。蜻蜓常常在水面附近或草丛上方飞行，一般不会对人类造成伤害。蜻蜓是益虫，我们应当给予保护。

（3）蜜蜂。

在通常情况下，蜜蜂是比较温和的昆虫。它们忙着在花丛中采集花粉和花蜜，为植物传播花粉，对生态系统有重要贡献。只要不主动招惹它们，避免靠近蜂巢，蜜蜂一般不会主动攻击人类。不过，一旦蜜蜂感受到威胁，就会用尾部的螫针进行自卫。所以在野外遇到蜜蜂时，尽量保持安静，不要惊扰它们。

（4）七星瓢虫。

七星瓢虫身体呈半球形，背部有七个明显的黑色斑点，辨识度很高。它们是捕食性昆虫，主要以蚜虫等害虫为食，是农作物的“卫士”。

理论上，七星瓢虫的成虫在去除外壳后，内部的肉质部分可食用，但瓢虫个体较小，可食用的肉量极少，且其外壳较硬，处理起来相对麻烦，因此一般不作为常见的食用昆虫。如果要食用，可将其洗净后，去除翅膀和硬壳，食用内部少量的柔软组织。

（5）蝗虫。

蝗虫通常身体呈绿色或黄褐色，头部有一对触角，胸部有三对足，后足较为发达，善于跳跃。

捕捉到蝗虫后，去除翅膀和腿部较硬的部分，用树枝将其穿起，放在火上直接烤制，烤至蝗虫身体变得金黄酥脆，撒上少许盐即可食用，这样烤出的蝗虫口感香脆。如果有条件携带少量的油，可将蝗虫放入油中炸至金黄。油炸后的蝗虫更加酥脆可口，且能更好地保存和携带，适合作为野外的能量补充食物。

（6）白蚁。

白蚁身体柔软，颜色多为白色或淡黄色，有翅成虫的前后翅大小、形状及脉序几乎相同。白蚁是群居性昆虫，它们在地下或木材中建造巢穴，以木材、纤维素等为食，在温暖潮湿的地区较为常见。

收集白蚁后，可在烧热的石头或简易的锅具上进行炒制，不断翻炒至白蚁身体变干变脆，可根据个人口味加入少许盐或其他调味料。炒白蚁口感香脆，类似坚果。如果不介意白蚁的原始口感，也可将收集到的白蚁直接放入口中食用，但要注意确保白蚁来源干净，避免食用到受污染的白蚁。

（7）蟋蟀。

蟋蟀身体呈黑褐色或黄褐色，头部有一对细长的触角，复眼较大，后腿粗壮有力，善于跳跃和鸣叫。它们多栖息在草丛、砖石下、土穴中，以植物的嫩叶、种子等为食，夜晚是捕捉蟋蟀的较好时机。

捕捉到的蟋蟀去除翅膀和腿部较硬的部分，放入油中炸至金黄酥脆。油炸蟋蟀口感香脆，可以作为一种美味的野外零食，为身体补充蛋白质和能量。

（8）蚕蛹。

蚕蛹是蚕蛾的蛹期形态，外形像一个纺锤，颜色多为淡黄色至褐色，表面有光泽。

野外可以找到容器并生火，将蚕蛹放入水中煮熟，煮至蚕蛹浮起，捞出后可直接食用；或用树枝将蚕蛹穿起，放在火边慢慢烤制，其间不断翻动，烤至蚕蛹表面微黄，外壳稍硬，内部熟透即可，烤蚕蛹具有独特的香味。

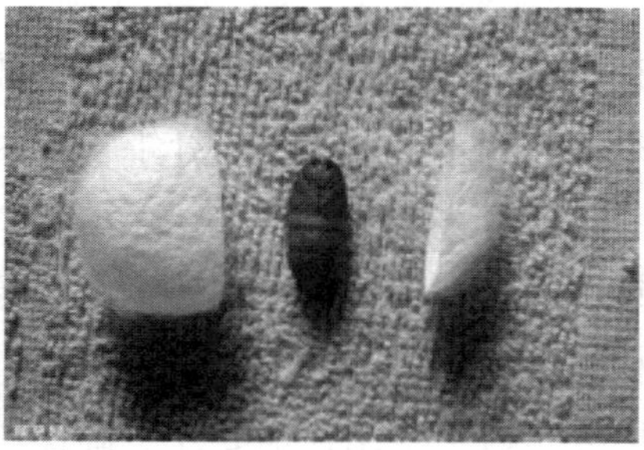

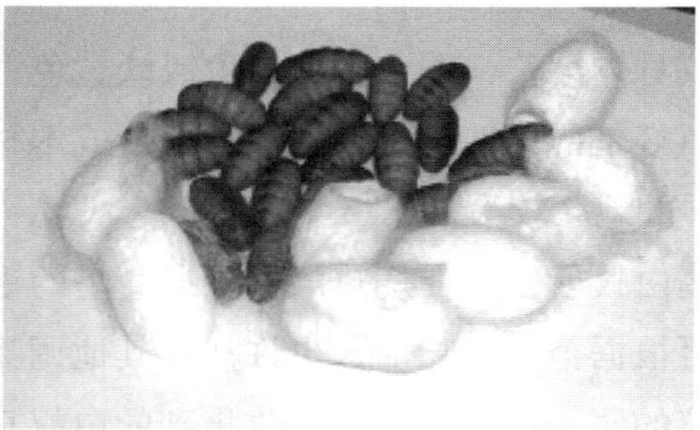

2. 具有一定危险性的昆虫

（1）黄蜂。

黄蜂身体比蜜蜂更为粗壮，颜色多为黑黄相间。

黄蜂的性情相对凶猛，具有较强的攻击性。它们的巢穴一般建在屋檐下、树枝上或草丛中。一旦感觉巢穴受到威胁，黄蜂会成群结队地攻击入侵者，其螯针可反复蜇刺，且毒性较强。被蜇后会引起疼痛、红肿，甚至可能导致过敏反应，严重时可能危及生命。

（2）毒蛾幼虫。

毒蛾幼虫身体上通常长有毒毛，这些毒毛是它们的防御武器。

当毒蛾幼虫受到惊扰时，毒毛会脱落并释放出毒素。如果人体接触到这些毒毛，可能会引起皮肤瘙痒、红肿、疼痛等过敏反应，严重的还会出现呼吸困难等症状。毒蛾幼虫多以植物为食，在野外的树木和草丛中较为常见。

（3）蜱虫。

蜱虫体型较小，通常呈椭圆形，颜色从褐色至黑色不等。

它们常常寄生在草丛、灌木或树木上，等待宿主经过时攀附上去。蜱虫会钻入人体皮肤吸食血液，在吸血过程中可能传播多种疾病，如莱姆病、森林脑炎等。因此，在野外活动后，要仔细检查身体，及时发现并清除蜱虫，防止被其叮咬。

（4）隐翅虫。

隐翅虫身体细长，两侧平行，鞘翅极短，腹部体节外露。

隐翅虫本身不会主动攻击人类，但当它停留在人体皮肤上时，如果被人不小心拍打，隐翅虫体内的强酸性毒液会接触到皮肤，引起皮肤炎症反应，出现红斑、水疱、脓疱等症状，伴有瘙痒和灼痛感。

（5）马蜂。

马蜂外形与黄蜂相似，但体型通常更大，颜色也更为鲜艳，多为黑、黄、橙三色相间。马蜂的巢穴一般呈纸质，多建在树枝、屋檐、岩石等高处。

马蜂的毒性比黄蜂更强，其螫针可反复蜇刺且毒液量较大。被马蜂蜇伤后，除了会产生剧烈的疼痛、红肿，还可能引发严重的过敏反应，如喉头水肿、呼吸困难等，若不及时救治，可能导致死亡。

（二）节肢动物（除昆虫外）

节肢动物是无脊椎动物中种类最多、分布最广的一个类群。它们的身体具有分节现象，且附肢也分节。节肢动物体表有坚韧的外骨骼，这不仅能保护其柔软的身体，还能减少体内水分的散失。

1. 相对安全的节肢动物

（1）虾类。

虾的身体呈长筒形，分头胸部和腹部，体外有坚硬的外壳。虾类多生活在淡水或海水中，常栖息于河流、湖泊、池塘、海洋的浅海区域等，有的喜欢在水底的泥沙中挖掘洞穴藏身，有的则附着在水草或礁石上，如河虾、草虾。

虾的可食用部位主要是其肌肉组织，包括虾肉和虾尾肉等。一般可将虾洗净后，去除外壳、头胸部的内脏以及虾线，整个虾肉都可食用，可通过煮、蒸、炸、烤等方式进行烹饪。虾肉口感鲜嫩，营养丰富。

（2）蟹类。

蟹的身体分为头胸部和腹部，头胸部宽阔且覆盖着坚硬的头胸甲，有一对强大的螯足和四对步足。蟹类生活环境多样，有海水蟹和淡水蟹之分，海水蟹如梭子蟹生活在海洋的潮间带、浅海区域等，淡水蟹如中华绒螯蟹则栖息于江河湖泊的岸边、洞穴及水草丛生处。

蟹的可食用部位主要是蟹肉、蟹黄和蟹膏。蟹肉分布在蟹的螯足、步足以及身体两侧的肌肉中，蟹黄则是母蟹体内的卵巢和消化腺等，蟹膏则为公蟹的副性腺及分泌物。食用时需先将蟹洗净蒸熟或煮熟，然后打开蟹壳，剔除腮、胃等不能食用的部分，即可享用蟹肉、蟹膏和蟹黄，蟹肉鲜美，蟹黄、蟹膏则口感醇厚。

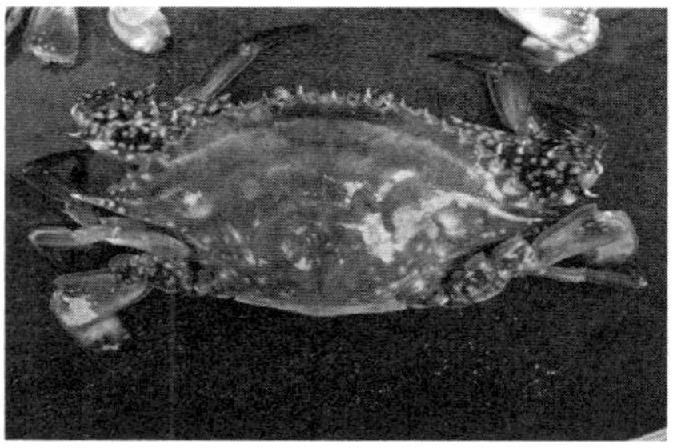

2. 具有一定危险性的节肢动物

（1）蝎子。

蝎子的身体分为头胸部和腹部，头胸部有一对大而有力的螯肢；腹部末端有一弯曲的尾刺，这是蝎子的主要攻击和防御器官。蝎子的体表多为黄褐色或黑褐色，身体扁平且硬壳质地明显。

蝎子的尾刺有毒，不同种类的蝎子毒性大小不一。被蝎子蜇伤后，伤口处会出现剧痛、红肿、麻木等症状，严重时会引起全身肌肉痉挛、抽搐、呼吸困难等，甚至危及生命。

(2)蜈蚣。

蜈蚣身体扁平且长，由许多体节组成，每一体节都有一对足，因此又被称为“百足虫”。蜈蚣的头部有一对细长的触角，身体颜色多为暗红色或褐色，表面有光泽。

蜈蚣的第一对足呈钩状，锐利且有毒腺开口，能排出毒汁。被蜈蚣咬伤后，伤口会出现红肿、疼痛，严重时可能导致局部淋巴管炎和组织坏死，还可能伴有发热、头痛、恶心、呕吐等全身症状。

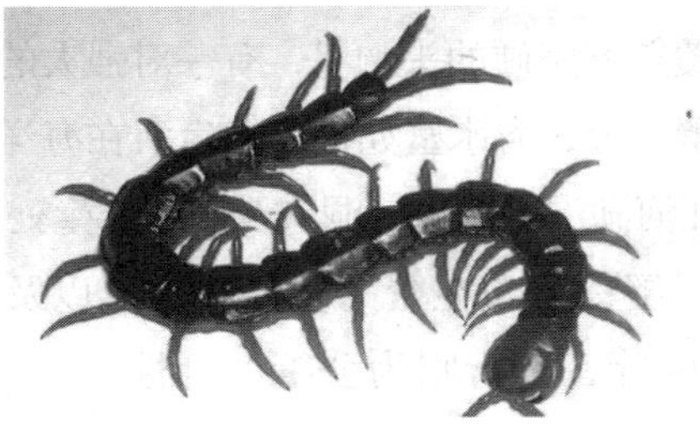

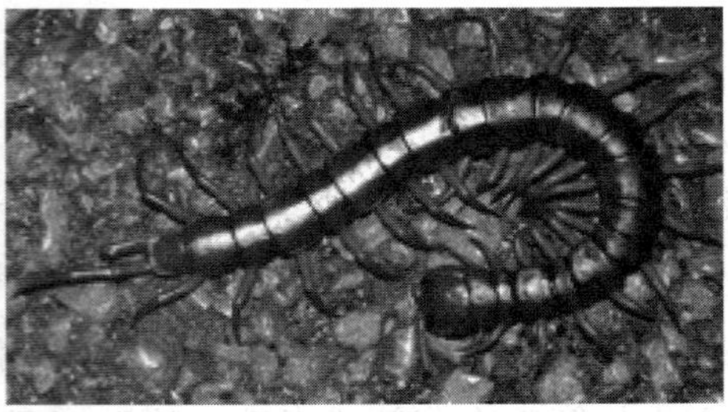

(3)毒蜘蛛。

毒蜘蛛的种类较多，如黑寡妇蜘蛛，其身体多为黑色，腹部有红色或橙色的沙漏状斑纹；漏斗网蜘蛛，身体呈黑色或棕色，腹部末端较尖细。

毒蜘蛛的毒液含有多种神经毒素和酶类物质。被毒蜘蛛咬伤后，伤口处会出现剧烈疼痛、红肿，随后可能出现局部麻木、肌肉痉挛等症状，严重者会出现呼吸困难、心跳加快、血压下降等全身症状，甚至危及生命。例如，黑寡妇蜘蛛的毒液会影响神经系统，导致肌肉剧痛、僵硬和痉挛，尤其是腹部肌肉；漏斗网蜘蛛的毒液则可在短时间内引发严重的中毒反应，若不及时治疗，可能导致死亡。

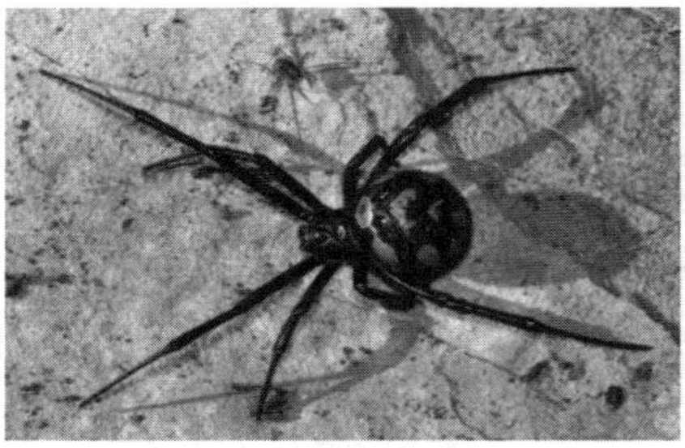

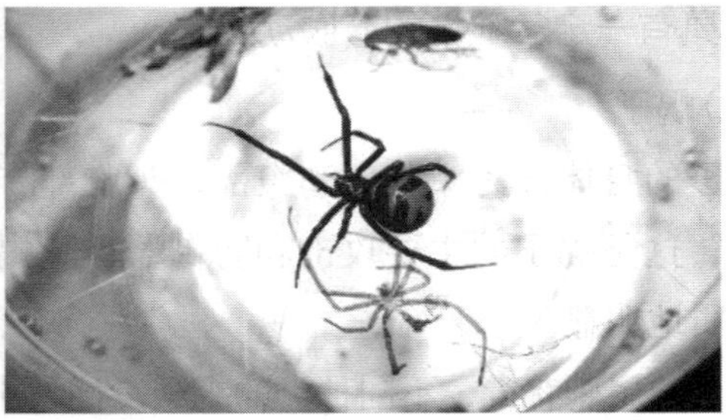

(4)毒蟹。

毒蟹的外形与普通蟹类相似，但颜色往往更为鲜艳，如铜铸熟若蟹，身体呈鲜艳的红色或橙色，具有明显的斑纹和色彩。毒蟹的外壳坚硬，有一对大螯和四对步足，步足形状和长度因种类而异。

毒蟹体内含有多种毒素，如河豚毒素、麻痹性贝毒等。误食毒蟹后，中毒症状会迅速出现，一般在数小时内即可发作，表现为恶心、呕吐、腹痛、腹泻等消化系统症状，随后可能出现全身麻木、四肢无力、呼吸困难、心跳减缓等严重的神经系统和心血管系统症状，中毒严重者可能会在短时间内死亡。

（5）巨型蜘蛛蟹。

巨型蜘蛛蟹是世界上最大的节肢动物之一，其身体庞大，腿长可达数米。身体呈橙红色或深褐色，外壳坚硬且有许多尖锐的突起和刺。它们的螯足非常有力，能够轻易地捕捉和撕裂猎物。

巨型蜘蛛蟹本身并无剧毒，但由于其体型巨大、力量惊人、螯足锋利，在受到威胁时可能会对人类造成严重的伤害。如果被其螯足夹伤，伤口会很深且容易感染，可能导致局部组织损伤、大量出血等后果，对人类的生命安全构成威胁。

（三）软体动物

软体动物身体柔软，多数具有石灰质的贝壳来保护自己，不过也有一些种类的贝壳退化或消失。在野外食用这些软体动物时，一定要确保其来源清洁，避免食用受到污染的个体。同时，要充分煮熟，以杀死可能携带的寄生虫和病菌，保障食用安全。

1. 相对安全的软体动物

（1）蜗牛。

蜗牛有一个螺旋形的贝壳，一般呈右旋，贝壳的颜色和纹理因种类而异，常见的有褐色、黄色、黑色等。蜗牛的身体柔软，头部有两对触角，较长的一对触角顶端有眼睛。它们喜欢在阴暗潮湿、多腐殖质的环境中生活，如草丛、树林、菜园等地，通常在夜间或清晨出来活动，以植物的嫩叶、茎干等为食。

野外找到蜗牛后，先将其放入清水中浸泡一段时间，让蜗牛排出体内的杂质。然后将水烧开，放入蜗牛煮5~10min，直到蜗牛的肉从壳中脱出，捞出后可直接食用。或用树枝将蜗牛穿起，放在火上烤制，其间不断翻动，烤至蜗牛壳微微发黄，肉熟透即可。

（2）田螺。

田螺的贝壳呈圆锥形，一般为右旋，有6~7个螺层，壳质薄而坚固，表面光滑或具有螺棱。

将田螺放入清水中，滴入几滴香油，让田螺吐尽泥沙后，用清水洗净。然后将水烧开，放入田螺，煮10~15min，直到田螺的盖子脱落，表明田螺已经熟透，捞出后即可食用。食用时可以用牙签将田螺肉挑出，也可烧烤。

（3）河蚌。

河蚌的外形呈椭圆形或卵圆形，有两片坚硬的贝壳，贝壳表面有同心圆状的生长线。河蚌一般生活在江河、湖泊、池塘等淡水水域的水底，埋栖于泥沙中，仅露出后端的出入水管，以水中的浮游生物、藻类、有机碎屑等为食。

在野外获取河蚌后，用刀将河蚌的外壳撬开，取出里面的肉，去除内脏和腮等不能食用的部分，将河蚌肉洗净。然后将河蚌肉放入锅中，煮至河蚌肉熟透，一般需要煮15~20min，煮好后可加入适量的盐和其他调味料调味，直接食用河蚌肉，也可烧烤。

2. 具有一定危险性的软体动物

（1）织纹螺。

织纹螺的贝壳呈纺锤形，大小和形状因种类而异，一般长度在1~3cm。其壳面常具有明显的纵肋和细密的螺纹，色彩丰富多样，常见的有褐色、黄色、紫色等，并带有各种花纹和斑点，外观较为美丽。

织纹螺体内含有河豚毒素等多种神经毒素，毒性较强。误食织纹螺后，中毒症状一般在数小时内出现，早期表现为唇、舌、手指等部位的麻木感，随后可能出现恶心、呕吐、腹痛、腹泻等消化系统症状，接着会出现四肢无力、呼吸困难、肌肉麻痹等神经系统症状，严重者导致昏迷甚至死亡，目前尚无特效解毒药物。

（2）鸡心螺。

鸡心螺的外壳形状像鸡心或芋头，通常有一个尖顶和一个宽阔的底部，表面光滑或具有细小的纹理，颜色鲜艳，常见的有白色、黄色、橙色、红色等，并带有各种花纹和斑点，极具观赏性。鸡心螺的身体隐藏在贝壳内，其头部有一个可伸缩的吻，吻端有一个齿舌，用于捕食。

鸡心螺是一种毒性很强的海洋软体动物，其毒液通过位于吻端的齿舌上的毒囊分泌和释放。当猎物靠近时，鸡心螺会迅速伸出吻部，将带有毒液的齿舌刺入猎物体内，使猎物迅速麻痹。人类若不小心接触到鸡心螺或被其蜇伤，也会遭受毒液的侵害，中毒症状包括剧烈疼痛、麻木、肿胀、呼吸困难、视力模糊等，严重者会导致死亡。

二、野外常见的脊椎动物

脊椎动物是动物界中一类具有脊椎骨的高等动物，它们在进化历程中展现出了高度的适应性和多样性，广泛分布于地球的各种生态环境中。

（一）哺乳动物

哺乳动物是脊椎动物中最高等的一类，具有许多独特的特征，使其能够广泛适应各种不同的生存环境。它们具有乳腺，能够分泌乳汁哺育幼崽。哺乳动物的体表大多有毛，这不仅能够起到保暖的作用，还可以在一定程度上保护身体免受外界伤害。

1. 相对安全的哺乳动物

（1）野兔。

野兔体型较小，一般体长在30~50cm，耳朵较长且直立，便于监听周围的动静。其毛色多为灰色、褐色等，与自然环境相融合，起到保护色的作用。

将野兔捕杀后，迅速剥皮并去除内脏，用清水洗净，用树枝将其穿起，然后将其架在火上烤制。烤制过程中要不断转动树枝，让兔肉均匀受热，防止烤焦，或可用锅蒸煮食用。

（2）竹鼠。

竹鼠是啮齿目竹鼠科竹鼠属哺乳动物，因主要吃竹而得名。竹鼠体型粗壮，呈圆筒形，一般体长在30~40cm，体重在1~3kg。其头部钝圆，吻部较大，眼睛和耳朵相对较小。竹鼠的毛色多为棕灰色，毛质柔软而细密。

2. 具有一定危险性的哺乳动物

（1）熊。

熊的体型通常较为庞大，力量惊人。不同种类的熊在外形上略有差异，例如棕熊毛色多为棕色或褐色，体型巨大，肌肉发达；黑熊则毛色为黑色，胸部可能有一块白色的“V”形斑纹。熊的视力相对较差，但嗅觉和听觉异常敏锐。

熊具有很强的领地意识，如果人类不小心闯入其领地，可能会被熊视为威胁而遭到攻击。此外，当熊感到饥饿或受到惊吓时，也容易发起攻击。

（2）野猪。

野猪身体强壮，四肢粗短，毛色一般呈深褐色或黑色，背部有坚硬的鬃毛。其头部较大，吻部突出且坚硬。

野猪在受到威胁或感到危险时会变得极具攻击性。其奔跑速度较快，力量也很大，獠牙锋利，一旦发起攻击，可能会用獠牙顶撞、用身体冲撞等方式对人类造成严重伤害。特别是母猪带着幼崽时，会更加警惕和具有攻击性，以保护幼崽的安全。

（3）狼。

狼的外形与狗相似，但体型更为修长，四肢矫健。其毛色多为灰色、褐色等，尾巴下垂。狼是群居性动物，具有很强的团队协作能力，它们以群体为单位进行狩猎，主要捕食鹿、羊、野兔等中小型哺乳动物。

狼在一般情况下会尽量避免与人类接触，但如果它们处于饥饿状态，或者人类进入其领地并被视为威胁时，可能会对人类发起攻击。狼的攻击方式较为凶猛，会用锋利的牙齿撕咬猎物，一旦被狼咬伤，伤口可能会感染多种病菌，且狼的群体攻击会给人类带来更大的危险。

（4）豹。

豹的体型中等，身体矫健，动作敏捷。豹的种类较多，如猎豹、花豹等。它们的毛色和斑纹各有特点，猎豹身上有黑色的斑点，花豹则有类似铜钱形状的斑纹。

豹作为顶级食肉动物，具有很强的攻击性和捕猎本能。如果人类在野外与豹相遇，可能会被豹视为猎物而遭到攻击。豹的攻击速度极快，力量强大，其锋利的爪子和牙齿能够轻易地撕开猎物的身体，对人类的生命安全构成严重威胁。

（5）虎。

虎是世界上最大的猫科动物之一，体型雄伟，肌肉发达。其毛色多为棕黄色或橙黄色，身上有黑色的条纹，不同种类的虎在条纹的分布和形状上略有差异。

虎是极其凶猛的食肉动物，一旦人类进入其领地或者在其觅食、休息时打扰到它，就可能会遭到虎的攻击。虎的攻击力量巨大，能够轻易地将猎物扑倒并咬死，其锋利的爪子和牙齿可对人体造成致命的伤害，是野外最具危险性的哺乳动物之一。

（二）鸟类

鸟类是脊椎动物中的一个独特类群，它们大多具有羽毛。羽毛不仅是鸟类飞行的关键工具，还具有保暖、防水和装饰等多种功能。

1. 相对安全的鸟类

（1）麻雀。

麻雀体型较小，一般体长在13~15cm。它们的头部呈栗色，背部为褐色，有黑色的纵纹，翅膀较短，尾巴呈扇形。

（2）鹌鹑。

鹌鹑体型比麻雀稍大，一般体长在18cm左右。其羽毛颜色多为褐色或黑色，有明显的草黄色矛状条纹。鹌鹑多栖息于平原、丘陵、沼泽、湖泊等草丛茂密的地方，喜欢在地面上行走和觅食，以植物种子、嫩叶、昆虫等为食。鹌鹑善于隐匿，当遇到危险时，会迅速钻进草丛中躲避。

鹌鹑的肉质鲜美，营养丰富。在野外，可以将鹌鹑处理干净后，用树枝将其穿起，放在火上烤制，烤至表面金黄，肉熟透即可；也可以将鹌鹑放入锅中，加入适量的水和调味料，炖煮成鹌鹑汤。

2. 具有一定危险性的鸟类

（1）雕类。

雕是大型猛禽，体型较为庞大，翅膀宽阔，羽毛一般呈褐色或黑色，具有锋利的爪子和弯曲而尖锐的喙。常见的有金雕、白尾海雕等。雕类多栖息于高山、草原、荒漠等开阔地区。

雕类具有很强的攻击性，当认为人类威胁到其巢穴或领地时，它们可能会发起攻击。其锋利的爪子和喙能够对人类造成严重的伤害，一旦被抓伤或啄伤，伤口可能会很深且容易感染。

（2）鹰类。

相对雕而言，鹰的体型较小，但同样是凶猛的肉食性鸟类。它们的羽毛颜色多样，有褐色、灰色、白色等，眼睛锐利，翅膀尖长，善于在空中盘旋和高速飞行。鹰类多生活在山地、森林、草原等环境中。

鹰在捕食时具有很强的攻击性，如果人类在其捕猎区域内活动，可能会被误认作猎物而遭到攻击。此外，当人类接近其巢穴时，也会引发鹰的防御反应，从而对人类发起攻击。其攻击速度快，力量较大，可能会给人类带来较大的伤害。

（3）鹫类。

鹫是一种大型的食腐猛禽，常见的有秃鹫等。鹫的头部和颈部通常裸露或仅有少量的羽毛，这是为了便于它们在食腐时将头部伸入动物尸体内部而不被弄脏。它们的体型较大，翅膀展开可达数米宽，羽毛多为黑色或褐色。

虽然鹫类一般不会主动攻击人类，但当它们在进食时，如果人类过于靠近，可能会被视为对其食物的威胁，从而引发攻击行为。此外，鹫的体型较大，其翅膀的拍打和喙的啄击可能会对人类造成一定的伤害。

（三）爬行动物

爬行动物是脊椎动物中的重要类群，具有鲜明特征。它们体表一般覆盖角质鳞片或甲，能有效防止水分散失和抵御外界伤害，如鳄鱼的硬甲。它们呼吸依靠肺，相比两栖动物，它们的肺更发达，可完全适应陆地生活。

1. 相对安全的爬行动物

（1）草蜥。

草蜥的体型相对较小，通常体长在20cm以内。身体较为纤细，头部呈椭圆形，体表鳞片较为光滑，背部一般为绿色或棕绿色，与周围的草丛环境相融合，腹部多为白色或淡黄色，有的种类在身体两侧还会有白色或浅蓝色的条纹。草蜥的尾巴很长，为体长的1.5~2倍，在遇到危险时可自行断尾以逃脱天敌的追捕，主要以昆虫为食。

草蜥无毒，性格相对胆小，遇到人类接近时通常会迅速逃离，不会主动对人类发起攻击，对人类的安全性较高。

（2）麻蜥。

麻蜥是一种常见的小型蜥蜴，身体较为细长，一般体长在10cm左右。头部呈三角形，吻部较尖，体表覆盖着细小的颗粒状鳞片，背部多为黄褐色或灰褐色，有深色的纵纹或斑点，腹部则为白色或浅黄色。麻蜥多在地面活动，善于快速爬行和挖掘洞穴。

麻蜥通常性情温和，无毒，一般不会主动攻击人类，在正常情况下对人类基本没有危害。

2. 具有一定危险性的爬行动物——蛇类

蛇类是特殊的爬行动物，身体细长无四肢，角质鳞片覆盖体表，利于灵活爬行和保护自身。

（1）眼镜蛇。

眼镜蛇具有明显的颈部，当受到威胁时，会竖起身体的前部分，颈部扁平扩张，显露出标志性的眼镜状斑纹，以此来恐吓敌人。其身体颜色多样，一般为黑褐色或暗褐色，伴有白色或淡黄色的横纹。眼镜蛇多栖息于平原、丘陵、山区的灌木丛、竹林、溪边以及住宅附近等地方，喜欢在白天活动，主要以鼠类、鸟类、蜥蜴等为食。

眼镜蛇具有强烈的毒性，其毒液主要为神经毒素，一旦被咬伤，毒素会迅速影响人体的神经系统，导致呼吸困难、心跳加速、肌肉麻痹等症状，若不及时治疗，可能会危及生命。

（2）五步蛇。

五步蛇头部呈三角形，吻端向上翘起，背部有明显的深棕色或深褐色菱形斑纹，两侧有一系列较小的斑纹。五步蛇喜欢栖息在山区的山谷、溪边、岩石缝等阴暗潮湿的地方，通常在夜间活动，以鼠类、鸟类、蛙类等小型哺乳动物和两栖动物为食。

五步蛇的毒性极强，其毒液主要为溶血毒素，被咬伤后，伤口会出现剧烈疼痛、肿胀、出血不止等症状，随后可能会引发全身出血倾向，如内脏出血、鼻出血、牙龈出血等，严重时可导致死亡。

（3）竹叶青蛇。

竹叶青蛇的身体呈绿色，与竹叶的颜色相似，这是一种很好的保护色，便于其隐藏在竹林等环境中。竹叶青蛇的头部呈三角形，眼睛为红色或黄色，尾巴焦红色。它们多栖息于山区的树林、竹林、溪边等地，常攀援在树枝上或竹枝上，以蛙类、小鸟、鼠类等为食，一般在夜间活动。

竹叶青蛇的毒性主要为血循毒，被咬伤后，伤口会出现明显的灼痛、肿胀，随后可能会出现皮肤瘀斑、水泡等症状，严重时会导致全身中毒症状，如恶心、呕吐、头晕、心慌等。虽然其毒性一般不如眼镜蛇和五步蛇剧烈，但如果不及时治疗，同样会对身体造成严重伤害。

（四）两栖动物

两栖动物是独特的脊椎动物，具有鲜明特征。它们大多存在变态发育过程，如青蛙幼体蝌蚪似鱼，在水中生活，用鳃呼吸，成体则长出四肢，用肺呼吸且皮肤辅助呼吸，可在陆地生存。两栖动物的皮肤薄且湿润，多腺体可分泌黏液，这利于气体交换却也使其需生活在潮湿环境中。

1. 相对安全的两栖动物

（1）牛蛙。

牛蛙皮肤通常较为光滑，颜色多为绿褐色或深褐色，背部有深色的斑点或条纹。牛蛙是凶猛的肉食性动物，多栖息于淡水水域及其附近的草丛、树林等环境中。

（2）美国青蛙。

美国青蛙也是一种常见的可食用蛙类，其外形与牛蛙相似，但体型相对较小。皮肤较为光滑，颜色多为绿色或黄绿色，背部有不规则的黑色斑点。它们主要栖息于淡水水域及其附近的草丛、树林等环境中，以昆虫、小型无脊椎动物、小鱼小虾等为食。

许多野生青蛙是国家保护动物，如黑斑蛙是国家二级保护动物，中国林蛙、棘胸蛙等也是国家二级保护动物，它们在维护生态平衡中发挥着重要作用，受到法律的严格保护，禁止非法猎捕、杀害和食用。

2. 具有一定危险性的两栖动物

（1）东方蝾螈。

东方蝾螈主要分布在中国中部和东部地区。成体通常长20~30cm，身体呈现黑色或深褐色，背部有明显的皱褶纹路，腹部则为淡黄色。它是一种夜行性动物，喜欢潮湿阴暗的环境，主要栖息在山区溪流、湖泊等水域附近，以小型鱼类、两栖动物、昆虫等为食。

东方蝾螈被认为是世界上最毒的两栖动物之一，其皮肤分泌一种名为三氮唑啉的神经毒素。这种毒素可以严重损害人体神经系统，导致呼吸困难、肌肉痉挛、心跳停止等中毒症状，甚至致命，即使接触它们的皮肤也可能中毒。

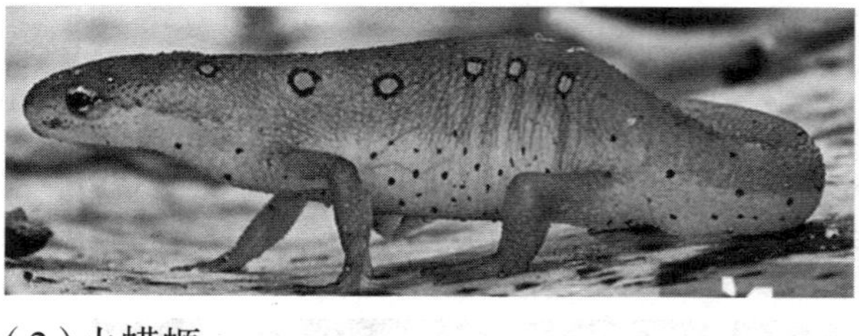

（2）火蝾螈。

火蝾螈多生活在欧洲，近年来有被非法引入中国的情况。外形像“小蜥蜴”，身体颜色鲜艳，通常为黑色与黄色或橙色相间。它们在自然界中与青蛙、蟾蜍等是竞争关系，其入侵会导致本土青蛙、蟾蜍等物种的种群数量减少，影响生态环境稳定。火蝾螈在遇到危险时会分泌毒液，对人的健康有害。

（3）蟾蜍。

蟾蜍在野外较为常见，其皮肤粗糙，有许多疙瘩，以昆虫和小型无脊椎动物为食。蟾蜍的耳后腺及皮肤腺能分泌毒液，人若接触到毒液，可能会引起皮肤瘙痒、红肿、疼痛等不适症状，尤其是眼睛等敏感部位接触到毒液，后果可能更严重。如果误食蟾蜍，可能会出现头晕、恶心、呕吐、腹痛、腹泻等中毒症状，甚至会危及生命。

（五）鱼类

鱼类是脊椎动物中种类繁多的一大类。它们大多生活在水中，身体呈流线型，体表覆盖鳞片，这有助于减少在水中游动的阻力。鱼类用鳃呼吸，从水中摄取氧气。它们的身体内有鱼鳔，能调节浮力，使鱼可以在不同水层活动。

1. 相对安全的鱼类

（1）淡水鱼。

鲫鱼

鲫鱼分布广泛，在全国各地的湖泊、河流、池塘等水域都较为常见。鲫鱼体型较小，一般长度在15~20cm，体侧扁而高，背部灰暗，腹部银白。

它是杂食性鱼类，适应能力强，对水质要求不高，肉质细嫩，味道鲜美，营养价值高，适合炖汤、红烧等。

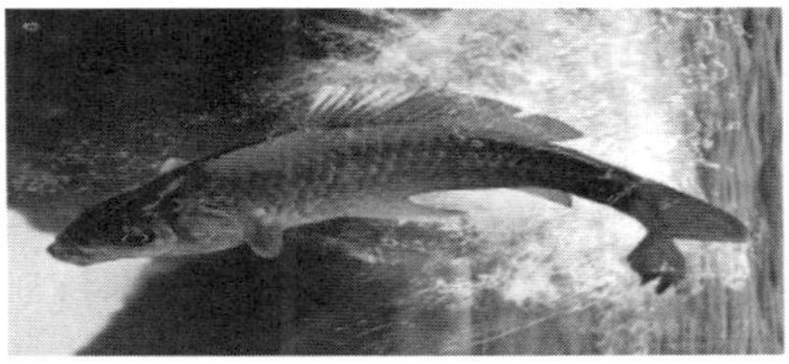

鲤鱼

鲤鱼在中国分布广泛，是常见的淡水鱼类之一。鲤鱼通常体型较大，身体呈纺锤形，背部暗褐色，腹部淡黄色。鲤鱼是杂食性底栖鱼类，适应能力强，能在各种水域生存。其肉质厚实，味道鲜美，可用于多种烹饪方式。

草鱼

草鱼作为中国重要的淡水养殖鱼类之一，在各大水系及附属水体中都有分布。草鱼体型呈圆筒形，头部稍扁平，体色茶黄色，腹部灰白色。它是典型的草食性鱼类，生长迅速，肉质细嫩，适合切片后进行水煮鱼、酸菜鱼、烤鱼等多种烹饪方式。

鲇鱼

鲇鱼多生活在江河、湖泊、水库等水域的中下层。鲇鱼体型较长，头部扁平，嘴部宽阔，有须，体表多黏液，无鳞，身体颜色多为黑褐色或灰黑色。鲇鱼为肉食性鱼类，肉质细嫩少刺，美味浓郁，富含蛋白质和脂肪，营养丰富。

黑鱼

黑鱼又称乌鳢，在淡水湖泊、河流、池塘等水域中常见。黑鱼身体呈长棒形，头部扁平，背部暗黑，腹部淡白，体侧有不规则的黑色斑块。它是凶猛的肉食性鱼类，生存能力强，肉质紧实，味道鲜美，营养丰富，有较高的药用价值，可用于炖汤、红烧等，对伤口愈合有一定的帮助。

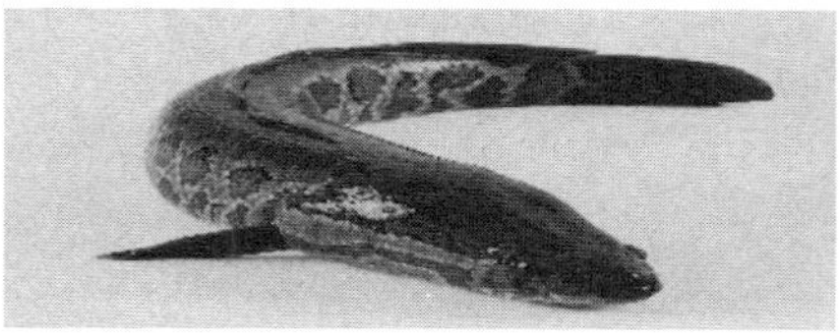
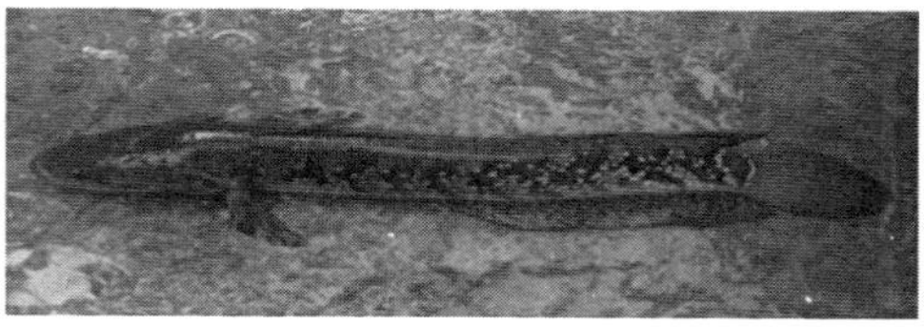

鳊鱼

鳊鱼主要分布于长江中下游及附属中型湖泊，以湖北等地最多。鳊鱼身体侧扁，呈菱形，头小，口小，体色银灰色，腹部银白色。它是草食性鱼类，肉质细嫩，味道鲜美，脂肪丰富，适合清蒸、红烧等烹饪方式，是常见的食用淡水鱼之一。

（2）海水鱼。

鲅鱼

鲅鱼主要生长在我国的渤海、黄海地区，在北方海域较为常见。鲅鱼身体呈纺锤形，背部蓝黑色，腹部银灰色，有不规则的黑色斑点。它是一种凶猛的肉食性鱼类，游泳迅速，肉质紧密，味道鲜美，营养丰富，适合红烧、糖醋等烹饪方式。

虎头鱼

虎头鱼在沿海地区较为常见，尤其是在浙江、福建、广东等省份的近海海域。虎头鱼体型较小，一般体长在10~20cm，头部较大，形状类似虎头，体表有不规则的褐色斑纹。它们栖息于近岸岩礁海区，肉质鲜嫩，洁白，刺少，味道鲜美，适合清蒸、红烧等烹饪方式。

巴浪鱼

巴浪鱼在我国沿海地区广泛分布，是一种常见的近海鱼类。巴浪鱼身体呈纺锤形，稍侧扁，背部青灰色，腹部银白色。它是一种中上层鱼类，以浮游生物和小型无脊椎动物为食，肉质较紧实，味道鲜美，可鲜食。

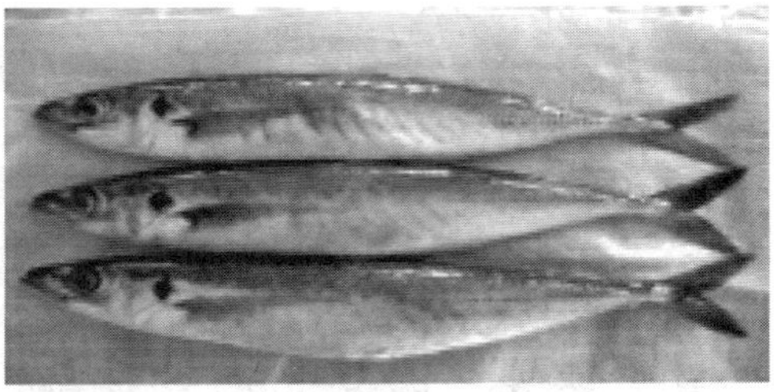

秋刀鱼

秋刀鱼分布于北太平洋区，在中国主要产于黄海和东海海域。秋刀鱼身体细长，呈棒状，背部深蓝色，腹部银白色，吻端与尾柄后部略带黄色。它是一种冷水性洄游鱼类，以浮游生物为食，鱼肉富含蛋白质和不饱和脂肪酸，味道鲜美，适合烤着吃，是日本料理中的常见食材。

带鱼

带鱼在我国的黄海、东海、渤海一直到南海都有分布，是一种重要的海洋经济鱼类。带鱼身体呈带状，侧扁，全身银灰色，无鳞，有细小的斑点。它是一种凶猛的肉食性鱼类，游泳能力差，白天浮在海水中层，晚上降到海底。带鱼肉质鲜嫩，营养丰富，可红烧、油炸等。

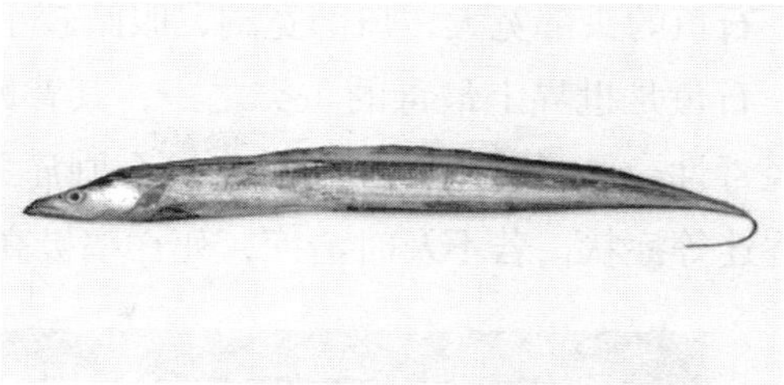

2. 具有一定危险性的鱼类

（1）电鳗。

电鳗的身体呈圆柱形，体长可达2.5m，体重可达20kg，体型较为细长，体表光滑无鳞，颜色一般为棕色至黑色，有的电鳗体表会有一些不规则的斑点或斑纹。

电鳗能够产生强大的电流，其放电能力最强时，电压可高达800V，足以击昏甚至击毙其他动物，对人类也具有很大的危险性。当人接近电鳗时，可能会遭到其电击，导致身体麻木、失去行动能力甚至溺水。

（2）食人鱼。

食人鱼的身体呈卵圆形，侧扁，背部为墨绿色或深灰色，腹部为鲜红色或橘红色，这种鲜明的颜色对比使它们在水中很容易被识别。食人鱼的头部较大，头骨特别是颚骨十分坚硬，颈部短，嘴部宽阔，上下颚均长有锋利的三角形牙齿，牙齿呈锯齿状排列，咬合力惊人，能够轻易地撕裂猎物的肌肉和组织。一旦有动物受伤流血，食人鱼会迅速聚集，发起攻击，短时间内将猎物啃食殆尽，对人类也会构成严重威胁。

（3）石鱼。

石鱼的颜色和斑纹与周围的礁石相似，通常为暗褐色、灰色或土黄色，体表有许多瘤状突起和不规则的斑纹，这些斑纹和突起可以帮助它们更好地伪装成礁石，不易被发现。石鱼的头部宽大，口部宽阔，眼睛较小，位于头部的上方。

石鱼是世界上最毒的鱼类之一，其背鳍上的刺能够分泌毒液，这种毒液具有很强的神经毒性。一旦被石鱼刺伤，伤口会剧痛无比，随后可能会出现呼吸困难、肌肉麻痹甚至昏迷等症状，若不及时治疗，死亡率极高。

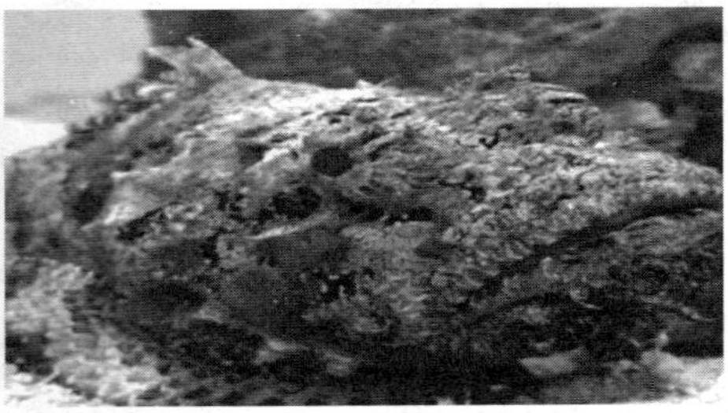

至此，我们关于野外常见动物识别的探索即将画上句号。这不仅是一次知识的探索，更是关乎我们在野外安全和生态保护的重要学习。了解常见动物能帮助我们规避危险。识别出具有攻击性的动物，比如某些毒蛇、野猪等，知道它们的外貌特征和习性，我们就能在相遇时保持警惕，采取正确的避让措施，避免伤害。

更重要的是，这种识别能力也是我们保护生态的关键。我们可以在保障自身安全的同时，避免因无知而破坏动物的栖息地或惊扰它们。我们带着这份对野外常见动物的认识，既能在野外安全地探索，享受大自然的馈赠，又能成为动物的守护者，维护大自然的和谐与平衡，让每一次野外之行都充满敬畏与安心。